D1748826

Айн Рэнд

Возвращение примитива

Антииндустриальная революция

Ayn Rand

Return of the Primitive

The Anti-Industrial Revolution

Edited and with an Introduction
and Additional Articles by Peter Schwartz

A Meridian Book

Айн Рэнд

Возвращение примитива

Антииндустриальная революция

С добавлением статей Питера Шварца

Перевод с английского

УДК 17.026+821.111(73)-43
ББК 87.7+84(7)-4
Р96

Редактор Ю. Быстрова

Рэнд А.

Р96 Возвращение примитива: Антииндустриальная революция / Айн Рэнд; С добавлением статей Питера Шварца; Пер. с англ. — М.: Альпина Паблишер, 2011. — 347 с.

ISBN 978-5-9614-1480-6

Кого выпускает современная средняя и высшая школа — независимых, творческих, сильных профессионалов или слабых, безликих невротиков-невежд? Что такое мультикультурность: попытка сделать мир более справедливым, разнообразным и ярким или уступка дикости нецивилизованных народов и шаг назад на пути к прогрессу? Чего на самом деле добиваются зеленые движения, маскируя под лозунгами о защите природы желание вновь загнать человека в прокрустово ложе страха и беспомощности?

На эти и другие провокационные вопросы Айн Рэнд отвечает со свойственными ей бескомпромиссностью и мощными аргументами, заручившись поддержкой своего союзника — разума.

УДК 17.026+821.111(73)-43
ББК 87.7+84(7)-4

Все права защищены. Никакая часть этой книги не может быть воспроизведена в какой бы то ни было форме и какими бы то ни было средствами, включая размещение в сети Интернет и в корпоративных сетях, а также запись в память ЭВМ для частного или публичного использования, без письменного разрешения владельца авторских прав. По вопросу организации доступа к электронной библиотеке издательства обращайтесь по адресу lib@alpinabook.ru.

© Ayn Rand 1970, 1971
© The Objectivist Inc., 1969, 1970, 1971
© The New York Times Company, 1968
© Peter Schwartz, 1999
© Издание на русском языке, перевод, оформление. ООО «Альпина», 2011
Издано при содействии Curtis Brown и литературного агентства «Синопсис»

ISBN 978-5-9614-1480-6 (рус.)
ISBN 0-452-01184-1 (англ.)

Содержание

Предисловие Питера Шварца, редактора 7
Предисловие Айн Рэнд 13

Часть I
Образование 15

1. **Выгодное дело: студенческие волнения**
   Айн Рэнд 17
2. **Возвращение бумеранга**
   Айн Рэнд 60
3. **Компрачикос**
   Айн Рэнд 72

Часть II
Культура 123

4. **Аполлон и Дионис**
   Айн Рэнд 125
5. **«Необъяснимая личная алхимия»**
   Айн Рэнд 149
6. **Эра зависти**
   Айн Рэнд 160

Часть III
Политика 193

7. **Левые: старые и новые**
   Айн Рэнд 195

8. Для журнала
   Айн Рэнд 209
9. «Политические» преступления
   Айн Рэнд 212
10. Расизм
    Айн Рэнд 215
11. Глобальная балканизация
    Айн Рэнд 227
12. Трибализм в отношениях между полами
    Питер Шварц 246

Часть IV
Антииндустриальная революция 261

13. Философия нужды
    Питер Шварц 263
14. Мультикультурный нигилизм
    Питер Шварц 292
15. Антииндустриальная революция
    Айн Рэнд 322

Предисловие Питера Шварца, редактора

Когда в 1971 году вышло первое издание этой книги, казалось, что бастионы цивилизации вот-вот рухнут. Это было время «новых левых» — время организованной жестокости, воинствующей эмоциональности и открытого, наглого нигилизма. Это было время, когда кампусы колледжей захватили отморозки с лозунгами «За свободу слова!». Время, когда в корпоративные здания и призывные пункты врывались партизаны, требующие «Мира немедленно!». Эпоха психоделических «детей цветов» и «народных армий», Тимоти Лири, Эбби Хоффмана и Чарльза Мэнсона, театра абсурда и «Черных пантер».

Источником всего этого безумия было движение, с трудом поддающееся определению. Его врагами были все и всё американское; его героями — диктаторы-убийцы типа Хо Ши Мина и Фиделя Кастро; его целью — разрушение всего подряд; однако комментаторы-интеллектуалы объявляли его лидеров идеалистами, защищающими личность от подавления государственной системой.

Американское общество оказалось в осаде, совершенно ошеломленное происходящим. Оно отступало, не понимая, принять это или сопротивляться этому натиску — натиску, предпринятому во имя цели, которую никто не мог назвать.

Это удалось Айн Рэнд.

В статьях, помещенных в книге, она идентифицирует идеологическую сущность этого бунта. Она объясняет, как «революционеры» того движения добросовестно осуществляли на практике идеи, которые им внушило старшее поколение. Она показывает, что «новые левые» — это отпрыски идеологов истеблишмента и направленных против разума, против личности, против капитализма доктрин.

Все эти доктрины в 1960-е годы объединились под знаменем непримиримой ненависти к одному врагу — индустриализации. Новые левые объявили, что Запад прогнил и его влияние необходимо уничтожить путем отказа от технологий. Людям предлагалось отказаться от своих автомобилей и торговых центров, кондиционеров и атомных электростанций.

В этом и состояла отличительная черта нового левого движения. Его сторонники откровенно защищали то, что коллективисты более раннего периода не спешили признавать — даже для себя — частью своей философии.

«Активисты нового левого движения, — писала Айн Рэнд, — стали ближе [чем были старые левые] к раскрытию своих истинных мотивов: они не хотят забрать заводы себе, они хотят уничтожить технологии в целом».

Хотя «антииндустриальная революция» «новых левых» не увенчалась успехом, она подготовила почву для продолжающихся атак на рациональное мышление и его продукты. Айн Рэнд, описывая студенческих вожаков из «новых левых», говорила о том, что:

> «пусть студенческий бунт и не вызвал симпатии у широкой публики, но в этой ситуации наиболее зловещим выглядит тот факт, что у него не нашлось никакой идеологической оппозиции», что «лежащий впереди путь свободен, и на нем не видно никаких интеллектуальных баррикад», и что «битва еще не окончена».

Это действительно так.

Войну сегодня ведут два культурных направления, которые выступают против достижений — материальных и интеллектуальных — западной цивилизации, и их пропаганда весьма заразительна. Первое из этих направлений — защитники окружающей среды; второе — мультикультуралисты. И те и другие проповедуют необходимость нового примитивизма.

Согласно «Оксфордскому словарю английского языка», примитивное — это «относящееся или принадлежащее к первоначальной эпохе, периоду или стадии; свойственное начальным ступеням развития...» В отношении человеческого развития примитивизм — это стадия доразумного существования. Это период, когда люди жили в благоговейном страхе перед вселенной, которой не в состоянии были понять. Примитивный человек не знал закона причинности. Он не осознавал того факта, что природа подчиняется своим законам и что человек, открывший эти законы, может управлять ею. Для примитивного, первобытного человека существовало только таинственное сверхъестественное. Солнечный свет, ночная тьма, дождь, засуха, гром, уханье совы — все это было необъяснимо, зловеще и священно для него. Человек с такой неконцептуальной ментальностью метафизически подчинен природе, которой нельзя управлять, а можно лишь смиренно покоряться.

Вот к такому состоянию мышления хотят вернуть нас зеленые.

Если первобытный человек считал мир непознаваемым, то как он выбирал, во что верить и что делать? Поскольку эти знания не даются от рождения, к чему он обращался за руководящими указаниями? К своему племени. Только членство в коллективе дает такой личности единственно возможное для нее чувство самоидентичности. Таким образом, для первобытного человека непререкаемым авторитетом становилось решение племени, а главной ценностью — его благополучие.

К такому состоянию мышления хотят вернуть нас мультикультуралисты. Они считают, что основная единица существования — это племя, которое они определяют по самым грубым, самым примитивным, самым антиконцептуальным критериям (таким, как цвет кожи). Они последовательно отрицают, что достижения западной — то есть индивидуалистической — цивилизации представляют способ существования, высший по отношению к первобытно-общинному племенному строю.

И зеленые, и мультикультуралисты мечтают уничтожить ценности рациональной, индустриальной эпохи. Все это отпрыски нового левого движения, рьяно продолжающие его кампанию по принесению прогресса в жертву примитивизму.

Это расширенное издание книги «Новые левые» (The New Left) было подготовлено с целью анализа философского наследия новых левых.

Я сохранил все содержимое оригинального издания и добавил собственные статьи об экологическом движении, мультикультурализме и феминизме. Из-за того, что мультикультуралисты создают полнейшую путаницу в вопросе природы расизма и «национальности», я решил включить сюда еще две статьи Айн Рэнд, посвященные этим проблемам, — «Расизм» и «Глобальная балканизация», — хотя они уже публиковались ранее: первая — в сборнике «Добродетель эгоизма» (The Virtue of Selfishness[1]), вторая — в «Голосе разума» (The Voice of Reason).

Результатом стало собрание статей, определяющих, объясняющих и оценивающих различные проявления одного явления — антииндустриальной революции.

Вы, вероятно, испытаете некоторый шок, когда воочию увидите, насколько идеи новых левых прижились в сегодняшнем обществе, и более того — уже перестали порождать дискуссии. Новые левые больше не заявляют о себе во всеуслышание, однако их учение пустило глубокие корни.

К примеру, в 1960-е происходили непрекращающиеся, отчаянные дебаты и столкновения между корпорациями и призывающими «назад к природе» хиппи по поводу загрязнения окружающей среды и вторичной переработки отходов. Сегодня День Земли — ежегодное культурное событие, поддерживаемое крупным бизнесом; сегодня бесчисленное множество продуктов рекламируется как «экологичные» (например, гамбургеры в McDonald's, которые, по уверению компании, изготавливаются из мяса исключительно тех коров, которые не наносили вреда «влажным тропическим лесам»); сегодня главные злодеи в детских мультиках — не уголовные преступники, а жадные лесорубы; а в большинстве штатов, согласно репортажу в *The New York Times*, «от школ требуется вводить экологические концепции практически во все предметы на всех уровнях обучения».

В 1960-е студенты силой захватывали помещения администраций своих учебных заведений, требуя введения курсов по «африканским наукам». Сегодня в любом крупном университете существуют полноценные факультеты (и кое-где даже специальные общежития и кафе) для разнообразных этнических направлений. Сегодня на смену группам яростных бунтовщиков, устраивавших

---

[1] Рэнд А. Добродетель эгоизма. — М.: Альпина Паблишерз, 2011.

сидячие забастовки, пришли мирные «комитеты по разнообразию», подчинившие кампусы своим авторитарным правилам и приговаривающие «политически некорректных» еретиков к заключению в темницах семинаров по перевоспитанию.

Эта перемена стала результатом не интеллектуального превосходства и убедительности аргументов ее сторонников, а интеллектуальной пустоты ее противников. Антииндустриальные революционеры победили только лишь благодаря отсутствию оппонентов. Как писала Айн Рэнд:

> «Сегодняшние нелепости, против которых никто не возражает, превратятся в общепринятые лозунги завтра. Они будут приниматься постепенно, по частям, по прецеденту, по общему смыслу, по недопониманию, по умолчанию, благодаря постоянному давлению с одной стороны и постоянных уступок с другой — пока не наступит день, когда они будут провозглашены официальной идеологией государства. Именно таким образом оказался принят в нашей стране тоталитарный строй государства всеобщего благосостояния».

И точно таким же путем будут приняты обществом мультикультурализм и движение зеленых. Однако победа этих исподволь просачивающихся в нашу жизнь идей вовсе не предопределена. Можно и категорически нужно противостоять тому абсурду, которым сегодня становится возрождение примитивизма. Но с ним нельзя бороться стандартными консервативными методами, нельзя говорить о том, что это хорошие идеи, просто, «увы, их адепты слишком далеко зашли». Эта битва требует бескомпромиссной верности рациональным ценностям — и безоговорочного неприятия нового примитивизма как иррационального по сути своей.

Надеюсь, что эта книга поможет людям обрести интеллектуальное оружие и моральную убежденность, необходимые для того, чтобы подняться на эту битву.

Январь 1998 г.

Предисловие Айн Рэнд

Примерно год назад я получила вот такое письмо от читателя, с которым лично не была знакома:

«Дорогая мисс Рэнд!
Я учусь в магистратуре по специальности «социология» в Университете Северного Иллинойса и изучаю объективизм…
  Я решил написать Вам потому, что хотелось бы обсудить с Вами Ваши работы, посвящённые новому левому движению. Я прочёл их все, и, на мой взгляд, в них содержится наилучший критический анализ проблемы из всего, что было написано по этому поводу. Ваши последние статьи "Левые: старые и новые", "Аполлон и Дионис", а также недавняя статья в *The New York Times Sunday Magazine*, "Новые левые как представители интеллектуального вакуума", просто превосходны. Недавно я перечитал Вашу статью "Выгодное дело: студенческие волнения", опубликованную в 1965 году, и был поражён тем, каким точным и пророческим оказался сделанный Вами тогда анализ.
  После прочтения этих статей я подумал, что, если бы они были собраны вместе и изданы (то есть распространены в виде сборника издательством Signet), они могли бы оказать значительное воздействие на культуру, а особенно на студенческие кампусы.
  Мисс Рэнд, я искренне надеюсь, что Вы отнесётесь к моему предложению издать такую книгу серьёзно. Поверьте мне, ни один анализ новых левых не может сравниться с тем, что опубликовано вами в *The Objectivist*. Если бы эта книга была издана Signet… как другие Ваши произведения, она оказалась бы почти в каждом киоске и каждом университетском книжном магазине. Ведь в большинстве книжных магазинов на территории колледжей литературе о новых левых студенческих волнениях отведены специальные секции. Значит, Ваша книга была бы достойно представлена. Издание и распространение этой книги среди студентов колледжей могли бы оказаться поворотным моментом в жизни тех, кто прочитал бы её. Это был бы голос разума, к которому студенты должны были бы прислушаться. Это дало бы им то интеллектуальное оружие, которого им не найти больше нигде…

Искренне Ваш,
Г. М. Б.».

Как правило, я не люблю практические рекомендации от читателей. Но эта идея была настолько удачной и настолько убедительно представленной, что я показала это письмо моим издателям, которые от всей души поддержали его автора. Вот так получилась эта книга — с моей благодарностью мистеру Г. М. Б.

Ее назначение ясно сформулировано в его письме: книга предназначена для студентов колледжей — для тех из них, кому *действительно* нужен «голос разума, к которому можно прислушаться». Но также она предназначена и для всех тех, кого волнует положение в студенческой среде и состояние современного образования.

Выход книги в свет был намеренно несколько отложен, потому что я хотела включить в нее две статьи, которые задумывала в тот момент и которые относятся к той же тематике («Антииндустриальная революция» и «Компрачикос»). Статью «Выгодное дело: студенческие волнения» (впервые опубликованную в *The Objectivist Newsletter*) я включила в этот сборник, чтобы читатели сами могли вынести оценку точности моего понимания философского смысла, целей и источников тех событий.

Все остальные статьи этого сборника, за одним исключением, впервые увидели свет в моем журнале *The Objectivist*. В конце каждой указана дата выхода соответствующего номера. Единственное исключение — это коротенькая заметка, которая была напечатана в *The New York Times Magazine*.

Нью-Йорк
Апрель 1971 г.

Часть I
ОБРАЗОВАНИЕ

1
Выгодное дело: студенческие волнения

◆

Айн Рэнд

Так называемые студенческие волнения, которым положил начало и задавал тон Калифорнийский университет в Беркли, имели весьма важное значение, но не такое, какое приписывали им большинство комментаторов. А природа этого неправильного понимания не менее важна, чем само явление.

События в Беркли начались осенью 1964 года с протеста студентов против предписания администрации университета, в котором был установлен запрет на политическую деятельность, в частности на вербовку сторонников, сбор средств и создание студенческих организаций для проведения политических мероприятий за пределами университетского городка — внутри территории, примыкающей к кампусу и принадлежащей университету. Заявив, что их права были нарушены, небольшая группа «бунтовщиков» объединила вокруг себя тысячи студентов самых разных политических взглядов, в том числе и многих «консерваторов», и нарекла свою организацию «Движением за свободу слова» (Free Speech Movement, F. S. M.). «Движение» стало устраивать сидячие забастовки в здании администрации, нападать на полицейских, захватывать полицейские автомобили, чтобы использовать их в качестве трибуны.

Дух, стиль и тактика этого бунта лучше всего иллюстрируется одним эпизодом. Администрация университета организовала встречу, на которую пришло 18 000 студентов и преподавателей для того, чтобы выслушать обращение президента университета Кларка Керра; было особо объявлено, что никому из студенческих деятелей не будет разрешено выступать. Керр попытался положить волнениям конец, согласившись на капитуляцию: он обещал выполнить почти все требования бунтовщиков, и казалось, что бо́льшая часть аудитории на его стороне. После этого Марио Савио, лидер бунтовщиков, завладел микрофоном, пытаясь склонить чашу весов на свою сторону, игнорируя установленные правила и тот факт, что уже было объявлено о завершении собрания. Когда его — совершенно законным и порядочным образом — стащили со сцены, лидеры F. S. M. радостно заявили, что, уже почти проиграв битву, они спасли положение, спровоцировав администрацию на применение «силы» (таким образом открыто признав, что их публично провозглашенные цели вовсе не были истинными).

За этим последовала широкомасштабная кампания в прессе. Внезапно и как будто бы независимо друг от друга появилось огромное количество статей, исследований, обзоров, странным образом выражавших одно и то же: F. S. M. описывалась как общенациональное движение, что не подкреплялось никакими фактами; подлинные события подменялись какими-то общими местами; бунтовщикам придавался статус выразителей идей всей американской молодежи, при этом выражалось восхищение их «идеализмом» и «преданностью» своим политическим убеждениям, их деятельность объявлялась симптомом «пробуждения» студентов колледжей от «политической апатии». Одним словом, пресса проделала огромную работу, разрекламировав движение.

Тем временем в Беркли разгорелась нешуточная трехсторонняя война между администрацией университета, попечительским советом и сотрудниками. В прессе эта война освещалась настолько схематично, что распознать ее истинный смысл было практически невозможно. Можно было догадаться лишь о том, что попечительский совет вроде бы требовал «жестких» мер по отношению к бунтовщикам, что основная часть сотрудников и научных работников была на стороне взбунтовавшихся студентов, а администрация попалась в ловушку собственной «умеренности», пытаясь всех помирить.

Борьба привела к тому, что ректор университета был отправлен в отставку (как того требовали бунтовщики), президент Керр был временно отстранён от должности, но впоследствии вернулся на свой пост, а F. S. M. практически прекратила свою деятельность после того, как администрация выполнила почти все их требования. (В том числе право на выступления в поддержку противоправных действий и на неограниченную свободу слова *на территории университета*.)

К удивлению тех, кто наивно полагал, что этим все и закончится, волнения не прекратились: чем больше требований удовлетворялось, тем больше выдвигалось новых. Администрация продолжала пытаться ублажить F. S. M., а F. S. M. продолжала свои провокации. Неограниченная свобода слова приняла форму «Движения за непристойные выражения», которое состояло из студентов, выходивших на демонстрации с плакатами, на которых были написаны бранные слова, и делавших неприличные объявления по университетской радиосети (что было лишь вскользь отмечено прессой, снисходительно назвавшей все это не более чем «подростковыми шалостями»).

Но все это было, очевидно, слишком даже для тех, кто симпатизировал бунтовщикам, — F. S. M. начала терять своих сторонников и постепенно развалилась. Марио Савио покинул университет, заявив, что «не может примириться с *антидемократическими действиями администрации*» (курсив мой — *А. Р.*), и куда-то уехал, якобы планируя заняться организацией общенационального студенческого движения.

Я привела факты в том виде, как они были изложены прессой. Но кое-что стало возможно узнать и от добровольных информаторов, например из писем в редакции различных изданий.

Подробный отчет о происходящем был приведен в письме в *The New York Times* (31 марта 1965 года) Александра Грендона, биофизика из лаборатории Доннера Калифорнийского университета:

«F. S. M. всегда применяло давление для достижения победы. При однопартийной "демократии", такой как в коммунистических странах или на белом Юге, политических противников принято убеждать наказанием. Для упрямой администрации университета (и для более чем 20 000 студентов, не пожелавших принимать участие в конфликте) таким наказанием стало "принуждение всего университета к аварийному торможению" путем грубой силы.

Капитулировать перед таким извращением демократии — значит учить студентов тому, что такие методы правильны. Президент Керр капитулировал дважды...

Керр согласился с тем, что университет не будет контролировать "выступления в поддержку противоправных действий"; это кажется абстракцией, пока не столкнешься с конкретными примерами: в университетской аудитории какой-то самозваный анархист учил всех желающих тому, как избежать призыва в армию; известный член коммунистической партии использовал университетские помещения и оборудование для яростных нападок на наше правительство за его действия во Вьетнаме, наряду с созданием нелегальных фондов в поддержку Вьетконга; в университетском кампусе велась открытая пропаганда употребления марихуаны, сопровождаемая инструкциями о том, где ее можно купить.

Даже такое абстрактное понятие, как "непристойность", гораздо проще понять, если слышал, как один оратор, используя университетское оборудование, в грубых выражениях рассказывает о том, как занимался групповым или однополым сексом, и рекомендует всем остальным последовать его примеру, а другой предлагает, чтобы студенты в кампусе обладали такой же сексуальной свободой, как собаки...

"Переговоры" — а на самом деле капитуляция — Кларка Керра по поводу каждого намеренного нарушения установленного порядка способствуют не либерализации, а воцарению полного беззакония в университете».

Дэвид Лэндс, профессор истории из Гарварда, в своем письме в *The New York Times* (29 декабря 1964 года) сделал любопытное наблюдение. Утверждая, что волнения в Беркли представляют собой чрезвычайно серьезный выпад против академических свобод в Америке, он пишет:

«В заключение мне хотелось бы отметить негативные последствия происходящего для всего Калифорнийского университета. Я лично знаком с пятью или шестью сотрудниками, которые уволились оттуда не потому, что не симпатизируют "свободе слова" или "политическим акциям", а потому, что, как сказал один из них: "Кому охота преподавать в Сайгонском университете?"»

Наиболее точный отчет и серьезная оценка происходящему были даны в статье в *Columbia University Forum* (весна 1965 года) под названием «Что осталось в Беркли?» (What's Left In Berkeley?), которую написал профессор истории Калифорнийского университета Уильям Петерсен. Он замечает:

> «Первое, что должен знать каждый насчет "Движения за свободу слова", — это то, что оно не имело к настоящей свободе слова практически никакого отношения... Но если оно боролось не за свободу слова, тогда за что же? В первую очередь, как бы нелепо это ни звучало, — за власть...
>
> Тот факт, что лишь нескольким сотням из более чем 27 000 студентов удалось добиться таких успехов, стал следствием не просто отваги и ораторских способностей. Эта маленькая группа не смогла бы вовлечь такое количество студентов в свое движение, если бы не поддержка, как выяснилось, еще из трех источников: различных лиц за пределами университета, университетской администрации и научных сотрудников.
>
> Все, кто был свидетелем высокоэффективной, почти военной организации программы агитаторов, вполне мог поверить в то, что в противостояние в Беркли был внесен серьезный кадровый и денежный вклад... Вокруг университета будто бы из ниоткуда появилось не меньше дюжины "комитетов в поддержку" того или иного требования.
>
> Курс, взятый университетской администрацией, вряд ли мог бы быть более на руку взбунтовавшимся студентам, даже если бы специально был нацелен на это. Устанавливать сомнительные правила, а потом защищать их с абсолютно нелогичных позиций — уже плохо; но еще хуже, что все санкции, вводимые университетом против студентов, в конце концов исчезали... Подчинение нормам развивается тогда, когда оно должным образом вознаграждается, а неподчинение наказывается. То, что приходится напоминать профессиональным деятелям образования о таких аксиомах, доказывает, насколько глубоко лежат корни кризиса в Беркли.
>
> Но самой главной причиной того, что экстремистам удалось склонить на свою сторону такое количество последователей, — это отношение к ситуации сотрудников университета. Наверное, полнее всего их пораженческие настроения выразились в резолюции ученого совета от 8 декабря, когда сотрудники университета объявили о том, что они не только поддерживают все требования радикалов, но и готовы отстаивать их перед попечительским советом, если это будет необходимо. Принятие этой резолюции подавляющим большинством голосов — 824 против 115 — заткнуло рот всем организациям, не поддерживавшим F. S. M.
>
> "Движение за свободу слова" напоминает коммунистические организации 30-х годов, но у них есть ряд существенных отличий. Главная черта — использование законных средств с целью манипу-

лирования широкими массами — у них общая. Однако в данном случае ядро движения — это не дисциплинированная партия коммунистов, а объединение разнокалиберных радикальных группировок».

Профессор Петерсен перечисляет здесь различные группировки социалистического, троцкистского, коммунистического и прочего толка. А далее заключает:

«Лидеры Беркли, подобно радикалам из латиноамериканских или азиатских университетов, не становятся менее радикальными оттого, что не принадлежат ни к какой официальной политической партии, где существует определенная внутрипартийная дисциплина. Они выделяются не своей партийной принадлежностью, а своими действиями, своей лексикой, своим образом мышления. На мой взгляд, лучше всего было бы именовать их "кастровцами". В Беркли провокационные методы применялись не против диктатуры, а против либеральной, не имеющей единого мнения и колеблющейся администрации университета, и в этом случае оказались удивительно эффективными. Каждая провокация и каждая одержанная победа вели к следующим».

Петерсен заканчивает свою статью на предостерегающей ноте:

«По моему диагнозу... пациент [университет] не только не излечился, но болен еще сильнее, чем ранее. Лихорадка на время спала, но инфекция распространяется и становится еще более живучей и опасной».

Теперь давайте рассмотрим идеологию бунтовщиков на основании того, что стало известно из репортажей в прессе. Общий тон этих репортажей лучше всего выражает заголовок в *The New York Times* от 15 марта 1965 года: «Новые левые студенты: Движение выявило серьезных лидеров, стремящихся к переменам».

К каким переменам? В статье, занимающей почти всю полосу, на этот вопрос не дается никакого конкретного ответа. Просто «к переменам».

Некоторые из тех активистов, «которые уподобляют свое движение "революции", хотят, чтобы их называли радикалами. Однако большинство предпочитает, чтобы их звали "организаторами"».

Кого же они организуют? «Угнетенных». С какой целью? Неясно. Они просто «организаторы».

«Очень многие недолюбливают любые ярлыки, но при этом не против, чтобы их называли циниками... Подавляющее большинство тех, кому мы задавали вопросы, сказали, что они скептически относятся к коммунизму, равно как и к любым другим формам политического контроля… "Вы можете называть нас антикоммунистами, — сказал один из них, — а также антиморалистами и антивсем, чем угодно».

Однако есть и исключения. Студентка Калифорнийского университета, одна из руководителей волнений в Беркли, якобы выразилась таким образом:

«В настоящее время социалистические страны, даже со всеми их проблемами, ближе, чем кто угодно еще, подошли к тому типу общества, который, как я думаю, должен существовать во всем мире. В Советском Союзе такое общество уже существует».

Другой студент из Нью-Йорка поддерживает это высказывание. «Советский Союз и весь социалистический блок на верном пути», — говорит он.

Ввиду того что большинство молодых активистов выступало именно за гражданские права и что калифорнийские бунтовщики тоже вначале прикрывались именно этим (попытавшись, правда, безрезультатно, объявить всех тех, кто был с ними не согласен, сторонниками «расизма»), очень любопытно читать в газете следующее:

«Среди активистов редко можно услышать разговоры о расовой интеграции. Некоторые из них считают, что все это — дело прошлое. Они заявляют, что интеграция будет почти так же плоха, как и сегрегация, если ее результатом будет возникновение всем довольного общества без расовых конфликтов, опирающегося на средний класс».

Главная тема и главная идеология активистов — это *антиидеология*. Они отчаянно сопротивляются любым «ярлыкам», определениям и теориям; они провозглашают первостепенную значимость конкретного момента и преданность действию — субъективно и эмоционально мотивированному действию. Их настрой пронизывает красной нитью все журналистские репортажи.

В статье в *The New York Times Magazine* (14 февраля 1965 года) заявлено:

«Бунтовщики из Беркли не производят впечатления политических в том смысле, какими были участники студенческих волнений тридцатых годов. Они со слишком большим недоверием относятся к любым "взрослым" институтам, чтобы принять всем сердцем даже ту идеологию, которая провозглашает своей целью разрушение системы. Анархистские настроения прослеживаются у них так же явно, как и симпатии к марксизму. "Это некая форма политического экзистенциализма, — говорит Пол Джейкобс, исследователь из университетского Центра изучения права и общества, один из тех, кто поддержал F. S. M. — Все старые ярлыки сорваны…"

С гордостью объявляющие о своей нетерпимости сторонники F. S. M. исповедуют подход, согласно которому только абсолютная преданность какому-то делу может освободить жизнь на такой огромной "фабрике знаний", как Беркли, от пустоты и отсутствия смысла».

The Saturday Evening Post (8 мая 1965 года), обсуждая разнообразные молодежные группировки левого толка, цитирует лидера организации «Студенты за демократическое общество»:

«"Мы начинаем с отречения от старого сектантского левого фланга и его традиционных ссор и с презрения к американскому обществу, которое считаем полностью развращенным. Для нас интересны прямое действие и конкретные проблемы. Мы не проводим бесконечные часы, обсуждая сущность Советской России или то, является ли Югославия упадническим государством". [А также]: "В сидячих забастовках мы впервые увидели шанс на непосредственное участие в имеющей смысл социальной революции".

В часы, свободные от участия в пикетах [говорится в той же самой статье], члены P. L. [«Прогрессивных рабочих»] околачиваются в экспериментальных театрах и кофейнях на Манхэттене. Их литературные вкусы больше склоняются к Сартру, чем к Марксу».

С любопытным единодушием в обзоре журнала *Newsweek* (12 марта 1965 года) приводятся слова другого молодого человека: «"Эти студенты не читают Маркса, — сказал один из лидеров "Движения за студенческую свободу" из Беркли. — Они читают Камю"».

«Если они — бунтовщики, — говорится далее в обзоре, — то это бунтовщики без идеологии, без долгосрочной революционной программы. Они заняты конкретными делами, а не философскими умозаключениями и вряд ли способны сформулировать или последовательно выступить за какую-либо систематизированную политическую теорию, неважно, правую или левую».

«Сегодняшние студенты стараются выразить себя не через мысли, а через действия», — категорично заявлено в статье, а дальше приводятся слова представителей старшего поколения, симпатизирующих студенческим активистам.

1. Выгодное дело: студенческие волнения

«"Сейчас, как и в 30-е, — говорит редактор *New York Post* Джеймс Векслер, — мы видим группы активистов, которые хотят чего-то добиться в жизни. — Но не идеологически. Мы привыкли собираться и обсуждать марксизм, а сегодня студенты выступают за гражданские права и мир, действуя"».

Ричард Ансворт, капеллан из Дартмута, высказался так:

«В современном университете "принято сначала делать, а потом раздумывать о своих действиях, а не сначала решать, а потом думать, как это было еще несколько лет назад"».

Пол Гудман, которого журнал называет писателем, деятелем образования и «одним из героев современного студенчества», восторженно высказывается о волнениях в Беркли и их лидерах, потому что:

«Лидеры этого движения, говорит он, "не были хладнокровны, они шли на риск, *они были готовы оказаться в тупике*, они не знали, ждет ли их успех или поражение. Они больше не хотят быть хладнокровными мыслителями, они хотят быть первыми"». (Курсив мой. То же самое можно сказать и о любом пьяном водителе. — *А. Р.*)

Слова «быть первыми» повторяются снова и снова. Очевидно, для начала они хотели стать первыми в университетах. В *The New York Times Magazine* приводятся слова одного из лидеров F. S. M.:

«Мы считаем, что любой университет состоит из преподавателей, студентов, книг и идей. В буквальном смысле администрация нужна лишь для того, чтобы обеспечивать чистоту дорожек. Она должна обслуживать преподавателей и студентов».

Кульминацией этой темы стала статья в *The New York Times* от 29 марта 1965 года под заголовком «Студенты колледжей принимают "Билль о правах"».

«Группа студентов из восточных колледжей в эти выходные объявила здесь [в Филадельфии], что функции администрации колледжей должны сводиться лишь к обслуживанию быта студентов и научных работников.

"Современный колледж или университет, — сказали они, — должен управляться студентами и преподавателями; администрация должна лишь обеспечивать функционирование и безопасность, во всем поддерживая преподавательский и студенческий состав"».

Этот манифест был принят на собрании, которое состоялось в Пенсильванском университете, где присутствовало 200 молодых людей...

> «...из 39 колледжей Филадельфии, Нью-Йорка и окрестностей, из Гарварда, Йеля, Калифорнийского университета в Беркли, а также из учебных заведений Среднего Запада.
>
> Главной темой этой встречи стало то, что колледжи и университеты становятся в последнее время лишь придатками "финансового, индустриального и военного истеблишмента" и что студенты и преподаватели "проданы с потрохами" администрацией.
>
> Среди положений манифеста — требования свободы устройства митингов любыми организациями, уничтожение платного образования, контроль исполнения законов со стороны студентов и преподавателей, закрытие военных кафедр, отмена клятв верности, контроль студентами и преподавателями содержания учебных программ...»

Порядок принятия этого манифеста совершенно великолепен: «Около 200 студентов прибыли на собрание, к его концу, когда был принят "Студенческий билль о правах", осталось 45». И что там говорилось о «демократических процедурах» и праве активистов волнений на звание голоса поколения?

Какое же значение придается студенческим волнениям прессой и теми, кого она цитирует? Для сегодняшней культуры не слишком характерна моральная отвага, но ни в одном из последних событий в такой неприкрытой, мерзкой степени не проявилась нравственная трусость. Большинство комментаторов не просто не имеет своего независимого взгляда на происходящее, не просто подпевает бунтовщикам, но и из всего того, против чего они выступили, решается поддержать и принять лишь самую поверхностную, самую малозначимую и, следовательно, самую *безопасную* жалобу: на то, что университеты становятся «слишком большими».

Как будто все разом объелись мухоморов, «раздутость» университетов внезапно приобрела в глазах общественного мнения масштаб национальной проблемы и была провозглашена причиной «недовольства» студентов, мотивы которых восторженно принимались как юношеский «идеализм». Ведь нападать на «раздутость» всегда безопасно. А поскольку бессмысленная проблема *размера* уже давно служит способом откреститься от реальных проблем, к списку, в котором уже присутствовали «большой бизнес», «большие профсоюзы», «большое правительство» и т.д., присоединилось очередное понятие — «большой университет».

Более взыскательной аудитории социалистский журнал *The New Leader* (21 декабря 1964 года) предложил анализ с марксистско-фрейдистской точки зрения, назвав причиной волнений в первую очередь «отчуждение» (цитируя Савио: «Неким образом люди оказались отрезаны от чего-то») и «бунт поколения». («На глубинном, природном уровне смысл студенческого политического протеста сводится к сексуальному протесту против контроля университетской администрации, руководящей *in loco parentis*».)

Но приз за наилучшее выражение морально-интеллектуальной сущности современной культуры по праву принадлежит калифорнийскому губернатору Брауну. Не забывайте о том, что Калифорнийский университет — это государственное учебное заведение, что его попечители назначаются губернатором и что сам Браун, таким образом, был конечной мишенью мятежа и всех связанных с ним акций, начиная от применения насилия и заканчивая непристойными выражениями.

> «Безопасно ли наше общество для студентов, имеющих собственные идеи? (Говорил губернатор Браун на университетском банкете. — *А. Р.*) Нет. Студенты стали другими, но структура университета и его отношение к студентам не соответствуют изменившимся нынешним условиям.
>
> Поэтому часть студентов чувствует, что они имеют право на выход за рамки закона для того, чтобы ускорить перемены. Но, поступая таким образом, они проявляют высшую степень *идеологического лицемерия*. (Курсив мой. — *А. Р.*) С одной стороны, они ссылаются на Конституцию Соединенных Штатов, требуя права на политическую активность. Но с другой стороны, они отрекаются от цивилизованных методов ведения дискуссии в пользу прямого действия.
>
> Поступая так, они столь же неправы, как и университет. Перед нами, таким образом, встает серьезная проблема: необходимость перемен».

Отметьте тот факт, что губернатор Браун считается большой фигурой и серьезным противником для калифорнийских республиканцев. А еще то, что «согласно опросу общественного мнения в Калифорнии 74% населения не поддерживают студентов, поднявших мятеж в Беркли». А теперь обратите внимание на то, что губернатор Браун не рискнул осудить движение под предводительством 45 студентов и счел необходимым дополнить термин «лицемерие» определением «идеалистическое», создав, таким образом, одно из самых странных словосочетаний в современном словаре.

Еще хотелось бы отметить, что во всей массе комментариев, аналитических материалов и интерпретаций (включая и внушительный обзор в *Newsweek*, где была приведена статистика по всем вообразимым аспектам жизни в колледжах) не обнаруживается ни единого слова о *содержании* современного образования, о *природе идей*, которые прививаются молодежи в современных университетах. Были подняты и рассмотрены все возможные вопросы, кроме того, *как учат думать студентов*. Совершенно очевидно, что это никто не решился обсуждать.

И именно об этом я предлагаю поговорить.

Если бы какой-нибудь драматург обладал возможностью превращать философские идеи в живых, реальных персонажей и попробовал бы создать человеческое воплощение современной философии, он получил бы «активистов» волнений в Беркли.

Эти «активисты» настолько полно, буквально, честно и ошеломляюще представляют собой производную современной философии, что впору воскликнуть, обращаясь к администрации и преподавательскому коллективу университета: «Братья, вы сами этого хотели!»

Человечество не должно ожидать, что можно остаться целым и невредимым после десятилетий воздействия интеллектуальных продуктов распада, например, таких как: «Разумом не постичь истинной природы вещей; реальность непознаваема; определенность невозможна; любое знание — не более чем вероятность; истина — то, что практически полезно; мысль — это суеверие; логика — это общественное удобство; этика — вопрос подчинения субъекта произвольно принятому постулату». Под их воздействием происходят мутации, продуктом которых и становятся те искалеченные юные создания, которые вопят о том, что они не знают ничего, но хотят управлять всем.

Если бы наш драматург писал киносценарий, он имел бы полное право озаглавить его «Марио Савио, сын Иммануила Канта».

Если не брать в расчет редчайшие и не признаваемые академической средой исключения, философское «течение», которое затопляет сегодня каждую аудиторию, каждую учебную программу и каждый мозг, — это агностицизм, неприкрытый иррационализм и этический субъективизм. Мы живем в эпоху кульминации длительного процесса разрушения, мы достигли конца дороги, проложенной Кантом.

С тех самых пор, как Кант разлучил разум с реальностью, его интеллектуальные воспитанники продолжали усердно расширять эту пропасть. Во имя разума прагматизм провозгласил сиюминутный взгляд на вещи самым вдохновляющим, игнорирование контекста — правилом гносеологии, выгоду — принципом морали, а коллективный субъективизм — заменой метафизики. Логический позитивизм пошел еще дальше и, все так же во имя разума, поднял психогносеологию мелких крючкотворов до статуса научной системы, объявив, что знание состоит из манипуляций с языком. Приняв это всерьез, лингвистический анализ провозгласил, что задачей философии является не нахождение общих для всего бытия законов, а объяснение людям, что они имеют в виду, когда что-то говорят, потому что сами они никак не могут этого знать (это последнее к тому моменту действительно стало правдой — в философских кругах). Это стало последним выстрелом философии, которая далее оборвала канаты и улетела прочь, подобно воздушному шару, потеряв всякую видимость связи с реальностью и всякое отношение к проблемам человеческого существования.

Неважно, насколько старательно приверженцы таких теорий избегают любых упоминаний об отношении теории к практике; неважно, с какой застенчивостью они пытаются представлять философию салонной или школьной игрой; факт остается фактом: молодежь поступает в колледжи с целью приобретения *теоретических* знаний, которые направляли бы их *практические* действия. Учителя философии уклоняются от вопросов о приложении их идей к реальной жизни, отделываясь заявлениями типа «Реальность — бессмысленный термин» или утверждениями, что философия нужна лишь для того, чтобы развлекаться построением произвольных «моделей», или советами проверять каждую теорию методом «здравого смысла», — как будто забыв о тех бесконечных часах, что они потратили на попытки отказать этому понятию в праве на существование.

В результате студент выходит из современного университета, усвоив за несколько лет обучения следующие догмы: бытие — это неизведанные и недоступные для изучения джунгли; страх и неопределенность — естественные и постоянные состояния человека; скептицизм — признак зрелости; цинизм — признак реалистичного взгляда на мир... И самое главное: важнейший отличительный признак человека разумного — это отрицание разума.

Когда ученые мужи задумываются о практическом воплощении своих теорий, они сходятся в первую очередь в том, что неуверенность и скептицизм — это социально значимые черты, которые должны быть истоком терпимости к многообразию, гибкости, общественной «приспособляемости» и готовности к компромиссу. Некоторые доходят даже до того, что открыто заявляют, что ясность мысли — это признак диктаторской ментальности, а хронические *сомнения* — отсутствие твердых убеждений, нехватка абсолютных ценностей — это гарантия мирного, «демократического» общества.

Они ошибаются.

Считается, что кантовская дихотомия породила две линии кантианцев; все они принимают его основные постулаты, но избирают для себя противоположные стороны: одни выбирают разум и отвергают реальность, а другие выбирают реальность и отвергают разум. Первые оставляют мир на растерзание вторым.

Собрал же все то, что пытались сделать рационализаторы Канта, унаследовал безжизненные руины софистики, казуистики, стерильности и безграничной банальности, к которым они свели философию, *экзистенциализм*.

Экзистенциализм в принципе заключается в указании на современную философию и заявлении «Если *это* разум, то пошел он к черту!».

Невзирая на то, что прагматики-позитивисты-аналитики уничтожили мышление, экзистенциалисты считали их его защитниками, представляли их миру как пример рациональности, а сами вслед за этим полностью отвергли разум, объявив о его несостоятельности, протестуя против его «провала», призывая вернуться к реальности, к проблемам человеческого существования, к ценностям, к действию — к субъективным ценностям и бездумному действию. Во имя реальности они провозгласили моральное превосходство «инстинктивного», порывов, ощущений и когнитивные способности желудка, мышц, почек, сердца и крови. Это был бунт безголовых тел.

Но битва еще не окончена. Кафедры философии современных университетов стали полем сражения, которое фактически оказывается не более чем семейной ссорой между прагматиками и экзистенциалистами. А их последователи стали активистами студенческого мятежа.

Если эти активисты избрали политику «сначала делать, а потом раздумывать о своих действиях», разве это не прагматизм научил их тому, что истину следует определять по ее последствиям? Если они «вряд ли способны сформулировать или последовательно выступать за какую-либо систематизированную политическую теорию общества» и тем не менее вопят с сознанием собственной правоты, что намерены достичь своих социальных целей при помощи насилия, разве не логический позитивизм научил их тому, что этические положения не имеют когнитивного смысла, а являются лишь отображением чьих-либо чувств или эквивалентом эмоционального семяизвержения? Если они варварски слепы ко всему, кроме данного момента, разве не логический позитивизм внушил им то, что ничто другое не может считаться доподлинно существующим? И если лингвистический анализ занят демонстрацией того, что «кот на ковре» *не* означает, что «ковер» — это признак «кота», а также того, что «кот» равен «на ковре», что удивительного в том, что студенты штурмовали кампус Беркли с плакатами, гласящими: «Драться сейчас, думать потом!»? (Этот лозунг приводит профессор Петерсен в *Columbia University Forum*.)

14 июня CBS показало запутанный, бессвязный, малопонятный — и именно поэтому настоящий и значимый — документальный фильм под названием «История Беркли» (The Berkley Story). В любом безумии есть свой метод — и для тех, кто знаком с современной философией, этот фильм был похож на демонстрацию

отразившихся в случайных зеркалах искаженных образов и смутного эха кровавой бани, происходящей в академических пыточных камерах разума.

«У нашего поколения нет идеологии», — заявляет первый мальчишка, у которого берут интервью, с таким вызовом и ненавистью, с какими раньше выкрикивали «Долой Уолл-стрит!». Это явно свидетельствует о том, что его сегодняшний враг — это *мысль*. У старшего поколения, презрительно поясняет он, имеется «маленькая хорошенькая пилюлька» на любой случай, но эти пилюльки больше не помогают, и «их сердца оказываются разбиты». «Мы не верим в пилюли», — говорит он.

«Мы поняли, что не существует никаких абсолютных правил», — говорит девушка, поспешно и как будто оправдываясь, словно вызубренную аксиому, и продолжает неразборчиво объяснять, помогая себе жестами, что «мы сами придумываем для себя правила», и то, что правильно для нее, вовсе не обязательно должно быть правильным для остальных.

Девушка описывает свое обучение как «слова, слова, слова, бумажки, бумажки, бумажки» и тихонько, с оттенком настоящего отчаяния, рассказывает, что иногда она останавливалась и думала: «А что я здесь делаю? Я же ничему не учусь».

Напористая девица, которая говорит цветисто, но никогда не заканчивает фраз и ничего не утверждает, осуждает общество в целом, пытаясь сказать, что поскольку человек — это продукт общества, значит, общество плохо выполняет свою работу. Посередине предложения она вдруг замолкает и, как будто между делом, вставляет ремарку: «Что бы из меня ни вышло, я все равно продукт», — после чего продолжает излагать свою мысль. Она произносит это с наивной убежденностью вдумчивого ребенка, признающего очевидный факт природы. Это не поза: бедняжка действительно искренне в этом уверена.

Беспомощное непонимание, появляющееся на лице комментатора Гарри Ризонера, когда он пытается подвести итог тому, что только что было показано, — красноречивое свидетельство того, почему пресса оказалась неспособна адекватно отразить студенческие волнения. «Сейчас — немедленно — любую ситуацию нужно разрешать *сейчас же*», — скептически говорит он, поясняя настроения бунтовщиков, не выражая ни восхищения, ни осуждения, отчасти удивленным, отчасти беспомощным тоном человека, который не может поверить в то, что видит перед собой дикарей, носящихся по территории одного из крупнейших университетов Америки.

Таковы продукты современной философии. Это студенты, которые слишком умны, чтобы не видеть логических последствий тех теорий, которым их учили, но ни умны, ни независимы настолько, чтобы видеть эти теории насквозь и отречься от них.

Поэтому они выкрикивают свой вызов «системе», не понимая, что они — самые что ни на есть верные и послушные ее ученики, что их бунт — это бунт против ее интеллектуальной «элиты», которая проглотила все затертые идеи «либералов» 1930-х годов, в том числе и крылатые фразы об альтруизме, преданности «угнетенным» и такому *удобному* делу, как «борьба с нищетой». Восстание под лозунгами, не содержащими ничего, кроме банальностей, — не слишком убедительное и не слишком вдохновляющее зрелище.

Как в любом другом общественно-политическом движении, здесь можно обнаружить переплетение целого ряда мотивов: к нему примкнули и юные интеллектуалы-крючкотворы, нашедшие золотую жилу в современной философии, обожающие споры ради споров и разбивающие оппонентов в пух и прах парадоксами, которые всегда готовы у них для такого случая; и актеры, которым нравится представлять себя героями и бросать всем вызов просто из любви к процессу; и нигилисты, которые, движимые крайней злостью, стремятся лишь к разрушению ради разрушения; и те, у кого никогда не было собственного мнения и которые всегда ищут толпу, к которой можно «примкнуть»; а также обыкновенные хулиганы, от которых никуда не деться, которые всегда тут как тут при любых массовых событиях. Чего бы мы еще ни обнаружили в этой свалке мотиваций, на всем движении большими буквами написано «*невроз*», потому что невозможно дойти до отрицания разума из-за какой-нибудь невинной ошибки в познании. Теории современной философии могут быть лишь щитом, механизмом защиты, попыткой придать неврозу смысл, а могут отчасти являться и его причиной, но бесспорным остается одно: современная философия уничтожила в этих студентах все лучшее и взлелеяла все худшее.

Молодежь ищет всеобъемлющую картину мира, то есть философию, она ищет смысл, цель, идеалы, — и бо́льшая ее часть принимает то, что есть в наличии. Именно в юности большинство людей пытается найти философские решения и установить собственные принципы на всю оставшуюся жизнь. Некоторые так и не доходят до этого этапа, некоторые не прекращают поиски никогда; но разум большинства открыт философии лишь на протяжении нескольких кратких лет. Именно это большинство и оказывается вечными, хотя и не невинными жертвами современной философии.

Эти люди не являются независимыми мыслителями или изобретателями новых идей; они неспособны адекватно реагировать на современные софизмы. Поэтому кто-то из них после одного или двух не поддающихся перевариванию блюд сдается, решив, что мышление — это пустая трата времени, и превращается к 25 годам в сонного циника или отупевшего конформиста. Другие принимают то, что им говорят, причем принимают слепо и *буквально*, — это нынешние активисты. И какое бы сплетение мотивов ни управляло ими в настоящий момент, любой учитель современной философии в их присутствии должен испытывать суеверный страх, если, конечно, он еще способен осознавать, что это он, воспользовавшись их шатким и хрупким стремлением к идеалам, превратил их в отвратительных мелких монстров.

А что же случается в современных университетах с лучшими умами, с теми студентами, интеллектуальный уровень которых выше среднего и которые по-настоящему стремятся к знаниям? Они вынуждены терпеть медленную пытку.

Гносеологические стандарты и методики преподавания любых дисциплин, как естественных, так и гуманитарных, формируются под влиянием, прямым или косвенным, философии. В результате мы имеем хаос субъективных прихотей, на основании которых формируются критерии логики, общения, представления, доказательства, выводы, оказывающиеся совершенно разными в разных школах и у разных преподавателей. Я не имею в виду различия во взглядах или в содержании учебных курсов, я говорю об отсутствии *базовых принципов познания* и вытекающей отсюда неразберихе в приемах мышления, которые должен усвоить мозг студента. Это все равно что читать каждый курс на своем языке, требуя, что каждый *думал* исключительно на нем, но даже не предоставляя словаря. Результат — интеллектуальный распад.

Кроме того, противодействие «построению системы», то есть интеграции знаний, приводит к следующему: то, что сообщают студентам на занятиях по одному предмету, противоречит тому, что им сообщают другие преподаватели на других предметах, каждый предмет повисает в пустоте, и студенты вынуждены принимать все, что узнают от преподавателя, в отрыве от контекста, а любые вопросы о том, каким же образом собрать все знания в единую картину, отклоняются, высмеиваются и объявляются несущественными.

Добавим: произвольно подобранное, бессмысленное, бессистемное содержание большинства учебных планов, отсутствие любой иерархической структуры знания, любого порядка, последовательности или логического основания; случайный набор предметов, посвященных вырванным из контекста частностям и ни с чем не связанным исследованиям; всеобъемлющую невразумительность; самоуверенную иррациональность; и, как следствие, необходимость вызубривать, вместо того чтобы узнавать, пересказывать, вместо того чтобы понимать, удерживать в голове какофонию непонятных терминов на время, необходимое для сдачи очередного экзамена.

И еще отметим профессоров, которые отказываются отвечать на вопросы; профессоров, заменяющих ответы отговорками и насмешками; профессоров, превращающих свои занятия в посиделки на основании того, что «мы здесь для того, чтобы поразмыслить над этим вместе»; профессоров, которые *читают* лекции, но не придерживаются никаких концепций, не выражают никаких взглядов и бросают студентов в лабиринт противоречий, не дав никакой путеводной нити; профессоров, которые *придерживаются* какой-то концепции и приглашают студентов высказывать свое мнение, а затем наказывают вольнодумцев низкими отметками (особенно в курсах, связанных с политикой).

И наконец, укажем на моральную трусость большинства представителей администрации университетов, политику постоянного морального нейтралитета, всеобщего компромисса и уклонения любой ценой от всех конфликтных ситуаций. В результате студенты понимают, что любая совершенная в учебной аудитории несправедливость останется безнаказанной, что протестовать бессмысленно, а искать защиты не у кого.

Да, несомненно, существуют и исключения: среди университетских сотрудников *есть* компетентные преподаватели, блестящие умы и мыслящие личности, но они захлебываются в безбрежном «потоке» иррациональности и в конце концов теряют всякую надежду на лучшее.

Более того, большинство представителей как профессуры, так и администрации индивидуально куда более квалифицированны и разумны, чем в коллективной деятельности. Бо́льшая их часть сознает и частным образом сожалеет о порочности современного мира образования. Но каждый из них ощущает личное бессилие перед масштабом проблемы. Поэтому они винят во всем какую-то безымянную, бесформенную, почти мистическую силу, которую называют «системой», причем очень многие из них воспринимают ее как *политическую* систему, более конкретно — капитализм. Они не осознают, что существует лишь одна отрасль человеческого знания, которая дает человеку инструменты для решения крупномасштабных проблем, которая обладает властью объединять и сплавлять воедино все виды человеческой деятельности, и эта отрасль знания — *философия*, которую они в используют как инструмент дезинтеграции и разрушения.

Как влияет все это на лучшие умы среди студенчества? Подавляющее их большинство терпят обучение в колледжах, стиснув зубы, словно дожидающиеся окончания тюремного срока заключенные. Психологические травмы, которые они получают в процессе, трудно переоценить. Тем не менее они изо всех сил борются за сохранение способности мыслить, смутно осознавая, что вся эта пытка предназначена именно для уничтожения этой способности. Чувства, которые они испытывают по отношению к своему учебному заведению, могут меняться от недоверия и раздражения до презрения и ненависти, смешиваясь с ощущением крайнего утомления и мучительной скуки.

В различной степени эти чувства разделяются всем студенческим сообществом. Именно *поэтому* бунтовщики из Беркли смогли привлечь на свою сторону тысячи студентов, которые вначале даже не понимали сущности того, к чему они присоединяются, и которые пошли на попятный, как только истинные цели «революционеров» стали очевидными. Этими студентами двигало крайнее, невыносимое разочарование, потребность в протесте — не вполне понятно, против чего, — и инстинктивное стремление хоть как-нибудь навредить университету.

Разговаривая с небольшой группой интеллектуально продвинутых студентов одного из лучших университетов Нью-Йорка, которые идеологически были против бунтовщиков, я спрашивала у них, стали бы они защищать администрацию, если бы беспорядки начались у них в кампусе. Все они отрицательно качали головами и слабо, мудро и горько улыбались.

Причина того, почему никто из взрослых и обладающих определенной властью людей — ни администрация Беркли, ни общественные комментаторы, ни журналисты, ни губернатор Браун — не смог занять твердую позицию и дать разумный отпор бунтовщикам, заключается в философском бессилии старшего поколения. Если принимать положения современной философии, логика была на стороне зачинщиков беспорядков. Чтобы адекватно ответить на их провокации, требовалось *полное* переосмысление своей философской позиции, вплоть до самых основ, на которое, конечно же, не решился никто из этих взрослых людей.

Отсюда демонстрация грубой силы, бандитские методы и воинствующая иррациональность, принесенные в университетский кампус и встреченные там расплывчатыми, неопределенными, извиняющимися уступками, общими словами и уклончивыми банальностями так называемых защитников академического права и порядка.

В цивилизованном обществе заявление студента о том, что он отказывается от рационального мышления и намерен действовать за пределами норм рассудка, посчиталось бы достаточным основанием для немедленного отчисления, а тем более в том случае, если бы за этим последовало участие в массовых беспорядках и насилии на территории университета. Однако современные университеты давно потеряли моральное право негативно реагировать на первое и, таким образом, стали бессильны против второго.

Студенческие волнения — красноречивая демонстрация того факта, что, когда человек отказывается от разума, он открывает дверь физическому насилию как единственной альтернативе.

Эти волнения, кроме того, являются одним из самых убедительных возражений тем интеллектуалам, которые заявляют, что скептицизм и хроническое сомнение могут привести к общественной гармонии.

> «Когда люди принижают свои добродетели до относительных, зло обретает силу абсолюта, когда добродетельные отказываются от верности неуклонной цели, ее принимают негодяи. И вы получаете постыдное зрелище раболепствующего, торгующегося, вероломного добра и самодовольного, бескомпромиссного зла»[1].

Кому выгодны эти беспорядки? Ответ кроется в природе и целях их вожаков.

Если рядовых сторонников студенческого движения можно считать жертвами — хотя бы некоторых из них, — то этого никак нельзя сказать о его лидерах. Кто же они, эти лидеры? Всевозможные группировки тоталитарно-коллективистской направленности, которые кружат, словно стервятники, над останками капитализма, в надежде поживиться чем-нибудь на его костях и, насколько возможно, ускорить его окончательное разложение. Их программа минимум — просто «устраивать беспорядки»: подрывать, смущать, деморализовывать, ломать. Их программа максимум — прийти к власти.

Для таких лидеров поднявшиеся на бунт студенты — не более чем пушечное мясо, функции которого — высовывать из толпы свои безголовые шеи, устраивать потасовки на территории университетов, отправляться по тюрьмам, губить свою карьеру и свое будущее, а со временем, если лидеры преуспеют, выйти с оружием на улицы и проститься со своими «неабсолютными» жизнями,

---

[1] Рэнд А. Атлант расправил плечи: В 3 ч. — 6-е изд. — М.: Альпина Паблишерз, 2011. — Ч. III. — С. 406.

вымостив собой путь к абсолютной диктатуре тому, кто окажется самым кровожадным из кучки головорезов, грызущихся за власть. Юные глупцы, отказывающиеся заглянуть за рамки конкретного *«сейчас»*, никак не могут знать, чьим долгосрочным целям они служат.

В этом замешаны и коммунисты, но, в отличие от прочих, они являются лишь манипуляторами, а не источником студенческих волнений, что в очередной раз доказывает: если они побеждают, это происходит опосредованно — как у микробов, благоденствующих на ранах распадающегося тела. Не они создавали условия, при которых началось разрушение американских университетов, не они собрали толпы обозленных, не видящих цели, невротичных подростков, — но они прекрасно осведомлены о том, как проникать в организм через язвы, которых их оппоненты предпочитают не замечать. Это профессионалы идеологии, и для них не представляет труда занять интеллектуальный вакуум и загнать в угол трусливых защитников «антиидеологии» при помощи их же собственных противоречий.

Для пестрой левацкой верхушки студенческие беспорядки — это пробный шар, своего рода измерение культурной температуры общества. Это проверка пределов, до которых они могут безнаказанно дойти, и сил противника, с которыми им придется столкнуться.

Для остальных же граждан это предварительный просмотр на малом экране — в микрокосмосе научного мира — событий, которые могут ожидать в будущем всю страну, если сегодняшние культурные тенденции сохранятся без изменений.

То, что происходит в университетах, зеркально отображается в масштабах всего государства. Современная философия на практике породила смешанную экономическую модель с ее моральным нигилизмом, сиюминутным прагматизмом, безыдейной идеологией и поистине постыдным изобретением «консенсусного правления».

Правление групп влияния — это всего лишь прелюдия, подготовка общества к правлению толпы. Когда страна уже смирилась с уничтожением моральных принципов, прав личности, объективности, правосудия, разума и покорилась власти легализованной грубой силы, исключения понятия «легализации» тоже остается недолго ждать. Кто будет противиться этому и во имя чего?

Когда нравственность подменяется цифрами и ни один гражданин не может требовать соблюдения своих прав, зато любая партия может требовать всего, чего ей вздумается; когда единственная политика, которой можно ждать от властей, — это политика *компромисса*, а их единственная цель — сохранение имеющейся «стабильности» любой ценой, победителем становится тот, чьи требования оказываются наиболее несправедливыми и иррациональными; сама система способствует этому. Если бы в мире не существовало коммунистов или каких-нибудь других политических бандитов, такая система создала бы их сама.

Чем более чиновник предан политике компромисса, тем менее он способен чему-либо противостоять: в случае любой опасности его «инстинктивная» реакция и принцип действия — уступить, благодаря чему он становится легкой добычей.

Приняв в расчет эти соображения, мы увидим, что крайнюю степень простодушия и поверхностности проявили комментаторы, которые выражали удивление тем, что активисты студенческого движения избрали в качестве начального плацдарма для своих действий именно Беркли, а в качестве первой мишени — президента Керра, *вопреки* его репутации «либерала» и известного специалиста по урегулированию конфликтов. «Странно, но некоторые из менее опытных студенческих ораторов… пытались представить господина Керра нетерпимым и жестким администратором, — говорится в редакционной статье в *The New York Times* от 11 марта 1965 года. — Само собой, это выглядело совершенно нелепо, принимая во внимание то, как долго и отважно он боролся за университетские свободы и права студентов в непростой обстановке постоянного давления со стороны правых, которые всегда были крайне влиятельны в Калифорнии». Другие комментаторы рисуют мистера Керра невинной жертвой, оказавшейся между двух огней в схватке «консерваторов» попечительского совета и «либералов» преподавательского состава. Но ведь фактически и логически средний путь и не может вести ни к какому другому конечному пункту; так что совершенно ясно, что бунтовщики избрали Кларка Керра своей первой мишенью не *вопреки*, а *благодаря* его репутации.

А теперь попробуйте представить, что будет, если методику беспорядков в Беркли применить в национальном масштабе. Как бы фанатично ни верили адепты компромисса в то, что только с его помощью можно удовлетворить всех, на самом деле все происходит наоборот; компромисс приводит не к всеобщему счастью, а к всеобщему разочарованию; те, кто пытается стать всем для всех, оказывается никем ни для кого. Более того: если неправомерные требования оказались удовлетворены хотя бы частично, это придает требующим смелости идти дальше; если же справедливые требования остались хотя бы частично неудовлетворенными, пострадавший теряет решимость и желание бороться. Если целеустремленная, дисциплинированная партия сторонников тоталитарного правления решится бросить свои силы на ветхие развалины смешанной экономики, смело и открыто проповедуя принципы коллективизма, которые по молчаливому согласию уже давно приняты страной, то кто окажет ей сопротивление? Подавленное, деморализованное, озлобленное большинство продолжит пребывать в летаргическом безразличии, с которым оно встречает все происходящее в обществе. А многие встанут под знамена этой партии, вначале просто ради того, чтобы вырваться из бессмысленного круга разочарований, самовыразиться через протест — неважно, какого сорта, — удовлетворить подсознательную жажду любого действия, которое способно пробить брешь в удушающей безнадежности *статус-кво*.

Найдется ли хоть кто-то, кто ощутит нравственный подъем и готовность сражаться за «консенсус»? Был ли кто-нибудь готов до победного конца сражаться за правительство Керенского в России, или Веймарской республики в Германии, или за Национальное правительство в Китае?

Но как бы ни была деморализована и философски разоружена страна, для того, чтобы ее можно было заставить сменить частичную свободу на полноценную диктатуру, общество должно достичь определенной критической точки. В *этом* и состоял главный идеологический замысел лидеров студенческого восстания: *подгото-*

вить страну к признанию силы как метода разрешения политических противоречий.

Взгляните на то, какие идеологические прецеденты стремились создать бунтовщики из Беркли: все они так или иначе были связаны с аннулированием прав и пропагандой насильственных действий. Все эти идеи выражались совершенно открыто, однако на их сущность не обратили должного внимания, и по большей части никакой реакции на них со стороны общественности не последовало.

Главной проблемой стала попытка заставить страну признать *массовое гражданское неповиновение* приемлемым и действенным инструментом политической деятельности. Эта попытка была далеко не первой, подобное многократно происходило в связи с движением за гражданские права. Но ситуации в прошлом существенно отличались от сегодняшней: негры *действительно* были жертвами легализованной несправедливости, и таким образом нарушение правопорядка было не столь категорически явным. Люди воспринимали его как метод борьбы за равноправие, а не как выступление против закона.

Гражданское неповиновение может быть в некоторых случаях оправданно — когда гражданин не соблюдает закон с целью довести дело до суда и создать прецедент. Подобные действия подразумевают уважительное отношение к правопорядку, а протест направлен исключительно на конкретный закон, несправедливость которого гражданин ищет возможность доказать. То же самое верно и в случае участия в деле группы граждан, если они берут на себя всю ответственность и весь риск и их действия никак не могут повлиять на других людей.

Но в цивилизованном обществе не может быть оправдан такой тип массового гражданского неповиновения, когда затрагиваются права других лиц, независимо от того, что является конечной целью нарушителей закона: благо или зло. Ничьи права не могут быть обеспечены за счет нарушения прав других. Массовое неповиновение — это подрыв самого понятия права: это вызов, который толпа бросает законности как таковой.

Насильственный захват чужой собственности или перекрытие государственных путей сообщения — настолько откровенное нарушение прав, что попытка оправдать подобные акции равносильна отрицанию морали. Гражданин не имеет права устраивать сидячую забастовку в доме или на рабочем месте человека, с которым он не согласен, и он не получает такого права, присоединившись к какой-нибудь группировке или партии. Гражданские права никак не связаны с количеством людей, и недопустимо как с точки зрения закона, так и с точки зрения нравственности, чтобы какая-то деятельность была запрещена отдельному гражданину, но разрешена толпе.

Толпа превосходит отдельного человека лишь в одном отношении — в обычной грубой физической силе. Смысл построения цивилизованного общества как раз и состоит в том, чтобы препятствовать разрешению социальных проблем путем применения физического насилия. Сторонники массовых актов неповиновения признают, что их цель — запугать противника. Общество, которое спокойно смотрит на устрашение как метод ведения дискуссии — *физическое* устрашение одних людей группой других, — не имеет морального права на существование как социальная структура, и его крах неизбежен и уже близок.

В политическом смысле акты массового гражданского неповиновения могут быть приемлемы лишь в качестве вступления к гражданской войне — в качестве заявления о полном крахе государственной политической системы. А наилучшей иллюстрацией сегодняшнего интеллектуального хаоса может послужить заявление одного «консервативного» калифорнийского чиновника, который поспешил сообщить, что осуждает беспорядки в Беркли, но признает гражданское неповиновение как достойную американскую традицию.

Если сущность актов гражданского неповиновения в контексте движения за гражданские права оказывается несколько размытой и в связи с этим отношение к ним государства не таким однозначным, то в случае сидячей забастовки на территории университета она становится вопиюще явной. Если университеты — которым положено быть оплотом разума, знаний, образования и цивилизации — можно заставить уступить грубой силе, то участь всей страны кажется предрешенной.

Чтобы людям было проще согласиться с применением силы, бунтовщики из Беркли придумали различать *силу* и *насилие*: сила, поясняют они, является приемлемой формой общественной деятельности, в то время как насилие — нет. Различие между этими понятиями они определяют таким образом: принуждение путем *прямого* физического взаимодействия — это «насилие», оно недопустимо; любая другая форма нарушения прав — это всего лишь «сила», которая представляет собой законный мирный метод коммуникации с противником.

К примеру, если бунтовщики занимают административное здание — это применение «силы»; а если полиция вытаскивает их оттуда — это «насилие». Когда Савио завладел микрофоном, которым не имел права воспользоваться, он применил «силу»; а когда полицейский попытался оттащить его от стойки, это был акт «насилия» с его стороны.

Попробуем представить, что будет, если люди начнут руководствоваться таким разграничением понятий при определении норм общественного поведения. Если однажды вечером вы приходите домой, обнаруживаете там незнакомца и отважно вышвыриваете его вон, то его действия представляют собой лишь мирный акт «силы», а вы будете обвинены в применении «насилия» и понесете за это наказание. Теоретический смысл этой исключительной нелепости в установлении моральной инверсии: в том, чтобы *инициативу* в применении силы считать моральной, а *сопротивление* силе — аморальным, то есть аннулировать *право на самозащиту*. Непосредственный же практический смысл заключается в поддержке деятельности политических проходимцев самого низкого пошиба — провокаторов, которые совершают акты насилия, а потом перекладывают вину на своих жертв.

Чтобы оправдать это жульническое разграничение, бунтовщики из Беркли попытались взамен отменить другое, вполне законное: между *идеями* и *действиями*. Они заявили, что свобода слова равнозначна свободе действия и что между ними нельзя провести четкой границы.

Например, если у них есть право защищать любые политические взгляды, заявляют они, они также имеют право устраивать на территории университета любые мероприятия, даже те, что являются противозаконными. Как выразился профессор Петерсен, они требовали права «на использование университета как убежища, откуда они могли бы совершать незаконные налеты на объекты за пределами его территории».

Разница между обменом идеями и обменом ударами очевидна. Граница между свободой слова и свободой действия определяется запретом на применение физической силы. Такая проблема может возникнуть лишь в том случае, если этот запрет аннулируется; однако, если аннулировать этот запрет, политическая свобода в любом виде станет абсолютно невозможной.

На первый взгляд может показаться, что «пакет требований» бунтовщиков должен послужить основой для дальнейшего расширения рамок свободы; однако фактически и логически результат оказывается прямо противоположным — злая шутка для тех неразумных юнцов, которые присоединились к движению ради «свободы слова». Если приравнять свободу выражения идей к свободе совершения преступлений, то очень скоро станет очевидно, что организованное общество не может существовать при таких условиях, и, следовательно, высказывать идеи будет трудно, а некоторые из них окажутся под полным запретом, аналогично преступным действиям.

На этот мотив указывают выдвинутое бунтовщиками требование неограниченной свободы слова на территории университета и ставшее его следствием «Движение за непристойные выражения».

Не может существовать такой вещи, как право на неограниченную свободу слова (или действия) *на территории, находящейся в чьей-то чужой собственности*. Тот факт, что университет в Беркли является собственностью государства, лишь осложняет дело, но ничего, по сути, не меняет. Собственниками государственного университета являются избиратели и налогоплательщики данного государства. Университетская администрация, назначенная (прямо или непрямо) избранным государственным чиновником, теоретически является представителем владельцев и должна действовать соответствующим образом, раз уж государственные университеты у нас существуют. (*Должны ли они существовать — это уже другой вопрос.*)

В любом предприятии или организации, состоящей более чем из одного человека, правила и приемлемые методы работы устанавливаются владельцем (или владельцами); остальные участники, если они с установленными правилами не согласны, имеют право идти на все четыре стороны и искать там правила, которые им подходят больше. Здесь нет места таким вещам, как поступки по собственной прихоти, как самовольное распоряжение данным предприятием (в частности, его территорией) во вред прочим его участникам.

Студенты, обучающиеся в университете, имеют право рассчитывать на то, что не будут выслушивать непристойности, за которые владелец бара среднего пошиба выбросил бы хулиганов на улицу. Правом определять, какие выражения можно употреблять на данной территории, обладает администрация университета — точно так же, как владелец бара в помещении своего предприятия.

Метод, который использовали калифорнийские активисты, характерен для сторонников тоталитаризма и заключается в том, чтобы, воспользовавшись преимуществами свободного общества, попытаться подорвать его же основы, продемонстрировав их мнимую «недейственность» — в данном случае «недейственность» права на свободу слова. Но то, что им удалось продемонстрировать на самом деле, максимально удалено от поставленной ими цели: они показали, что *ни одно право не может быть применено без учета права собственности*.

Лишь на базе прав собственности могут быть определена сфера применения любых личных прав в любой социальной ситуации. Без учета прав собственности невозможно разобраться и избежать хаоса в мире постоянно сталкивающихся интересов, взглядов, требований, стремлений и прихотей.

Администрация Беркли не могла адекватно отреагировать на действия бунтовщиков иначе, чем обратившись к правам собственности. Вполне понятно, почему ни современные «либералы», ни «консерваторы» не стали этого делать. Активисты студенческого движения воспользовались для достижения своих целей не противоречиями свободного общества, а противоречиями смешанной экономики.

А вот вопрос о том, какой политики следует придерживаться администрации государственного университета, не имеет ответа.

У множества противоречий, связанных с понятием «общественной собственности», нет решений, особенно если эта собственность непосредственно связана с распространением идей. Именно это стало одной из причин, почему бунтовщики выбрали в качестве стартовой площадки для своего движения именно государственный университет.

Можно было бы устроить показательный процесс, связанный с тем, что государственный университет не имеет права запрещать пропаганду или распространение сведений о любых политических взглядах, например о коммунизме, поскольку часть владельцев-налогоплательщиков могут оказаться коммунистами. Но с тем же успехом можно было бы устроить показательный процесс, связанный с тем, что государственный университет не имеет права разрешать пропаганду или распространение сведений о любых политических взглядах, которые (как, например, коммунизм) представляют прямую угрозу собственности, свободе и жизни большинства владельцев-налогоплательщиков. В области идей неприменима власть большинства; личные убеждения не поддаются решению голосованием; однако ни отдельного человека, ни меньшинство, ни большинство нельзя заставлять поддерживать тех, кто хочет их уничтожения.

С одной стороны, государственное учреждение не имеет права запрещать высказывать какие-либо идеи. С другой стороны, государственное учреждение не имеет права предоставлять убежище, помощь или финансовую поддержку врагам государства (как это делали, например, сборщики средств в помощь Вьетконгу).

Источник этих противоречий лежит не в сущности прав личности, а в их нарушении институтом «общественной собственности», придуманным коллективистами.

Тем не менее решать эти вопросы следует в сфере конституционного права, а не на территории университетского городка. У бунтовщиков, как у студентов, нет в государственном университете каких-то особых прав по сравнению с университетом частным. Как налогоплательщики они также не обладают какими-то особыми правами по сравнению с миллионами других налогоплательщиков Калифорнии. Если они не согласны с политикой, проводимой попечительским советом, они не могут воздействовать на ситуацию никаким другим путем, кроме голосования на следующих выборах — если смогут набрать достаточное количество сторонников. Шанс на это весьма призрачен — и это хороший аргумент *против* «общественной собственности» любого вида. Но в любом случае это не тот вопрос, который решается насилием.

Важно здесь то, что бунтовщики — которые, мягко говоря, никак *не* относятся к защитникам частной собственности, — отказываются считаться с той стороной власти большинства, которая имеет отношение к общественной собственности. Именно против *этого* они выступают, когда говорят о том, что университеты стали придатками, обслуживающими «финансовую, индустриальную и военную элиту». Они пытаются аннулировать права именно этих конкретных групп налогоплательщиков (право иметь голос в управлении государственными университетами).

Если кому-то нужно доказательство того, что защитники общественной собственности стремятся не к «демократическому» управлению этой собственностью по решению большинства, а к управлению диктаторскому, — вот вам одно из вполне красноречивых доказательств.

Бунтовщики попытались применить новую вариацию на старую тему, которая уже долгие годы была в арсенале всех сторонников тоталитарно-коллективного правления: стереть различия между личными и правительственными действиями, приписав гражданам специфические нарушения, конституционно запрещенные для правительства, и таким образом уничтожив индивидуальные права, одновременно освобождая правительство от всяких ограничений. Наиболее часто встречающийся пример использования такого метода — обвинение частных лиц в «цензуре» (понятие, применимое только в отношении государства) и, таким образом, лишение их права на несогласие.

Новая вариация, придуманная бунтовщиками, состояла в протесте против так называемой двойной ответственности. Выглядело это так: если студенты совершают незаконные действия, они должны понести наказание согласно решению суда и не могут, таким образом, быть наказанными за те же проступки администрацией университета.

«Двойная ответственность» — понятие, применимое исключительно к государству, причем исключительно к *одной* ветви государственной власти — к правосудию, и только к определенным ее действиям: оно означает, что один человек не может быть дважды осужден за одно и то же преступление.

Приравнивать личные суждения и действия (или, как в данном случае, суждения и действия государственного чиновника) к судебному решению — более чем абсурдно. Это вопиющая попытка аннулировать право на моральные суждения и моральные действия. Это заявление о том, что нарушитель закона не должен нести *гражданской* ответственности за свое преступление.

Если такой подход применить полноценно, то люди не будут иметь права ни оценивать поступки других, ни действовать в соответствии со своими взглядами и ценностями. Они должны будут дожидаться, пока суд признает их виновными или невиновными, и даже в том случае, если вина будет доказана в суде, никто не будет иметь права изменить свое поведение по отношению к преступнику, и его наказание будет исключительно прерогативой государства.

К примеру, если банковский служащий будет признан виновным в хищении денег и отбудет назначенное ему судом наказание, банк не будет иметь права отказать ему в возвращении на ту же должность, потому что такой отказ означал бы «двойную ответственность».

Или другой пример: государственный служащий не будет иметь права следить за законностью действий своих подчиненных или устанавливать правила, а будет вынужден ждать, пока суд не признает, что кто-либо из них действительно нарушил закон, а затем принять нарушителя обратно на работу после отбытия наказания за злоупотребление служебным положением, взяточничество или государственную измену.

Идея *морали как монополии государства* (и конкретно одной ветви власти или части правительственной структуры) настолько откровенно является составляющей идеологии диктатуры, что приверженность ей бунтовщиков просто шокирует.

Требование бунтовщиков отдать управление университетами в руки студентов и преподавателей — это явное, открытое выступление против того же, против чего остальные их требования направлены скрытым образом: против частной собственности. Из всего разнообразия вариантов тоталитарно-коллективистских систем та, которую они выбрали в качестве своей цели, является наименее действенной с политико-экономической точки зрения; наименее устойчивой — с интеллектуальной; наиболее позорной — с моральной. Речь идет о *гильдейском социализме*.

Гильдейский социализм — это система, не позволяющая гражданину проявлять индивидуальные способности с помощью объединения людей в группы согласно направлению их профессиональной деятельности и передаче всей работы в полное ведение группы, с тем чтобы группа устанавливала правила, стандарты и методы выполнения работы, а также конкретных ее исполнителей.

Гильдейский социализм — это ментальность дикарей, поднятая до уровня общественной теории. Точно так же, как племя дикарей захватывает кусок территории джунглей и объявляет его своим на том основании, что оно здесь находится, гильдейский социализм устанавливает монополию — только уже не на лес или источник воды, а на завод или университет, руководствуясь не способностями, достижениями или даже «общественным долгом» человека, а исключительно фактом его нахождения в данном месте.

Подобно тому как у дикарей отсутствуют понятия причин и следствий, прошлого и будущего, а также понятие силы за исключением мускульной силы своего племени, так и гильдейские социалисты, обнаружив себя в центре индустриального общества, рассматривают его институты как явления природы и не видят причин, по которым какая-то группа не может захватить их.

Если существует какое-либо доказательство некомпетентности человека, то таким доказательством является застойное мышление рабочего (или профессора), который, выполняя какую-то мелкую рутинную работу в составе огромного предприятия, не заботится о том, чтобы заглянуть за пределы рычагов своего станка (или кафедры в лекционной аудитории), не желает знать, как его станок (или аудитория) очутились здесь или что дает ему возможность работать, и при этом объявляет руководство предприятия бесполезными паразитами. Управленческая работа — организация и интеграция человеческих усилий в осмысленную, масштабную, долговременную деятельность — это в сфере действия то же самое, что способность к концептуальному мышлению в сфере познания.

Можно считать, что самый прямой способ признать собственную посредственность — это готовность отдать свой труд в абсолютную власть группы, особенно группы *коллег по роду деятельности*. Из всех форм тирании эта — самая страшная; она направлена против единственного сугубо человеческого качества — разума и против единственного врага — новатора. По определению новатор — это человек, который покушается на традиционные методы своей профессии. Отдать профессиональную монополию любой группе — значит принести в жертву человеческие способности и уничтожить прогресс; защищать подобную монополию — значит признать, что тебе нечего принести в жертву.

Гильдейский социализм — это правление посредственности во имя посредственности. Его корни — в интеллектуальном коллапсе общества; его последствия — кошмар стагнации; его историческим примером может служить цеховая система Средневековья (или, в нашу эпоху, итальянское фашистское государство Муссолини).

Требование бунтовщиков предоставить управление университетами и выбор учебных программ студентам (и преподавателям) — совершенная нелепость. Если невежественный юнец приходит в образовательное учреждение ради того, чтобы получить знания в определенной области, то как может он сам определять, что ему требуется и чему его нужно учить? (В процессе обучения он может судить лишь о том, понятно или непонятно излагает материал преподаватель, логична ли его подача или противоречива; он не может сам выбирать содержание и методику курса, не обладая знанием предмета.) Совершенно очевидно, что студент, который требует права управлять университетом (или решать, кто будет им управлять), не обладает необходимыми для этого знаниями о концепции знания; его требование противоречит само себе и автоматически свидетельствует о его непригодности для данной деятельности. То же самое верно — только в этом случае груз морального прегрешения куда тяжелее — и в отношении профессора, который научил студента выдвигать такие требования и который поддерживает их.

Хотели бы вы лечиться в больнице, где методы лечения выбираются путем голосования среди врачей и пациентов?

Но в этом примере абсурдность просто более очевидна, чем в стандартном коллективистском требовании отдать рабочим власть над предприятиями, которые были созданы людьми, чьих достижений им никогда не понять и никогда не повторить. Основные философско-моральные предпосылки и принципы здесь совершенно идентичны: отказ от мышления уничтожает смысл реальности, что, в свою очередь, уничтожает смысл достижений, что уничтожает смысл различия между *заработанным* и *незаработанным*. Тогда непрофессионалы могут захватывать руководство заводами, невежды — руководство университетами, громилы — руководство научными лабораториями, — и в человеческом обществе не останется ничего, кроме власти произвола и кулака.

Гильдейский социализм — это более жестокая (но ничем не отличающаяся по сути), чем большинство прочих, тоталитарно-коллективистская теория, потому что именно он представляет другую, обычно остающуюся без внимания, сторону альтруизма: это голос не тех, кто дает, а тех, кто получает. В то время как большинство теоретиков альтруизма провозглашают в качестве оправдания «общественное благо», защищают служение «обществу» и ничего не говорят об истинной природе тех, кому именно приносятся жертвы, сторонники гильдейского социализма откровенно заявляют о том, что это они сами являются получателями благ, и предъявляют свои требования обществу, которое должно им служить. Они заявляют, что, если они хотят получить монополию на определенную профессию, прочие граждане лишаются права заниматься ею. Если они хотят получить университет, общество должно им его предоставить.

Если же, с точки зрения альтруистов, «эгоизм» означает принесение других в жертву себе, то мне бы очень хотелось, чтобы они привели мне более отвратительный пример этого, чем слова одного юного коллективиста из Беркли, который заявил: «Мы считаем, что любой университет состоит из преподавателей, студентов, книг и идей. В буквальном смысле администрация нужна лишь для того, чтобы обеспечивать чистоту дорожек. Она должна обслуживать преподавателей и студентов».

О чем же забыл в своем представлении об университете этот юноша? Кто платит зарплату преподавателям? Кто обеспечивает средствами к существованию студентов? Кто издает учебники? Кто строит учебные корпуса, библиотеки, общежития — и, кстати, дорожки?

Кто — помимо администрации университета — играет роль безгласной, бесправной «прислуги» и подметальщика дорожек для преподавателей и студентов? Нет, это не только те гениальные производители, которые создали материальные средства, благодаря которым существуют университеты, не только «акулы большого бизнеса», не только «финансовая, промышленная и военная элита», но и каждый налогоплательщик штата Калифорния. Это каждый человек, который трудится, чтобы жить, роскошно или скромно, каждый гражданин, который обеспечивает себе средства к существованию.

Посмотрите на сложность, иносказания, хитрости, извращения и интеллектуальную акробатику, исполняемую этими заявленными адвокатами стихийных чувств, и на идеологическую твердость тех активистов, которые заявляют, что у них нет никакой идеологии.

Первый раунд студенческих волнений прошел не слишком удачно. Несмотря на бесплатную рекламу в прессе, отношение к ним публики представляло собой смесь непонимания, безразличия и антагонизма. Безразличия — из-за уклончивой размытости журналистских репортажей, которые не приносили никакой пользы: люди не понимали, к чему это все, и не видели, о чем им стоит беспокоиться. Антагонизма — потому что американское общество до сих пор испытывает огромное уважение к университетам (к тому, чем они могли бы быть и должны бы быть, но на самом деле больше не являются) и потому что наполовину хвалебные, наполовину снисходительные банальности комментаторов насчет «юношеского идеализма» не смогли обелить того факта, что в университетских стенах стала применяться грубая физическая сила. Из-за этого у людей возникло смутное ощущение обеспокоенности, чувство неопределенного, опасливого осуждения.

Попытка бунтовщиков захватить другие кампусы также оказалась не слишком результативной. Этой весной еще слышались некие позорные заявления со стороны университетских руководителей, но никакой явной общественной симпатии заметно не было.

Часть университетского руководства продемонстрировала немногочисленные примеры адекватного отношения к происходящему — примеры твердости, благородства и бескомпромиссной жесткости, особенно в Колумбийском университете. Стоит также отметить обращение доктора Менга, президента Колледжа Хантера. Заявив, что нарушение прав окружающих «недопустимо» в научном сообществе и что каждый студент или преподаватель, виновный в этом, заслуживает «моментального отлучения от университета», он сказал: «Вчерашняя башня из слоновой кости сегодня стала лисьей норой. Ленивые теоретики оказались очень занятыми организацией пикетов, демонстраций, митингов и забастовок того или иного рода».

Но несмотря на то, что студенческие волнения не вызвали большой симпатии в обществе, наиболее угрожающим в этой ситуации можно считать то, что против них не возникло никакой *идеологической оппозиции*, что идеи бунтовщиков не вызвали никакого ответа и отпора, что та критика, которой они подверглись, была, за редким исключением, невразумительно-поверхностной.

Отчасти этот бунт достиг целей, поставленных его лидерами: он показал, что они зашли немного дальше, чем нужно, слишком рано показали зубы и тем самым отвратили от себя многих потенциальных сторонников, даже из числа «либералов», но при этом дорога впереди свободна, и на ней не наблюдается никаких интеллектуальных баррикад.

Битва еще не окончена. Те же активисты, которые объявляли о своей исключительной приверженности конкретному моменту, неоднократно говорили и о долгосрочных целях студенческого восстания. Остатки «Движения за свободу слова» в Беркли переформировались в «Союз свободного студенчества», который издает какой-то воинственный шум, готовясь к очередному наступлению. Как бы ни были абсурдны их идеи, они направляют свои удары на наиболее важные философско-политические аспекты нашего времени. Это нельзя игнорировать или пытаться решить путем компромисса. Когда в дело вступает насилие, компромисс оказывается красной тряпкой для быка. Когда атакован разум, здравого смысла недостаточно.

Ни отдельный человек, ни народ в целом не могут существовать без какой-либо философии. У человека имеется свобода воли, он может мыслить, а может и не мыслить; если он выбирает последнее, он соглашается на все, что ему предлагают. Свободная воля народа — это его мыслители; остальная часть общества принимает то, что они предлагают; они устанавливают условия, ценности, направление движения и его цель.

В отсутствие интеллектуальной оппозиции идеи бунтовщиков постепенно будут абсорбированы культурой. Сегодняшние нелепости, против которых никто не возражает, превратятся в общепринятые лозунги завтра. Они будут приниматься постепенно, по частям, по прецеденту, по общему смыслу, по недопониманию, по умолчанию, благодаря постоянному давлению с одной стороны и постоянным уступкам с другой — пока не придет день, когда они будут провозглашены официальной идеологией государства. Студенческие активисты — не более чем наемники, которым было дано задание установить идеологические «буйки», отмечающие путь для полномасштабного наступления тоталитарно-коллективистских сил на останки американского капитализма; частью этого задания было установление идеологического контроля над американскими университетами.

Если коллективисты победят, самая страшная историческая ирония будет заключаться в следующем: то, что казалось громкой, отчаянной, воинствующей уверенностью, на самом деле окажется истерическим блефом. Подъем коллективизма — это не марш победителей, а слепое нашествие неудачников. Коллективизм уже проиграл сражение за человеческий разум; его сторонникам это известно; их последний шанс в том, что никто больше об этом пока не знает. Если его сторонники хотят воспользоваться плодами десятилетий философской коррупции, тем лабиринтом философских крысиных нор, которые они так долго выцарапывали, выгрызали и выскребали, они должны решиться на это сейчас или никогда.

Как культурно-интеллектуальная сила коллективизм окончил свое существование в период Второй мировой войны. Мы все еще продолжаем катиться в том же направлении, но лишь по закону инерции и благодаря импульсу разрушения. То социальное движение, которое было запущено громоздкими диалектическими сооружениями Гегеля и Маркса и закончилось толпой морально нечистоплотных юнцов, топающих ногами и вопящих: «Хочу это *сейчас!*», пришло к концу.

По всему миру, захватывая одну беспомощную нацию за другой, коллективизм неуклонно терял два элемента, которые составляют ключ к будущему: разум человечества и его молодежь. В доказательство первого посмотрите на утечку мозгов из Великобритании. В доказательство второго подумайте о том факте, что в подавляющем большинстве американских университетов политические взгляды сотрудников куда более «либеральны», чем взгляды студентов. (То же самое верно и в отношении молодежи страны в целом — по сравнению с более старшим поколением в возрасте от 35 до 50 лет, которое выросло во времена «Нового курса» и в руках которого в настоящий момент находится руководство страной.) Это один из тех фактов, на которые студенческие активисты предпочли закрыть глаза.

Я не хочу сказать, что антиколлективисты представляют среди студентов колледжей *количественное* большинство. В любой группе, любом обществе, в любое время большинство всегда составляют пассивные сторонники статус-кво. Но не пассивное большинство определяет путь нации. А кто же? Все, кому есть до этого дело, если только у них хватает интеллектуального оружия для победы на идейном поле битвы, которое принадлежит именно им, тем, кому *есть* дело. Те, кому нет, — не более чем социальный балласт.

То, что «не-либералы» среди студентов колледжей (и среди молодежи мира) могут в настоящее время считаться лишь «антиколлективистами», — это опасная тенденция и важная проблема в современной ситуации. Это молодежь, которая не готова сдаться, которая хочет сражаться против трясины зла, но понятия не имеет о том, что такое добро. Они отказываются от тошнотворных, избитых лозунгов коллективизма (вместе со всеми его культурными проявлениями, включая культ разочарования и развращенности, всем известные танцы, песни и прочие сценические действия, неизменно сопровождающиеся дерганьем и стонами, поклонение антигероям, поиск вдохновения во вскрытом мозге психического больного и руководства к действию — в поступках бессловесного дикаря). Но они до сих пор не нашли своего направления, своей устойчивой философии, своих разумных ценностей, своих долгосрочных перспектив. Если они этого не сделают, их непоследовательное стремление к лучшему будущему не сможет противостоять последнему удару коллективистов.

В исторической перспективе наша страна сейчас представляет собой интеллектуальную пустыню, и будущее будут определять те, кто рискнет вырваться за рамки статус-кво. Направление нашего движения будет зависеть от того, окажутся ли эти смельчаки борцами за новое Возрождение или падальщиками, роющимися в останках вчерашних битв. Борцов за возрождение пока не видно, а падальщики уже тут как тут.

Именно поэтому, но в гораздо более глубоком смысле, чем способны осознать юные зомби из университетских кампусов, «Сейчас, сейчас, сейчас!» — это последний лозунг и клич бородатых оборванцев, которые когда-то были армией, поднятой на битву обещанием построения *научно* спланированного общества.

Пресса дала две наиболее точные характеристики студенческого бунта: «политический экзистенциализм» и «кастровское движение». И та и другая подразумевают интеллектуальное банкротство: первая свидетельствует об отказе от рационального мышления, а вторая — о состоянии истерической паники, которая полагается на кулаки как на единственное средство.

Готовясь к публикации своего исследования (22 марта 1965 года), *Newsweek* провел несколько опросов среди студентов различных колледжей, один из которых был посвящен тому, кого они считают своими героями. Редакторы *Newsweek* информировали меня о том, что мое имя оказалось среди результатов этого опроса, и послали ко мне журналиста для интервью, посвященного тому, что я думаю о состоянии современных университетов. По причинам, лучше известным им самим, они решили не публиковать из этого интервью ничего. Я же (только кратко) говорила о том же самом, о чем говорю в этой статье, за исключением тех заключительных замечаний, которые вы прочтете ниже и которые я хотела бы адресовать тем студентам, которые избрали меня своей героиней.

Молодежь постоянно спрашивает, что они могут сделать для борьбы с сегодняшними разрушительными тенденциями; они стремятся к какому-то действию и теряют свои надежды в темных тупиках, особенно раз в четыре года, во время выборов. Тем, кто не понимает, что это битва идеологическая, лучше вообще не лезть в это дело, потому что у них нет никаких шансов. Те же, кто это понимает, должны осознать, что студенческие волнения дали им шанс приобрести необходимые навыки для будущей мировой битвы, в которую они вступят, покинув университетские стены; и не только научиться чему-то, но и выиграть первые раунды этого более масштабного сражения.

Если молодые люди ищут для себя важного дела, они имеют возможность бороться с бунтовщиками, бороться *идеологически*, на *морально-интеллектуальном* фронте, путем раскрытия сути требований бунтовщиков. Прежде всего эта битва состоит в том, чтобы дать стране *идеологические ответы* — это то самое поле, с которого старшие поколения дезертировали под огнем противника.

Нельзя победить идеи ничем, кроме лучших идей. Битва заключается не в том, чтобы противостоять, а в том, чтобы разоблачать; не в поношении чужих идей, а в их развенчании; не в уклонении, а в смелом провозглашении полновесной, устойчивой и радикальной альтернативы.

Это не означает, что разумная часть студенчества должна вступать в дискуссии с бунтовщиками или пытаться обратить их в свою веру: невозможно переспорить самоуверенных иррационалов. Смысл идеологической битвы в том, чтобы просветить огромное, беспомощное, запутавшееся большинство университетского сообщества — и страны в целом — или, точнее говоря, умы тех представителей большинства, которые все-таки хотят найти ответы, или тех, кто, не слыша ничего, кроме коллективистских софизмов на протяжении многих лет, с отвращением замкнулся в себе и сложил оружие.

Первая из целей подобной битвы — это отобрать у кучки битников титул «голоса американской молодежи», которым с такой готовностью наделяет их пресса. Первый шаг — это добиться того, чтобы быть услышанными и на территории университетов, и за их пределами. Есть много цивилизованных путей для этого: митинги протеста, общественные петиции, речи, агитационные материалы, письма в прессу. Это гораздо более важное дело, чем пикетирование штаб-квартиры ООН.

Но чтобы быть услышанными, нужно иметь что сказать. А для этого нужно полностью представлять себе существующее положение вещей вплоть до самых фундаментальных философских начал. Нельзя победить ядерную бомбу пугачом. А лидеры, стоящие за студенческим движением, — настоящие специалисты по ведению «ядерной» идеологической войны.

Но они представляют опасность лишь для тех, кто смотрит на проблемы поверхностно и надеется одолеть идеи с помощью веры, чувств и сбора средств. Вы сами удивитесь, насколько поспешно идеологи коллективизма отступают, столкнувшись с уверенным, *интеллектуальным* противодействием. Их дело основывается на обращении к человеческой неуверенности, невежеству, нечестности, трусости, разочарованию. Встаньте на те позиции, куда они боятся сунуться: обращайтесь к человеческому разуму.

Коллективизм потерял два вида необходимого оружия, с помощью которого ему удалось подняться к вершинам мировой власти и которое сделало возможными все его победы: интеллектуальность и идеализм, или, иными словами, разум и мораль. Он потерял их именно на вершине успеха, поскольку его претензии на обладание ими оказались ложью: подлинная реальность социал-коммунофашистских государств показала всем жестокую иррациональность коллективистской системы и антигуманность альтруизма как морального кодекса.

Тем не менее именно разум и мораль остаются единственным оружием, которое определяет ход истории. Коллективисты его потеряли, потому что у них нет права им владеть. Поднимите его — у вас такое право есть.

Июль–сентябрь 1965 г.

2
Возвращение бумеранга

◆

Айн Рэнд

28 декабря 1969 года на ежегодном итоговом заседании Восточного отделения Американского философского общества (АФО) было очень кратко представлено, что не так с современным миром, включая причины и точные механизмы процесса, к этому приведшего. Подобно старомодной морализаторской пьесе, это событие содержало внушающий благоговение элемент справедливости: трудно найти другую группу людей, которые сделали бы столько же, чтобы получить по заслугам.

Центральной темой для обсуждения на этой встрече стал вопрос, поднятый рядом философов, про которых известно лишь то, что они «радикальные», и которые потребовали, чтобы собрание приняло предложенную ими резолюцию. В ней в откровенно марксистских терминах осуждалась война во Вьетнаме и заявлялось, что это «прямое следствие [американской] внешней политики, основная цель которой — сделать и сохранять большую часть мира безопасной территорией для американского предпринимательства»; что международная гуманитарная помощь, которую Штаты предоставляют другим государствам, «особенно развивающимся, лишь увеличивает эксплуатацию населения этих стран» и что инициативы Америки в этих странах вызывают «народное возмущение, которое приходится подавлять».

Группа так называемых консерваторов высказалась против такой резолюции. Согласно материалу, опубликованному в The New York Times (29 декабря 1969 года), «ученые, в числе которых был ряд знаменитых мыслителей нашей страны, обсуждая в Большом зале гостиницы Waldorf-Astoria этот вопрос, докатились до свиста и криков…

При том, что официальной темой дискуссии был Вьетнам, на самом деле в ней схлестнулись два противоположных взгляда на задачу философии: что наука должна воспитывать умы и стимулировать мысли, не отвлекаясь на человеческие страсти и политику, и что философы должны использовать свои таланты для воздействия на сегодняшнее положение вещей в мире. [Это верное описание состояния дел в современной философии; обратите внимание на природу этого мнимого противоречия, мы вернемся к нему позже. — *А. Р.*]

Данная дискуссия вполне соответствует тому состоянию беспокойства, которое охватило в последние годы студентов и ученых, утверждающих, что философия оторвалась от жизни американских граждан и развлекается стерильными абстрактными построениями. [Здесь журналист расщедрился: сегодняшние философы развлекаются вовсе не *абстракциями*. — *А. Р.*] Высказывание о том, что философия сегодня посвящает себя проблемам философии, а не проблемам людей, уже стало общим местом».

Как же «бесстрастные воспитатели умов» противостояли радикалам? Они поступили точно так же, как в подобных ситуациях поступали их же бывшие студенты, как поступали консерваторы, противостоящие либералам, или либералы, противостоящие социалистам, или социалисты, противостоящие коммунистам, или администрации колледжей, противостоящие бандитам в кампусах: они упорно избегали упоминаний о любых важных вещах или обращения к любым фундаментальным принципам.

Первым делом они попробовали прибегнуть к стандартному оружию современности: уклончивости. «Оппоненты [резолюции] в самом начале попытались отложить на неопределенное время обсуждение вопроса, — пишет *The New York Times*, — и проиграли 78 голосами против 120».

«Я надеюсь, — заявил лидер радикалов, — что мы не будем позиционировать себя как организация узких специалистов. Наш человеческий долг должен быть для нас важнее, чем наши так называемые профессиональные обязанности».

«Это нанесет нашей организации лишь вред, — возражал лидер оппозиции. — Я призываю вас, как философов, воздержаться от вынесения суждений по ряду ужасающих пунктов этой резолюции».

(Очевидно, этика не является частью философии, и, сталкиваясь с ужасающей резолюцией, философ не должен пытаться определить истинность или лживость ее утверждений: он должен не выносить суждения, а воздерживаться от них.)

Если такие приемы не приносят удачи даже в области практической политики (доказывают события последних 50 лет), чего можно ожидать от них в области философии? Именно того, чего они и достигли. Оппоненты резолюции, предложенной радикалами, не победили, не отказались от дальнейшего участия в заседании, не подписали ее, — они *пошли на компромисс*.

Итогом встречи стала исправленная резолюция, в которой почти не тронутыми остались первый и последний параграфы, а все остальное исчезло. Исчезла марксистская оценка американской внешней политики, а война во Вьетнаме была подвергнута критике без указания причин и объяснений. Иными словами, в резолюции марксистская теория оказалась отвергнута, но при этом ее следствие было принято так, как будто является аксиомой, не требующей доказательств.

О качестве и смысле исправлений можно судить по следующему.

В первом параграфе первоначального варианта резолюции утверждалось, что война во Вьетнаме представляет собой «моральную и политическую проблему». В исправленной резолюции говорилось уже только о «моральной проблеме» (чтобы никто не попытался обвинить АФО в том, что оно делает *политические* заявления — пусть темой резолюции и является война во Вьетнаме).

В последнем параграфе первого варианта говорилось:

«Таким образом Американское философское общество выступает против как "вьетнаминизации" войны, так и идеи о том, что Соединенные Штаты имеют право определять будущее вьетнамского народа; и выступает за полный вывод войск из Вьетнама в максимально короткие сроки».

Последний параграф исправленной резолюции звучит так:

«Таким образом Восточное отделение Американского философского общества выступает против как политики бомбардировки деревень в качестве компенсации за частичный вывод американских войск, так и идеи о том, что Соединенные Штаты имеют право определять будущее вьетнамского народа; и выступает за полный вывод войск из Вьетнама в максимально короткие сроки».

Подобно тому как политики считают безопасным для себя принимать четкую позицию в пользу отечества, так и люди, занимающие аналогичное место в философской науке, считают безопасным для себя заявлять о том, что они против бомбардировки деревень. То, что эта резолюция подразумевает, что такие бомбардировки являются не военной необходимостью, а намеренной бесчеловечной жестокостью со стороны США, должно быть понятно даже школьнику, но, судя по всему, непонятно современным философам. Точно так же они не понимают того, что рассмотрение войны во Вьетнаме как *моральной* проблемы и обвинения США без учета сущности, методов и жестокости врага, сами по себе совершенно аморальны, особенно в свете того факта, что США ничего не получают от этой самоубийственной войны и ведут ее исключительно в соответствии с альтруистической моралью, проповедуемой теми же философами.

Очевидно, из страха создать путаницу и быть непонятым автор исправленной резолюции написал письмо редактору The New York Times (7 февраля 1970 г.) с просьбой уточнить смысл опубликованного в газете репортажа:

> «Текст и заголовки представляют событие как победу правого крыла над левым, в то время как на самом деле это была победа умеренно левых. В конце концов была принята резолюция Патнэма, хотя и с моими исправлениями».

Действительно, так и было, что еще хуже для Американского философского общества, — как бывает всегда, когда центристы начинают иметь дело с вопросами морали, поскольку в этой сфере компромиссы невозможны.

(И еще один штрих к торжеству мрачной справедливости: автор исправленной резолюции оказался учеником одного из лидеров консервативной оппозиции.)

Первоначальный проект резолюции был честнее исправленной версии и более философичен: он опирался на теоретическую базу и признавал ее. Эта база (марксизм) категорически ошибочна, однако сама ее ложность разрушает ее и служит для защиты слишком доверчивых: когда люди знают теоретические основания для любого утверждения, они могут проверить его, судить о нем самостоятельно и самостоятельно решать, соглашаться с ним или нет. Открыто объявить о своих принципах — значит открыть свои заявления для серьезного критического рассмотрения. Но увиливание от теории, провозглашение произвольных, ничем не подкрепляемых заявлений — это разрушительный акт, с которым не может поспорить никакая марксистская теория: он разрушает *эпистемологию*. Он подрывает принципы рациональности, обесценивает процесс цивилизованной дискуссии, отказывается от логики и заменяет ее методом «А вы говорите — а я говорю», который с большим успехом использовали лидеры студенческого движения.

Сложно понять, как так вышло, что практически вся программа «Манифеста коммунистической партии» была воплощена в жизнь в США, при том, что американские граждане никогда не голосовали за социализм. Однако сегодня вы могли увидеть, как тот же самый процесс проигрывается заново в рамках философского заседания.

Отказаться от теоретической базы, но при этом принять ее продукт — отказаться от марксистских методов (или скрыть их), но принять и пропагандировать их результаты — это низко даже для политиков. Когда же так делают философы, это лишь добавляет доказательств к тому, что философия мертва и что умерла она от собственной ненужности.

Мы можем произвести вскрытие и изучить то самое мнимое противоречие, о котором уже упоминалось, «два противоположных взгляда на задачи философии». Одна сторона считает, что эта задача состоит в том, чтобы «воспитывать умы и стимулировать мысли», и что политика не имеет к философии отношения; другая сторона, напротив, считает, что имеет и что философия должна заниматься «сегодняшним положением вещей в мире». Но что пропало из этого противоречия? *Политика* — в полном, истинном, *философском* значении этого слова.

Политика изучает принципы, управляющие правильной организацией общества; она основывается на *этике* — изучении ценностей, которыми должны руководствоваться люди в своем выборе и амбициях. И этика, и политика по своей сути всегда были ветвями философского учения с самого момента его зарождения.

Философия — наука о фундаментальных аспектах природы бытия. Задача философии — обеспечить человеку всеобъемлющий взгляд на мир. Этот взгляд должен быть основой, системой координат для всех его действий, мыслительных или физических, психологических или экзистенциальных. Этот взгляд дает ему объяснение природы вселенной, с которой ему приходится иметь дело (метафизика); способы, которыми он должен при этом пользоваться, то есть способы овладения знаниями (эпистемология); стандарты, по которым он выбирает себе цели и ценности, в отношении своей собственной жизни и характера (этика) и в отношении общества (политика); а методы конкретизации этого взгляда дает ему эстетика.

Человек не может сам выбрать, нужен ли ему такой всеобъемлющий взгляд на мир: без него он просто не сможет существовать. Природа его сознания не позволяет ему жить как животному — жизнью, направляемой лишь сиюминутными ощущениями. Как бы ни были примитивны людские действия, человек должен прогнозировать будущее и взвешивать их последствия; а для этого требуется *концептуальный* процесс, который не может происходить в вакууме: он требует *контекста*. Человек не может по собственному выбору решить, нужно ли ему такое видение мира, но он может выбрать взгляд, который является либо истинным, либо ложным. Если он окажется ложным, то это приведет человека к саморазрушению.

На ранних стадиях развития человечества этот взгляд на мир обеспечивала ему религия, то есть мистические фантазии. Психоэпистемологическая потребность человека — причина того, почему даже самые примитивные племена дикарей всегда выбирали для себя какую-то форму религиозных верований; мистическая (то есть антиреалистическая) природа такого взгляда на мир оказалась причиной невероятно долгого застоя в развитии человечества.

Человек стал самим собой в Древней Греции, примерно два с половиной тысячелетия назад. Рождение философии ознаменовало его зрелость; не *содержание* какой-либо конкретной философской системы взглядов, а глубже: сама *идея* философии — понимание того, что для обретения целостной картины мира требуется человеческий *разум*.

Философия — это цель, к которой религия может лишь слепо и беспомощно подбираться. Благородство, почитание, возвышенная чистота, суровая преданность поискам истины — все, что обычно ассоциируется с религией, на самом деле должно принадлежать сфере философии. Жизнь Аристотеля соответствовала этим принципам, так же, как отчасти жизнь Платона, Фомы Аквинского, Спинозы — но многих ли еще?

Если вы подумаете о том, что со времен Юма и Канта (преимущественно Канта, поскольку Юм был всего лишь Бертраном Расселом своего времени) философия изо всех сил старалась доказать, что человеческий разум бессилен, что реальности не существует, а если бы и существовала, мы бы все равно не могли ее постичь, вы поймете масштаб совершенного предательства.

Задача философии требует всего лучшего, на что способен человеческий разум; и ответственность здесь столь же велика. Большинство людей не способны сформировать всеобъемлющий взгляд на мир: некоторые потому, что их способности отданы другим занятиям; а большинство потому, что у них просто нет таких способностей. Но такой взгляд необходим каждому, и, сознательно или бессознательно, прямо или косвенно, люди принимают то, что предлагает им философия.

Интеграция фактического материала, охват контекста, распознавание принципов, установление причинных связей и, таким образом, обретение масштабного видения — вот некоторые из задач, которые должен решать философ любого направления, а сегодня — в особенности в *политике*.

На протяжении одной человеческой жизни две мировые войны опустошили весь цивилизованный мир; два мощных диктаторских режима, в России и Германии, совершали такие злодейства, что большинство людей просто не в состоянии в них поверить, и кровавая практика правления грубой силы распространилась по всему земному шару. Очевидно, что что-то не так с политическими идеями человечества и требует пристального внимания. Объявить — при таких обстоятельствах, — что политика не является предметом философии, — это такая невообразимая пассивность, что сравнить ее можно лишь с заявлением врача, сделанным в разгар эпидемии чумы, что здоровье и болезнь не являются предметом медицины.

Именно политическая философия устанавливает цели и определяет курс практической политики государства. Но политическая философия подразумевает абстрактную теорию, которая идентифицирует, объясняет и оценивает развитие событий, находит их причины, прогнозирует их последствия, определяет проблемы и предлагает методы их решения.

Однако на протяжении многих десятилетий академических философов не интересовали политические теории; политической философии не существовало вообще, за исключением затасканного марксизма — если его можно назвать философией.

Приняв все это во внимание, оцените противоречие, проявившееся на совещании Американского философского общества.

Если консервативные философы заявляют, что их работа — «воспитывать умы и стимулировать мысли, не отвлекаясь на политику», то как они намерены это осуществлять? Воспитывать умы — ради чего? Стимулировать мысли — в каком направлении? Очевидно, человеческий ум должен научиться мыслить безотносительно к человеческим проблемам, следовательно, подразумевая, что мышление не должно никак влиять на любые события, происходящие в окружающем мире или на его собственную жизнь, цели и деятельность. Если это так, долго ли он будет продолжать мыслить и каково будет его отношение к разуму и мышлению? (Ответ вы можете найти в любом университетском кампусе страны.)

С другой стороны, если радикальные философы утверждают, что их работа — разбираться с «сегодняшним положением вещей в мире», что они имеют в виду под «сегодняшним»? Философские проблемы не могут иметь отношения к конкретному дню или даже году. Откуда взялось «сегодняшнее положение вещей»? Кто его создал? Как философы должны выбирать, какой проблемой им заняться и на чьей стороне выступать?

Очевидно, что то, что радикалы подразумевают под вовлеченностью в политическую жизнь — это не профессиональное, то есть *философское*, участие в политике, а бездумное, эмоциональное «посвящение себя» любому лозунгу или событию настоящего момента. Радуясь полученному в отсутствие конкурентов положению монополистов в политической философии, они стремятся закрыть эту тему и обсуждают любые проблемы лишь в терминах практической политики, с принятием марксистской системы координат как само собой разумеющейся, в качестве догмы.

Однако основная часть вины падает на консерваторов: они *приняли правила игры радикалов*. Когда они говорят о бесстрастном безразличии к политике, они имеют в виду практическую политику, но также оставляют за кадром более широкое, философское значение термина. Они соглашаются с тем, что нет такой вещи, как политическая теория, и что область политики состоит лишь из случайных конкретных событий, не входящих в сферу рассмотрения философской науки. К тому, чтобы они согласились с этим, стремятся все радикалы.

Данное заседание в результате превратилось в отвратительный спектакль: в битву защитников отделения мысли от действия против защитников отделения действия от мысли — людей, вооруженных идеями в форме расплывчатых абстракций, против людей, вооруженных конкретными продуктами восприятия.

Итог оказался позорным вдвойне: 1) философское общество выступило с политическим заявлением; 2) характер заявления вызывал лишь брезгливое недоумение.

1. Никакая профессиональная организация не имеет права делать политических заявлений от имени своих членов. Каждый человек может только сам определять свои идеи, в том числе и политические убеждения, и не может ни передавать их кому-то, ни получать от кого-то. Это вопрос не «профессиональной этики», а личных прав. Практика выдвижения идеологических резолюций — пустое и аморальное изобретение системы групп влияния. По тем же самым причинам, по которым философ как думающая личность должен иметь твердые убеждения в политических вопросах, он не должен позволять высказывать их за него коллективу: он лучше всех прочих людей должен понимать, что человеческие убеждения не могут определяться или предписываться большинством. (Те же моральные принципы относятся к университетам, которые пытаются принять подобные резолюции.)

2. Если кинозвезда дает интервью, в котором осуждает *военную тактику*, никто не воспримет это всерьез. Если обкуренный

подросток выкрикивает требования немедленно прекратить войну во Вьетнаме, независимо от способов, средств, контекста или последствий, любой задумается лишь о том, кто научил его всему этому. Но когда *и то и другое* делает философское общество, это позор.

Философия должна задумываться о природе нашей внешней политики, а не о стратегии наших военных операций. Философия должна рассматривать цель войны во Вьетнаме, а не то, нужно или не нужно бомбить что-либо. (Если кто-то начнет говорить о том, что бомбардировки деревень — это «моральная» проблема, пусть вспомнит о том, что деревни во Вьетнаме — это вражеские крепости, факт, который никак не упомянут в этой постыдной резолюции.)

Философы могут многое сказать о войне во Вьетнаме, и их участие отчаянно необходимо. Вся страна, в том числе наши солдаты, гибнущие в джунглях, находится в состоянии полнейшего непонимания этой войны и ее смысла. Но философский подход должен заключаться в исследовании *идеологической* истории того, как мы ввязались в эту войну, какие влияния или интересы заставили нас вступить в нее, какие ошибки внешней политики к ней привели, на чем основывалась эта политика и как можно их исправить.

Если бы было проведено такое исследование, оно бы напомнило стране о том, что войну во Вьетнаме начал президент Кеннеди, который был идолом протестующих пацифистов; что основы нашей внешней политики были заложены другим идолом, президентом Рузвельтом, и укреплены ООН и каждой группой, выступавшей за мир во всем мире с тех пор: что мы должны помогать всем, что мы несем ответственность за благосостояние всех народов мира, что *изоляционизм* — это эгоистическая, аморальная и непрактичная политика в «уменьшающемся» современном мире и т. д. Такое исследование продемонстрировало бы вред альтруистического «интервенционизма» или «интернационализма» и вывело бы должные принципы (основы национальных интересов), которые должны направлять международную политику Соединенных Штатов.

Это лишь краткое примерное описание того, чем могли бы заняться философы в отношении войны во Вьетнаме, но этого достаточно, чтобы сделать явной степень уклонения так называемых консерваторов.

Если — с разумом, справедливостью, моралью, фактами и историей на их стороне — они отказались от своего лидерства как философы и не могут предложить людям ничего, кроме совета игнорировать политику, любой может занять их место — и так и происходит.

Пассивное принятие поражения — не слишком широко распространенная характеристика среди людей, особенно среди американцев. Если в отчаянной ситуации одна сторона заявляет, что ничего нельзя сделать, а другая предлагает возможность действия, люди выбирают действие — даже если это некая самоубийственная попытка вроде данной резолюции.

Нужно помнить о том, что «разум», «справедливость», «мораль», «факты» и «история» — это вещи, которые большинство консервативных философов объявляют несуществующими, или необъективными, или непознаваемыми, или недоказуемыми, или принадлежащими к области произвольного эмоционального выбора. На протяжении десятилетий распространения таких доктрин, как прагматизм, логический позитивизм, лингвистический анализ, они отказывались от рассмотрения того факта, что эти доктрины разоружают и парализуют лучших людей, тех, кто воспринимает философию всерьез; и дают волю худшим, тем, кто, презирая философию, разум, справедливость и мораль, не задумываясь, отбросит с пути обезоруженных.

Философы не задумываются об этом в связи с будущим страны. Так что справедливо, что первыми оказались под ударом именно они. Группа, находившаяся в меньшинстве, захватила главную ветвь профессии, включающей около 7000 членов, и заставила ее дать пощечину самой себе с помощью резолюции, объявляющей философию фарсом.

Их братья сами на это напросились. Каким проблемам они хотели бы отдать приоритет по отношению к проблемам политическим? Среди докладов, которые должны были быть заслушаны на том же заседании, были такие: «Местоимения и имена собственные», «Можно ли осмыслить грамматику?», «Предположения как единственная реальность».

Единственная реальность, как это ей свойственно, на этом заседании отомстила за себя.

Июнь 1970 г.

3

Компрачикос

◆

Айн Рэнд

I

«Компрачикос, или компрапекеньос, представляли собой необычайное и гнусное сообщество бродяг, знаменитое в семнадцатом веке, забытое в восемнадцатом и совершенно неизвестное в наши дни…

"Компрачикос", так же как и "компрапекеньос", — составное испанское слово, означающее "скупщик детей".

Компрачикос вели торговлю детьми.

Они покупали и продавали детей.

Но не похищали их. Кража детей — это уже другой промысел.

Что же они делали с этими детьми?

Они делали из них уродов.

Для чего же?

Для забавы.

Народ нуждается в забаве. Короли — тоже. Улице нужен паяц; дворцам нужен гаер…

Чтобы сделать из человека хорошую игрушку, надо приняться за дело заблаговременно. Превратить ребенка в карлика можно, только пока он еще мал…

Отсюда возникает настоящее искусство. Существовали подлинные мастера этого дела. Из нормального человека делали уродца. Человеческое лицо превращали в рожу. Останавливали рост. Перекраивали ребенка заново. Искусственная фабрикация уродов производилась по известным правилам. Это была целая наука. Представьте себе ортопедию наизнанку. Нормальный человеческий взор заменялся косоглазием. Гармония черт вытеснялась уродством. Там, где природа достигла совершенства, восстанавливался черновой набросок творения. И в глазах «знатоков» именно этот набросок и был совершенством…

Унижение человека ведет к лишению его человеческого облика. Бесправное положение завершалось уродованием...

Компрачикос умели видоизменять наружность человека, и это делало их полезными целям политики. Изменить наружность человека лучше, чем убить его. Существовала, правда, железная маска, но это было слишком грубое средство. Нельзя ведь наводнить Европу железными масками, между тем как уроды-фигляры могут появляться на улицах, не возбуждая ни в ком подозрения; кроме того, железную маску можно сорвать, чего с живой маской сделать нельзя. Сделать навсегда маской собственное лицо человека — что может быть остроумнее?

Компрачикос не только лишали ребенка его настоящего лица, они лишали его и памяти. По крайней мере в той степени, в какой это было им доступно. Ребенок не знал о причиненном ему увечье. Чудовищная хирургия оставляла след на его лице, но не в сознании. В лучшем случае он мог припомнить, что однажды его схватили какие-то люди, затем — что он заснул и что потом его лечили. От какой болезни — он не знал. Он не помнил ни прижигания серой, ни надрезов железом. На время операции компрачикос усыпляли свою жертву при помощи какого-то одурманивающего порошка, слывшего волшебным средством, устраняющим всякую боль...

В Китае с незапамятных времен существовало искусство, которое следовало бы назвать отливкой живого человека. Двухлетнего или трехлетнего ребенка сажали в фарфоровую вазу более или менее причудливой формы, но без крышки и без дна, чтобы голова и ноги проходили свободно. Днем вазу держали в вертикальном положении, а ночью клали на бок, чтобы ребенок мог спать. Дитя росло, таким образом, только в ширину, заполняя своим стиснутым телом и искривленными костями все полые места внутри сосуда. Это выращивание в бутылке длилось несколько лет. По истечении известного времени жертва оказывалась изуродованной непоправимо. Убедившись, что эксперимент удался и что урод вполне готов, вазу разбивали, и из нее выходило человеческое существо, принявшее ее форму». (Виктор Гюго, «Человек, который смеется»[1])

Виктор Гюго написал это в XIX веке. Его возвышенный ум не мог представить, что такая невероятная форма бесчеловечности сможет когда-то вновь стать возможной. XX век доказал, что он был неправ.

Производство монстров — беспомощных и искалеченных, нормальное развитие которых было нарушено, — происходит вокруг

---

[1] Перевод с франц. Б. Лившиц.

нас. Но современные наследники компрачикос умнее и хитрее, чем их предшественники: они не прячутся, они ведут свою торговлю в открытую; они не покупают детей, их отдают им по доброй воле; они не используют серу и железо, они достигают своей цели, не тронув пальцем своих маленьких жертв.

Компрачикос прошлого скрывали свою деятельность, но предъявляли ее результаты; их наследники делают наоборот: действие открыто, результат — невидим. В прошлом эта жуткая хирургия оставляла следы на лице ребенка, но не в его разуме. Сегодня она оставляет шрамы на разуме, а не на лице. В обоих случаях ребенок не понимает, как его уродуют. Нормальный мозг, данный ему природой, они заменяют умственной отсталостью. Это наилучший способ сделать человека не сознающим собственной жизни с помощью его собственного мозга.

Такой изобретательный метод применяется большинством сегодняшних деятелей сферы образования. Это компрачикос разума.

Они не помещают ребенка в вазу, чтобы его тело приняло ее форму. Они помещают его в «прогрессивный» детский сад, чтобы его разум принял форму, удобную для общества.

Прогрессивные детские сады начинают образование ребенка с трехлетнего возраста. Их взгляд на потребности ребенка агрессивно антикогнитивный и антиконцептуальный. Ребенок в этом возрасте, утверждают они, слишком мал для познавательного обучения; его природная потребность — не учиться, а играть. Развитие его познавательных способностей, утверждают они, — это неестественный груз, который не следует на него взваливать; он должен иметь свободу действовать под влиянием своих спонтанных побуждений и чувств, чтобы иметь возможность выразить свои подсознательные желания, неприязнь и страхи. Главная цель прогрессивного детского сада — «социальная приспособленность»; она должна достигаться через групповую деятельность, в которой ребенок должен развивать «самовыражение» (в форме делания всего, чего ему захочется) и подчинение группе.

(Представление о главных принципах теории прогрессивных детских садов в сопоставлении с рациональным подходом детских садов Монтессори вы можете получить из статьи «Метод Монтессори» — The Montessori Method — Беатрис Хессен, опубликованной в *The Objectivist*, в июле 1970 года.)

«Дайте мне ребенка на первые семь лет его жизни, — гласит известная сентенция, приписываемая иезуитам, — и потом вы можете делать с ним, что хотите». Это верно для большинства детей, за редкими, героически независимыми исключениями. Первые пять или шесть лет жизни ребенка критичны для его когнитивного развития. Они определяют не содержание его мыслей, но метод мышления, его психоэпистемологию. (Психоэпистемология — это изучение когнитивных процессов с точки зрения взаимодействия сознания человека и автоматических функций его подсознания.)

При рождении мозг ребенка — это tabula rasa; у него есть потенциал понимания — механизм человеческого сознания, но пока нет никакого содержимого. Говоря метафорически, это камера с крайне чувствительной неиспользованной пленкой (его сознание) и крайне сложным компьютером, ждущим программирования (его подсознание). Оба пока чисты. Он ничего не знает об окружающем мире. Он видит невероятный хаос, который должен научиться постигать с помощью сложного механизма, которым ему нужно научиться управлять.

Если бы взрослый человек за любые два года своей жизни мог выучить столько, сколько узнает ребенок за первые два года жизни, он стал бы гением. Фокусировать взгляд (не врожденное, а приобретаемое умение), понимать, что его окружает, путем объединения ощущений в образы (также не врожденное, а приобретаемое умение), координировать мышцы, чтобы суметь поползти, затем встать на ноги, а затем пойти; и в конце концов овладеть процессом формирования идей и научиться говорить — вот лишь некоторые из задач и достижений для ребенка, с объемом которых не могут сравниться у большинства людей достижения всей остальной жизни.

Эти достижения не являются сознательными и произвольными в понимании взрослого человека: ребенок заранее не понимает процессов, которые должны произойти для того, чтобы он усвоил какой-то навык; эти процессы реализуются преимущественно автоматически. Но тем не менее овладение навыками происходит, и огромные усилия, которые прилагает к этому ребенок, очевидны. Подумайте также о проницательности, чистоте и *серьезности* взгляда, которым смотрит на мир ребенок. (Если вы встретите такую же степень серьезности по отношению к реальности у взрослого, значит, вы встретили великого человека.)

Развитие познавательных способностей у ребенка не завершается к трем годам — оно лишь начинается в полном, человеческом, концептуальном смысле этого слова. Он только проходит через прихожую познания и обретает первичные предпосылки для знания, рудиментарные мыслительные инструменты, необходимые для того, чтобы приступить к обучению. Его разум находится в состоянии энергичного, бурного потока: он не способен справиться с образами, бомбардирующими его со всех сторон; он жаждет узнать все сразу. После гигантских усилий по обретению мыслительных инструментов он испытывает невероятное желание воспользоваться ими.

Для ребенка мир только начинается. Теперь это познаваемый мир; но в его разуме присутствует хаос, который он пока не научился организовывать — *в этом* состоит следующая, *концептуальная* задача. Каждый опыт для него — открытие; каждое впечатление, оставленное им в его разуме, ново. Но он еще не способен мыслить такими категориями: для него новым кажется сам мир. Ребенок в возрасте от двух до семи лет, открывающий мир для себя, испытывает то же самое, что испытывал Колумб, высаживаясь на берег Америки, то же самое, что испытывали астронавты, ступившие на Луну. (Не думаете же вы, что первым стремлением Колумба было «приспособиться» к аборигенам или что первым желанием астронавтов было принять участие в сказочной игре?)

Вот каково положение ребенка в возрасте около трех лет. Следующие три-четыре года определят яркость или трагичность его будущего: в это время происходит программирование когнитивных функций его подсознания.

Подсознание — интегрирующий механизм. Сознание наблюдает и устанавливает связи между всеми фактами человеческого опыта; подсознание вбирает эти связи и переводит их в автоматический режим. Например, возможность ходить достигается, после многих неудачных попыток, путем автоматизации бесконечных связей, контролирующих движения мышц; после того как ребенок научился ходить, ему не нужно сознательно контролировать такие вещи, как поза, равновесие, длина шага и так далее; простое решение пойти порождает интегрированный ответ мозга, позволяющий осуществить задуманное без участия сознания.

Развитие мышления требует продолжительного процесса автоматизации. Например, вы не можете воспринимать стол так, как воспринимает его ребенок, — как таинственный предмет на четырех ножках. Вы воспринимаете его как стол, то есть сделанный человеком предмет мебели, имеющий определенное назначение в человеческом жилище и так далее; вы не можете отделить эти признаки от образа стола, который вы видите, вы воспринимаете его как единое, неделимое понятие; однако все, что вы видите, — это предмет на четырех ножках, все остальное является результатом автоматической интеграции огромного объема концептуального знания, которое вы в свое время усвоили шаг за шагом. То же самое верно в отношении всего, что вы воспринимаете или испытываете; взрослый человек не может воспринимать или испытывать что-то в вакууме, он делает это в определенном автоматизированном *контексте* — и эффективность его мыслительной деятельности зависит от качества контекста, который автоматизирован подсознанием.

> «Обучение речи — это процесс автоматизации использования (то есть значения и применения) идей. Более того: все обучение основано на процессе автоматизации, то есть первоначального обретения знания с помощью полностью сознательного, сосредоточенного внимания и наблюдения, и последующего установления мысленных связей, которые превращают это знание в автоматическое (мгновенно доступное в контексте), освобождая таким образом разум для обретения дальнейших, более сложных знаний» («Введение в эпистемологию объективизма» (Introduction to Objectivist Epistemology)).

Процесс формирования, интегрирования и использования идей не автоматический, а произвольный, то есть процесс, в котором используется как новый, так и автоматизированный материал, но который направляется сознанием. Это не врожденное, а приобретаемое умение; ему необходимо *учиться* — это наиболее важная часть обучения, и все остальные способности человека зависят от того, насколько хорошо или плохо он этому научился.

Данное умение относится не к какому-то конкретному *содержанию* человеческого знания в каком-либо конкретном возрасте, а к *методу* получения и организации знания — методу, с помощью которого разум справляется со своим содержимым. Этот метод *программирует* подсознание человека, определяя, насколько эффективно, посредственно или плохо осуществляются его когнитивные процессы. Программирование подсознания состоит из когнитивных привычек, усвоенных человеком; эти привычки образуют его психоэпистемологическую сферу.

Программирование определяется ранним опытом, наблюдениями и бессловесными заключениями ребенка. Таким образом, взаимодействие содержания и метода приобретает обратные связи: метод получения знаний зависит от их содержания, которое влияет на дальнейшее развитие метода, и так далее.

В потоке бесчисленных образов и мгновенных заключений ребенка главными оказываются те, которые помогают постичь окружающий мир и улучшают эффективность его мыслительных усилий. Сущность длительного, бессловесного процесса, происходящего в голове ребенка, выражается двумя вопросами: «Где я?» и «Стоит ли оно того?»

Ответы ребенка не облекаются в слова: они выражаются в форме определенных реакций, которые входят в привычку, то есть автоматизируются. Он не решает сознательно, что вселенная «благосклонна» к нему и что думать — это важно; у него развивается любопытство, стремление к новому опыту и желание понять его. Через автоматизированный мыслительный процесс в подсознании ребенка развиваются «встроенные» эквиваленты двух фундаментальных предпосылок, которые должны служить краеугольными камнями для его будущего ощущения жизни, — его *метафизики* и *эпистемологии* — задолго до того, как он сможет сознательно постичь эти концепции.

Приходит ли ребенок к выводу, что мир познаваем, и продолжает расширять границы своего понимания, пытаясь все больше концептуализировать знания и добиваясь все больших успехов и радости? Или он решает, что мир — это пугающий хаос, где то, что он узнал сегодня, назавтра становится своей противоположностью, где чем больше он видит, тем более беспомощным становится, и со временем отступает в келью своего собственного разума, заперев ее на замок? Достигает ли ребенок стадии самосознания, то есть схватывает ли различие между сознанием и существованием, между разумом и окружающим миром, которая приводит его к пониманию, что задачей первого является познание второго, что, в свою очередь, ведет к развитию его критической способности и контролю над собственными мыслительными операциями? Или он остается в неопределенном полусне, не понимая до конца, что он чувствует или воспринимает, когда заканчивается одно и начинается другое, в результате чего оказывается пойманным в ловушку между двумя непознаваемыми состояниями потока: хаосом внутри и снаружи? Учится ли ребенок определять, классифицировать и интегрировать свой опыт, обретая уверенность в себе, необходимую для развития масштабного видения? Или он учится не видеть ничего, кроме текущего момента и чувств, которые он порождает, никогда не рискуя взглянуть за его пределы, никогда не устанавливая никакого контекста, кроме эмоционального? Если выбрать последнее, это приведет к той стадии, когда под давлением любых сильных эмоций разум человека разрушается и реальность исчезает.

Такими проблемами и вопросами программируется разум ребенка в первые годы его жизни, по мере того как его подсознание автоматизирует один — психоэпистемологический — или другой набор когнитивных привычек, или континуум уровней шаткого перехода между двумя крайностями.

В итоге в лучшем случае примерно к семи годам ребенок уже может выработать масштабный концептуальный контекст, который будет освещать каждый его опыт, создавая постоянно наращиваемую цепь автоматизированных связей. В худшем же — ребенок чахнет по мере того, как съеживается его разум, и у него остается лишь неясная тревога и пустота, которая должна была бы быть заполнена его развивающимся интеллектом.

Интеллект — это способность справляться с широким спектром абстракций. Каковы бы ни были врожденные таланты ребенка, использование интеллекта — это приобретенный навык. Он должен быть получен с помощью собственных его усилий, но взрослые могут помочь ему в этом крайне важном процессе или, наоборот, замедлить его. Они могут поместить ребенка в такую среду, которая даст ему доказательства существования стабильного, постоянного, познаваемого мира, который будет стимулировать и вознаграждать его стремление к познанию. А могут — среду, где ничто ни с чем не связано, ничто не существует достаточно долго для того, чтобы быть понятым, ни на один вопрос нет ответов, ничто не определенно, где непонятное и непредсказуемое прячется за каждым углом и может накинуться на него в любой момент. Взрослые могут усилить или затруднить, замедлить и, возможно, разрушить полностью развитие концептуальных способностей у ребенка.

В «Руководстве доктора Монтессори» (Dr. Montessori's Own Handbook) рассмотрена природа и степень помощи, которая необходима ребенку в тот период, когда он ходит в детский сад. Он уже научился идентифицировать объекты, но не научился выделять признаки, то есть сознательно идентифицировать такие понятия, как высота, вес, цвет или число. Он едва научился говорить; он пока не способен понять природу этого удивительного для него умения, и его нужно учить применять его как следует (то есть учить концептуализации). Доктор Монтессори имеет в виду психо-эпистемологическое обучение (хотя и не пользуется таким термином), когда пишет о своем методе следующее:

> «Дидактический материал на самом деле предоставляет ребенку не "содержание" мышления, а *порядок* для этого "содержания"… Разум формирует себя сам с помощью специальных упражнений для внимания, наблюдения, сравнения и классифицирования.
>
> Мыслительный подход, достигаемый с помощью таких упражнений, приводит ребенка к структурированному восприятию среды, восприятию, которое приобретает для него интерес открытий, и таким образом стимулирует его увеличивать их число до бесконечности и формировать в разуме богатое "содержание" ясных идей.
>
> Теперь язык служит для *фиксации* с помощью *конкретных слов* тех идей, которые постигает его мозг… Этим способом ребенок может "найти себя" как в мире природных объектов, так и в мире предметов и слов, которые окружают его, потому что уже обладает внутренним указателем, который помогает ему быть *активным и вдумчивым* исследователем, а не блуждающим странником в неизвестной земле».

Намеренное, дисциплинированное использование разума — наивысшее возможное достижение для человека: именно это и делает его человеком. Чем значительнее умение, тем раньше нужно начинать его осваивать. Так же верно и обратное, если цель состоит в ограничении человеческого потенциала. Чтобы достичь атрофии интеллекта, состояния искусственно созданной тупости, нужно начинать работать над жертвой рано; превратить ребенка в интеллектуального карлика можно, только пока он еще мал.

В трехлетнем возрасте, когда разум ребенка почти так же пластичен, как его кости, когда его потребность и стремление к знанию выше, чем когда-либо, ребенок оказывается — посредством прогрессивного детского сада — среди группы таких же беспомощно невежественных, как и он сам, детей. Его оставляют не только без когнитивного руководства — его стремление к решению когнитивных задач подавляют. Он хочет учиться; ему приказывают играть. Почему? Ответа никто не дает. Его убеждают — через эмоциональные вибрации, пронизывающие атмосферу учреждения, через все грубые и тонкие способы, доступные взрослым, которых он не понимает, — в том, что самое главное в этом непонятном мире — не знать, а подчиняться группе. Зачем? Никто не дает ответа.

Он не знает, что ему делать; ему говорят делать то, что ему хочется. Он берет игрушку; ее отбирает у него другой ребенок; ему говорят, что он должен научиться делиться. Зачем? Ответа никто не дает. Он сидит один в уголке; ему говорят, что он должен быть с остальными. Зачем? Неизвестно. Он присоединяется к группе, тянется к их игрушкам, а его щипают за нос. Он плачет, не понимая, что происходит; воспитатель заключает его в объятия и пускается в излияния о том, как она любит его.

Животные и маленькие дети крайне чувствительны к эмоциональным вибрациям; это их основной способ познания. Маленький ребенок чувствует, искренни ли эмоции взрослых, и тут же улавливает вибрации лицемерия. Механические заученные манеры воспитателя — натянутая улыбка, воркующий голос, объятия и холодные, смотрящие в никуда глаза — добавляются в мозгу ребенка к определению слова, которое он скоро узнает: «фальшь».

Он знает, что это маскировка; маскировка что-то скрывает, он испытывает подозрение и страх.

Маленький ребенок чувствует некоторое любопытство к другим детям своего возраста, но это не слишком сильный интерес. При ежедневном общении они просто смущают его, он ищет не равных себе, а тех, кто выше его в когнитивном плане, тех, кто *знает*. Обратите внимание на то, что маленькие дети предпочитают компанию детей постарше или взрослых, что они преклоняются перед старшими братьями и сестрами и пытаются им подражать. Прежде чем ребенок сможет наслаждаться компанией ровесников, он нуждается в развитии, в формировании чувства самоидентичности. Однако его заставляют находиться среди них и просто приспосабливаться.

Приспосабливаться к *чему*? К жестокости, к несправедливости, к слепоте, к глупости, к притворству, к пренебрежению, к насмешкам, к предательству, ко лжи, к непонятным требованиям, к надоедливым проявлениям чувств, к неспровоцированной злости и к подавляющему, всевластному присутствию прихоти как главного правила. (Почему к этому, а не к чему-то лучшему? Потому что это — защитные механизмы беспомощных, напуганных, несформировавшихся детей, которых оставляют без руководства и заставляют вести себя как толпа.)

Трехлетний ребенок попадает во власть толпы других трехлетних детей и оказывается в положении худшем, чем волк на псарне: волк по меньшей мере может убежать; от ребенка ждут, что он будет угождать собакам и искать их любви, когда они будут рвать его на кусочки.

Через некоторое время он приспосабливается. Он постигает смысл игры — бессловесно, путем повторов, имитации и эмоционального впитывания, задолго до того, как у него формируются идеи, необходимые для того, чтобы дать ей определение.

Он учится не подвергать сомнению высшую власть группы. Он обнаруживает, что такие сомнения табуированы неким пугающим, сверхъестественным образом; ответ на них дается в форме повторяющегося проклятия, подразумевающего, что он повинен в каком-то врожденном, не поддающемся исправлению грехе: «Не будь эгоистом». Так в нем зарождаются сомнения в себе, прежде чем он начинает полностью в себе разбираться.

Он учится тому, что неважно, как он поступает — хорошо или плохо, честно или нечестно, обдуманно или бессмысленно — если группа осуждает его поступки, значит, он неправ и его желания остаются неудовлетворенными; если она его одобряет, значит, все в порядке. Так зародыш морали постепенно уничтожается в нем еще до рождения.

Он учится тому, что нет смысла начинать какое-то серьезное собственное дело — например, строить из кубиков крепость, — ее все равно заберут себе или уничтожат другие. Он учится тому, что все, чего ему хочется, нужно получить сегодня, потому что никому не известно, что решит группа завтра. Так его зарождающееся чувство протяженности времени — реальности будущего — чахнет, сжимая границы его осознания и интереса до пределов настоящего момента. Он способен (и получает одобрение) на восприятие настоящего; он неспособен (и не получает одобрения) на запоминание прошлого и прогнозирование будущего.

Но даже настоящее оказывается урезанным. Воображение — это опасная роскошь, которую может себе позволить лишь тот, кто уловил разницу между реальным и воображаемым. Ребенок, вырванный из реальности, которую он еще не научился полностью осознавать, оказывается в мире фантазий и игр. Вначале он может испытывать смутное беспокойство: для него это не воображение, а ложь. Но он постепенно теряет это различие и начинает плыть по течению. Чем безумнее его фантазии, тем сильнее одобрение и интерес воспитателя; его сомнения неопределенны, а поощрение реально. Он начинает верить в собственные фантазии. Как он может быть уверен в том, что правда, а что нет, что действительно существует в мире, а что только в его голове? Таким образом, он никогда так и не достигает точного понимания разницы между существованием и сознанием: его шаткая опора на реальность рушится совсем, и его когнитивные процессы извращаются.

Стремление ребенка к знанию умирает медленно; его не убивают — оно просто растворяется и смывается прочь. Зачем беспокоиться о каких-то проблемах, если все их можно решить с помощью фантазии? Зачем стремиться открывать мир, если можно превратить его во что угодно в своем воображении?

Проблема в том, что желания постепенно тоже тускнеют. У ребенка не остается ничего, что бы направляло его, за исключением собственных чувств, но чувствовать он тоже боится. Воспитатели подталкивают его к самовыражению, но он знает, что это ловушка: это очередное испытание перед группой, чтобы увидеть, подходит он ей или нет. От него ждут каких-то чувств, но он больше не чувствует ничего — только страх, непонимание, беспомощность и скуку. Он чувствует, что с ним что-то не так, раз он ощущает такое, ему кажется, что остальные дети ничего подобного не испытывают. (То, что все они проходят через то же самое, находится за пределами его понимания.) Ему кажется, что все они чувствуют себя как дома и что лишь он один — не такой.

Поэтому ребенок учится скрывать свои чувства, симулировать их, притворяться, уклоняться — одним словом, подавлять. Чем сильнее его страхи, тем более агрессивно поведение; чем менее определенны его утверждения, тем громче голос. От детской игры он легко переходит к игре актерской. Он делает это со смутным намерением защитить себя, ощущая, что если группа не узнает, что он чувствует, то она не сможет причинить ему боль. У него нет ни возможностей, ни смелости осознать, что это не плохие, а хорошие свои чувства он старается защитить от группы: его чувства, касающиеся всего, что для него важно, всего, что он любит, — то есть первые, неоформившиеся рудименты его ценностей.

Ему удается скрывать свои чувства и ценности не только от окружающих, но и от самого себя. Его подсознание автоматизирует этот процесс — потому что ему больше нечего автоматизировать. (Спустя годы, с наступлением «личностного кризиса», обнаружится, что его маска защищает пустоту.) Таким образом, эмоциональный потенциал человека оказывается подорван, и вместо «спонтанности» или эмоциональной свободы он получает арктическую пустыню подавленных чувств.

Человек сам не знает, какие шаги сделали фальшивкой его самого.

Теперь он готов открыть для себя, что ему больше не надо надеяться на непредсказуемое одобрение той неясной, всесильной власти, которую он чувствует повсюду вокруг и которая на самом деле называется волей толпы. Он узнает, что можно манипулировать этой властью. Он видит, что некоторые дети могут навязывать *свои* желания группе, но при этом никогда не говорят об этом прямо. Он видит, что изменчивая воля толпы на самом деле не так непредсказуема и таинственна, какой казалась вначале, что ею движет молчаливое противостояние воли тех, кто борется за место лидера.

Как сражаться в этой битве? Ребенок не может сказать — для этого требуются концептуальные знания, — но он учится на практике: лестью, угрозами, обманом, унижением, предательством членов группы. Какую тактику следует использовать, в какой момент и для кого? Он не может сказать — все это проделывается «инстинктивно» (то есть с помощью не имеющих названия, но автоматизированных связей, закрепляющихся в его мозге). Что он получает в результате борьбы? Он не может сказать. Он уже давно забыл, зачем ввязался во все это — хотел ли он получить что-то особенное, или же ради мести, или от разочарования либо бесцельности существования. Он смутно ощущает, что ему просто нечего больше делать.

Теперь его собственные чувства меняются непредсказуемо, переходя от приступов желания доминировать к периодам пассивного безразличия, которое он может выразить только словами: «А зачем мне все это?» Он не видит противоречия между своим циничным маневрированием и неизменным страхом перед группой: первое мотивировано вторым и подкрепляет его. Воля толпы вбирается ребенком: его необъяснимые эмоции становятся доказательством ее всесилия.

Теперь он имеет дело с *метафизической* проблемой. Его подсознание запрограммировано, основы определены. Благодаря установленным в его мозге невербальным связям безликая, неясная форма группы теперь стоит между ним и реальностью, где воля группы — главная сила. Он «приспособился».

Сознательно ли он делает это? Нет: им полностью управляет подсознание. Обдуманно ли это решение? Нет: он не открыл для себя процесс обдумывания. Чтобы научиться думать, ребенку нужно личное время и пространство. В детском саду у него меньше личного времени и пространства, чем у узника концентрационного лагеря. Он не может остаться один даже для того, чтобы сходить в туалет, не говоря уже о такой асоциальной деятельности, как формирование идей.

У него нет никакого стимула, никакого мотива для развития интеллекта. Насколько может быть важна для него реальность, если его судьба зависит от группы? Насколько может быть важно мышление, когда все внимание и энергия направлены только на то, чтобы распознавать эмоциональные вибрации группы? Для него реальность больше не является восхитительно манящей, а становится темной, непонятной угрозой, пробуждающей чувства, которых не было у него в самом начале: чувство не невежества, а неудачи, не беспомощности, а бессилия — чувство ущербности своего рассудка. Только в группе он чувствует себя как дома; ему необходима ее защита и поддержка; искусство манипулирования людьми — единственное умение, которым он овладел.

Но покорность и жестокость — две стороны одной медали. Основная его эмоция — жестокость ко всем людям; это контекст понятия «человек», ставший для него автоматическим. Каждый незнакомец, встречающийся ему, представляет потенциальную угрозу как член того таинственного клана «других», которые управляют им, враг, бдительность которого нужно усыпить, а затем — предать его.

Что происходит с умом ребенка? Все предпосылки для его развития подавляются; все основы, поддерживающие его разум, разрушаются: у него нет чувства уверенности в себе, нет идеи себя, нет понятия морали и понятия протяженности времени, нет способности прогнозировать будущее и улавливать, интегрировать или применять абстрактные понятия, нет четкого разделения между существованием и сознанием, нет ценностей, так как механизм подавления парализовал в нем функцию вынесения суждений.

В возрасте пяти с половиной лет ребенок готов к выходу в большой мир: бессильное существо, неспособное думать, неспособное к столкновению с реальностью и взаимодействию с ней, создание, в котором сплавлены хрупкость и страх, которое может повторять заученные уроки, но не может понять их, создание, лишенное средств для выживания, обреченное, хромая, спотыкаясь или ползком, продвигаться по жизни в поисках безымянного лекарства от хронической, безымянной, невыносимой боли.

Теперь сосуд можно разбить: монстр готов. Компрачикос разума совершили свою главную операцию и искалечили связи в его мозге. Но их работа еще не окончена; она лишь начинается.

II

Необратим ли вред, который наносит разуму ребенка прогрессивный детский сад?

Научные данные показывают, что это так по меньшей мере в одном отношении: время, которое потеряно в период когнитивного развития ребенка, наверстать невозможно. Последние исследования демонстрируют, что интеллектуальный прогресс ребенка, не получившего должного обучения в раннем возрасте, никогда уже не сравняется с ребенком, получившим нормальное развитие этих навыков. Таким образом, все дети, посещавшие прогрессивные детские сады, имеют нарушения в интеллектуальном развитии.

Но прогрессивные детские сады не только лишают детей когнитивной тренировки в раннем возрасте: они вообще тормозят их нормальное развитие. Они принуждают мозг ребенка к антиконцептуальному методу функционирования, что парализует его мыслительные способности.

Можно ли исправить этот ущерб, или ребенок обречен на интеллектуальную импотенцию до конца жизни?

Этот вопрос пока остается открытым. Имеющиеся сегодня знания не дают нам возможности ответить на него со всей определенностью.

Мы знаем, что скелет новорожденного сформирован не полностью: его кости мягкие и пластичные до определенного возраста и лишь постепенно отвердевают, приобретая окончательную форму. Скорее всего, то же самое можно сказать и о разуме ребенка: он при рождении чист и гибок, но в определенный момент его раннее программирование становится неизменяемым. У тела есть собственный график развития, вероятно, так же, как и у разума.

Если какими-то сложными навыками не овладеть к определенному возрасту, овладевать ими потом будет слишком поздно. Но у разума более широкий спектр возможностей, чем у тела, большая способность к восстановлению, поскольку он способен функционировать произвольно.

Произвольное функционирование, однако, не предполагает отсутствия идентичности; оно не означает, что можно до бесконечности использовать разум не по назначению так, чтобы он не понес непоправимого ущерба. Однако оно означает, что, пока ребенок умственно нормален, он обладает способностью исправить многие недостатки своего мыслительного процесса и многие повреждения, порожденные им самим или нанесенные извне. Последние скорректировать проще, чем первые.

Факты свидетельствуют о том, что некоторые выпускники прогрессивных детских садов действительно восстанавливают свои способности, в то время как другие — нет, и что качество их восстановления зависит от степени их «неприспособленности», то есть от того, насколько они отвергали влияние группы. Под «восстановлением» я имею в виду постепенное развитие рациональной психоэпистемологии, то есть способности взаимодействовать с реальностью при помощи концептуального знания.

Наилучшие шансы на восстановление — у маленьких «отщепенцев», тех самых детей, которые не поддались влиянию толпы, которые вынесли три года страданий, одиночества, непонимания, порицаний от воспитателей и унижений от сверстников, но смогли остаться собой, не защищенные ничем, кроме ощущения, что в этом детском саду что-то *не так*.

Это те самые «проблемные дети», которые периодически проходят через пытку жалобами воспитателей родителям и через беспомощное отчаяние при виде того, что их родители занимают сторону мучителей. Некоторые из этих детей откровенно бунтуют; другие внешне кажутся тихими и пассивными, но не поддаются никакому давлению и влиянию. При любых способах, которые они используют для того, чтобы вынести невыносимое, всех их объединяет *неспособность к приспособлению*, то есть к принятию *интеллектуальной* власти группы. (Не все «отщепенцы» относятся к этой категории; есть дети, которые отвергают группу по совершенно иным причинам, например из-за неосуществленного желания власти.)

Нонконформисты — это героические маленькие мученики, которым никто не дает правильной оценки, даже они сами, потому что не могут определить природу битвы, которую ведут. У них нет концептуального знания или способности к интроспекции, которые позволили бы им осознать невозможность принять что-либо, не оставаясь верными своим собственным суждениям, несмотря на давление со стороны окружающих.

Эти дети пока не понимают, что они сражаются за целостность собственного рассудка и что они выйдут из детского сада с проблемами, побитые, измученные, напуганные, разочарованные или озлобленные, но именно свой разум им удастся сохранить.

А маленьким правителям, «приспособившимся» лидерам группы — нет.

Эти маленькие лидеры фактически совершают крайне невыгодную для себя сделку: они принимают одобрение группы и/или власть над ней как ценность, а взамен отдают способность к самостоятельным суждениям. Фабриковать реальность в том возрасте, когда еще не научился толком осознавать ее, автоматизировать технику обмана, когда еще не автоматизирована техника восприятия, — крайне опасно для любого разума. И есть очень большие сомнения в том, можно ли перевернуть обратно в нормальное состояние такую систему приоритетов.

Маленькие манипуляторы *весьма заинтересованы* в технике уклонения. Чем дольше они практикуют свое поведение, тем больше в них страх перед реальностью и тем меньше шансов на то, что в них снова возродится желание встретиться с ней, узнать, понять.

Для взрослого человека основной принцип этого процесса вполне понятен: когда люди оказываются во власти невероятного зла — как при советской или нацистской диктатуре, — те, кто соглашается на страдания в качестве беспомощной жертвы вместо того, чтобы как-то договориться с представителями злой силы, имеют больше шансов сохранить свое психологическое здоровье, чем те, кто вступал в ГПУ или СС.

Хотя большая часть вины лежит на воспитателях, маленький фальсификатор отчасти виновен и сам. Он, конечно, слишком мал, чтобы понимать аморальность своих действий, но природа дает ему эмоциональное предупреждение: когда он соглашается поддерживать фальшь, он *противен самому себе*, он кажется себе грязным, недостойным, запачкавшимся. Протест сознания, терпящего надругательства, выполняет ту же функцию, что и физическая боль: это предупреждение об опасном нарушении или травме. Никто не может заставить ребенка не обращать внимания на такие предупреждения; если он делает это, если он решает поставить какие-то ценности выше, чем его собственное самосознание как личности. Так он лишается желания скорректировать свою психоэпистемологию; у него возникают причины бояться разумности, реальности и правды; весь его эмоциональный механизм автоматизируется для защиты от них.

У большинства детей, посещавших прогрессивный детский сад, психологические элементы представлены в различных сочетаниях, демонстрирующих всю шкалу перехода от нонконформистов до манипуляторов. Их последующее развитие в большой степени зависит от типа их дальнейшего образования. В детском саду их научили неправильному *методу* функционирования разума; теперь они должны начинать получать его *содержание*, то есть идеи, при помощи тех средств, которыми обладают.

Современные деятели образования — компрачикос разума — готовы ко второй стадии своего задания: оснастить детский разум идеями, которые сделают восстановление мыслительных функций маловероятным, если не сказать полностью невозможным, и сделать это с помощью метода, который продолжает и усиливает формирование поведения, начатое в детском саду. Программа школ рассчитана на то, чтобы далее затормозить развитие разума у тех, кто каким-то образом смог пережить первую стадию, сохранив хоть какие-то остатки рациональных способностей, и искалечить тех, кому повезло не ходить в детский сад.

В терминах компрачикос эта программа означает продолжать бередить раны, нанесенные при первой операции, и продолжать заносить в них инфекцию, пока разум и дух ребенка не окажутся сломлены.

Затормозить развитие разума означает помешать его концептуальному формированию, помешать овладеть способностью пользоваться абстрактными понятиями и удерживать его в рамках привязанного к конкретным понятиям, перцептивного метода функционирования.

Джон Дьюи, отец современной системы образования (в том числе и прогрессивных детских садов), был против того, чтобы детям давались теоретические (то есть концептуальные) знания, и требовал заменить их конкретной, «практической» деятельностью в форме «групповых проектов», которые должны были способствовать развитию у учеников общественного духа.

> «Простое усвоение фактов и истин, — писал он, — настолько исключительно индивидуальный процесс, что он естественным путем переходит в эгоизм. В чистом усвоении знаний нет явного социального мотива, достижение успехов на этом направлении никак не связано с какими-то общественными целями». (Джон Дьюи, «Школа и общество» — The School and the Society.)

Это совершенно справедливо: восприятие реальности, узнавание фактов, способность отличать правду от лжи — это исключительно индивидуальные способности; разум вообще исключительно индивидуальная вещь; не бывает никакого коллективного разума. Интеллектуальная целостность — отказ от жертвования собственным разумом и собственными знаниями под любым давлением со стороны общества — это действительно и логично *эгоистическая* позиция.

Цель современного образования — затормозить, исказить и разрушить способность учеников выработать такую позицию, равно как и ее концептуальные и психоэпистемологические предпосылки.

Есть два разных метода обучения: с помощью заучивания и с помощью понимания. Первый относится преимущественно к перцептивному уровню человеческого сознания, второй — к концептуальному.

Первый реализуется путем повторений и прямых ассоциаций (процесс, в котором один сенсорно данный факт автоматически ведет к другому, безотносительно содержания и значения). Попробуйте вспомнить какой-нибудь стишок, который вы учили в школе; вы обнаружите, что сможете сделать это только в том случае, если будете проговаривать слова автоматически, если вы задумаетесь о содержании, вы не сможете вспомнить слов. Эта форма обучения одинакова у человека с другими высшими животными: вся дрессировка зверей заключается в том, чтобы они запоминали последовательность действий с помощью повторений и ассоциаций.

Второй метод обучения — в процессе понимания — может применить только человек. Понять — значит сосредоточиться на содержании данного предмета (в противоположность сенсорной — визуальной или слуховой — форме, в которой оно было передано), чтобы выделить в нем главное, установить связи с ранее полученными знаниями и интегрировать его в систему других предметов. Интеграция — очень важная часть понимания.

Запоминание доминирует лишь в первые несколько лет детского образования, когда ребенок наблюдает и собирает перцептивный материал. С того момента, как он достигает концептуального уровня (то есть с того момента, когда он овладевает речью), его обучение требует все увеличивающегося уровня понимания, а роль запоминания постепенно падает.

Точно так же, как современные учителя заявляют о важности развития личности ребенка, но одновременно учат его подчиняться группе, они отрицают необходимость запоминания, но при этом их методы обучения игнорируют требования концептуального развития и сводятся преимущественно к процессу заучивания. Чтобы понять, какое влияние это оказывает на разум ребенка, представьте себе, что было бы с его телом, если бы в возрасте семи лет ему запретили ходить и требовали бы ползать на четвереньках, как грудной младенец.

Приемы компрачикос начинают применять в самом раннем детстве. Огромное достижение ребенка, научившегося говорить, подавляется и едва ли не сводится к нулю методом обучения чтению. Методом «посмотри — скажи» заменяют сегодня фонетический метод, который учит ребенка воспринимать буквы и звуки как абстракции. Бессмысленное запоминание такого огромного количества сенсорного материала чрезвычайно перенапрягает разум ребенка — такой объем информации нельзя полностью усвоить, интегрировать или автоматизировать. В результате все большее распространение получает так называемый «невроз чтения» — неспособность научиться читать — у детей, многие из которых обладают интеллектом даже выше среднего; такой невроз просто не существовал в природе до введения метода «посмотри — скажи». (Если целью современных учителей является просвещение и благополучие детей, случаи такого невроза должны были бы заставить их проверить и пересмотреть их теории обучения; однако этого не происходит.)

Конечным результатом оказываются новоиспеченные студенты колледжей, неспособные прочесть книгу, написать сочинение без ошибок, что вызвано неспособностью организовать свои мысли, если, конечно, они имеются.

Применительно к концептуальному материалу запоминание — это психоэпистемологический разрушитель понимания и способности мыслить. Но для учеников средней и старшей школы именно запоминание становится главным методом мыслительного функционирования. Они не могут никак иначе справиться со школьной программой, состоящей преимущественно из случайных, бессистемных, несвязанных (и несвязываемых) обрывков знаний по различным предметам, предоставляемых без контекста, без непрерывности и последовательного развития.

Материал, который дается ученикам на занятиях по одному предмету, никак не связан с материалом по другому предмету, а иногда и противоречит ему. Лекарство, предлагаемое современными деятелями образования, оказывается хуже, чем сама болезнь, и заключается в следующем: на какой-то период времени выбирается случайная «тема», и в течение этого периода каждый учитель представляет свой предмет в соответствии с этой темой, безотносительно к тому, чему он учил детей до этого. Например, если была выбрана тема «Обувь», то учитель физики рассказывает об устройствах, необходимых для ее изготовления, учитель химии обсуждает дубление кож, учитель экономики говорит о производстве и продаже обуви, учитель математики заставляет учеников решать задачи про ее стоимость, учитель языка и литературы читает с детьми произведения, посвященные обуви (или тяжкой судьбе босоногих), и так далее.

Таким образом, концептуальная интеграция содержания разных курсов заменяется случайно выбранными конкретными «темами», и из-за этого мышление учеников становится конкретным и ассоциативным, при том, что они имеют дело с концептуальным материалом. Знания, полученные таким способом, невозможно удержать в голове дольше, чем до сдачи экзамена.

Подчинение учеников власти толпы — под названием «социальной адаптации» — производится совершенно открыто. Первостепенная важность группы вбивается им в головы любыми способами, доступными компрачикос классных комнат, в том числе и с помощью позорного метода выставления баллов за социальную приспособленность (под разными наименованиями). Невозможно изобрести более подходящий метод для разрушения индивидуальности ребенка и превращения его в скучного маленького конформиста, для подрыва его несформировавшегося чувства самоидентичности и слияния его с анонимной толпой, для наказания самых лучших, умных и честных детей в классе и для вознаграждения самых худших, тупых, скучных и лживых.

Однако еще большее (то есть более фундаментальное) зло представляет собой «дискуссионный» метод обучения, который чаще используется в гуманитарных, а не в естественных науках, по вполне понятным причинам. Следуя этому методу, учитель не читает ученикам лекций по предмету, а лишь осуществляет руководство «свободным обсуждением», где ученики должны высказывать свои взгляды касательно данного предмета, которого они не знают и ради изучения которого они, собственно, ходят в школу. Подобные уроки порождают в умах учеников исключительно невыносимую скуку.

Но это гораздо хуже, чем просто потеря времени. Школьников учат крайне важным вещам, в корне расходящимся с заявленной темой предмета. Им дают уроки метафизики и эпистемологии. Их учат тому, что не существует такой вещи, как твердая, объективная реальность, которую человеческий разум должен научиться правильно воспринимать; что реальность — это неопределенный поток и может превратиться во что угодно по воле группы; что истинность или ложность чего угодно может быть определена большинством голосов. И более того: что *знание* не является необходимым и важным, так как взгляды учителя имеют не большую ценность, чем высказывания самого тупого и невежественного ученика, и что, следовательно, разум, мышление, интеллект и образование не важны. Если ученик усвоил эти идеи, какой может быть у него стимул для продолжения образования и развития мышления? Ответ можно наблюдать сегодня в студенческих кампусах.

Что касается содержания предметов, преподаваемых в средней и старшей школе, антирациональное внушение продолжается здесь в форме тенденциозно искаженного материала, мистическо-альтруистско-коллективистских лозунгов и пропаганды главенства эмоций над разумом. Большинство учеников оканчивают школу полноценными маленькими коллективистами, повторяющими подходящие моменту догмы, но при этом нельзя сказать, что это их личные убеждения. Правда гораздо страшнее: они не способны иметь вообще *никаких* убеждений и склоняются к коллективизму, потому что это они заучили и потому что никто не обращается к разуму и независимости из-за страха, беспомощности и сомнений в себе.

III

Какие бы идеи ни сформировались у ребенка во время обучения в школе, система образования работает на умножение его внутренних конфликтов.

После детского сада ребенок оказывается зажатым между собственной смутной, несфокусированной, ориентированной на капризы психоэпистемологией и требованиями реальности, с которой он не готов взаимодействовать. От него ожидают, что он будет овладевать какими-то формальными знаниями, сдавать экзамены, получать приличные оценки, то есть каким-то образом иметь дело с минимальным фактологическим материалом, но для него это метафизическое предательство. Его учили игнорировать факты; их нельзя было изучить с помощью тех мыслительных процессов, которые стали у него автоматическими: с помощью животного метода улавливания эмоциональных намеков, испускаемых группой. Группа никуда не делась, но она никак не может помочь ему сдавать экзамены; ему придется делать это в состоянии, которое его научили воспринимать как зло — в одиночку.

Ужас конфликта между субъективизмом и рудиментами объективизма, оставшегося в школах от цивилизованного прошлого, приводит к ощущению обиды у этих детей, к бессловесному чувству, что им неизвестно, кем предписано ненавидеть неизвестно что. Компрачикос в должный срок предложат им объект для этой ненависти.

Некоторые из самых умных детей — активные и не желающие учиться тому, чему их учат, — оказываются в плену другого конфликта. Пытаясь связать воедино хаотичные обрывки информации, которые они получают в классе, они обнаруживают пропуски, непоследовательности, противоречия, которые почти никогда не бывают объяснены или разрешены. Их вопросы обычно игнорируют, отклоняют, смеются над ними или увиливают от ответов, давая объяснения, которые лишь вносят еще большую путаницу. Ребенок может сдаться, не зная, как этому противостоять, и решить, что стремление к знаниям — бессмысленно, что образование — жуткое притворство, которого он не в силах понять, и таким образом встать на путь антиинтеллектуальности и мыслительной стагнации. Или же он может решить, что школа не способна дать ему ничего и что он должен учиться самостоятельно. Это лучший выбор в данных обстоятельствах, однако может привести к полному презрению по отношению к учителям, к другим взрослым и часто ко всему человечеству (а это дорога к субъективизму).

«Социализирующая» сфера образования, принуждение к подчинению группе — это особый вид пытки для такого ребенка. Думающий ребенок не может подчиниться — мысль не подчиняется авторитетам. Ненависть группы к уму и независимости родилась гораздо раньше, чем прогрессивное образование; это древнее зло (поражающее как детей, так и взрослых), продукт страха, сомнений в себе и зависти. Но прагматизм, отец прогрессивного образования, — это кантианская философия, и он использует кантианские методы для того, чтобы усугублять человеческие слабости и страхи.

Вместо того чтобы внушать детям уважение к личности друг друга, прогрессивная система образования дает официальную санкцию моральности стремлению напуганных полудикарей объединяться против кого-то, формировать «группы своих» и преследовать отщепенцев. Когда, сверх того, такой отщепенец наказывается или порицается за свою неспособность «уживаться с людьми», власть серости вводится в ранг системы. (Под «серостью» подразумевается не посредственный интеллект; это посредственный интеллект, презирающий лучших и завидующий им.) Прогрессивная система образования узаконила правление Зависти.

Думающий ребенок не антисоциален (точнее сказать, это единственный тип ребенка, который годен для социальных взаимоотношений). Когда у него происходит формирование первых ценностных установок и сознательных убеждений, особенно с наступлением подросткового периода, он ощущает острое желание поделиться ими с другом, который понял бы его; если его постигает в этом разочарование, он чувствует острое одиночество. (Одиночество — опыт, свойственный именно такому типу детей или взрослых; это опыт тех, кому есть что предложить другим. Эмоция, которая гонит конформистов в группу, это не одиночество, а страх — страх интеллектуальной независимости и ответственности. Думающий ребенок ищет себе ровню; конформист ищет защитников.)

Худшее, с чем можно столкнуться в современной школе, — думающий ребенок, который пытается «приспособиться» к группе, пытается скрыть свой ум (и свои школьные отметки) и вести себя как «один из мальчиков». Он никогда не достигает в этом успеха и беспомощно удивляется: «Что со мной не так? Чего мне не хватает? Что им от меня *нужно*?» Он не может понять, что его недостаток заключается в способности задавать такие вопросы. Вопросы означают, что существуют причины, обоснования, принципы, ценности — те самые вещи, которых группа мысленно боится, избегает и которые отрицает. Он не может знать того, что психоэпистемологию не спрячешь, что она проявляет себя в самых разных мельчайших деталях, и группа отвергает его потому, что чувствует его фактологическую (то есть оценивающую) ориентацию, его *психоэпистемологическую* уверенность в себе и отсутствие в нем страха. (С экзистенциальной точки зрения такие одиночки лишены социальной уверенности в себе и чаще всего боятся толпы, но проблема здесь *не* экзистенциальна.)

Постепенно думающий ребенок отказывается от человеческих взаимоотношений. Он приходит к выводу, что может понять науку, но не может понять людей, что люди непознаваемы, находятся вне пределов разума, что здесь требуются какие-то иные когнитивные средства, которых он лишен. Таким образом, он приходит к ложной дихотомии, которую лучше всего определить как *разум против людей* и которую его учителя стремятся изо всех сил выделить и усилить.

Конформисты, столкнувшись с такой дихотомией, отказываются от разума; он отказывается от людей. Подавив свою жажду дружбы, он перестает задумываться о человеческих ценностях, о моральных вопросах, о социальных проблемах, обо всей сфере гуманитарных наук. В поисках рациональности, объективности и разумности — то есть той сферы, в которой он может функционировать, — он находит пристанище в естественных науках, технологии или бизнесе, то есть в профессиях, которые преимущественно имеют дело не с человеком, а с материей. (В этом состоит основная причина «утечки мозгов» из США, отвратительного интеллектуального обеднения в гуманитарных науках, потому что лучшие умы обращаются — за временной защитой — к наукам естественным.)

Конечно, нет ничего плохого в выборе естественных наук, если это обусловлено чьим-то рациональным предпочтением. Но это является трагической ошибкой, если молодой человек выбирает данную стезю в качестве способа бегства, потому что это бегство иллюзорно. Из-за того, что дихотомия, принятая им, ложна, из-за того, что подавление не является решением, а лишь предательством по отношению к собственным мыслительным способностям, он платит за это психологическую цену в виде безымянного страха, неоправданного чувства вины, неврозов и, как правило, безразличия или ненависти к людям. В этом случае результат оказывается прямо противоположен социальной гармонии, достижение которой обещают компрачикос прогрессивной системы образования.

Есть дети, которые оказываются жертвами другой похожей дихотомии: *ценности против людей*. Измученный одиночеством, не сознающий того, что удовольствие, которое люди находят в человеческих отношениях, возможно лишь при наличии одинаковых ценностей, ребенок может попытаться поменять местами причину и следствие: он ставит на первое место товарищество и пытается принять ценности других, подавляя свою собственную способность к ценностным суждениям. Он надеется, что таким образом обретет друзей. Догмат группового конформизма поощряет и усиливает его моральное самоотречение. Он слепо борется за получение от людей некоего удовлетворения, которое не может определить (и которое не может получить), за облегчение чувства вины, которой он не может дать названия, за заполнение вакуума, который он не может понять. Он мечется между позорным потаканием желаниям друзей и категоричными требованиями проявления чувств с их стороны и становится настолько эмоционально зависимым, что никакие друзья не способны выдерживать это подолгу. Чем больше его преследуют неудачи, тем отчаяннее он стремится к людям и «любви». Но в его подсознании вырастает безымянная эмоция, которую он никогда не признает и не назовет, — ненависть к людям. В результате снова получается нечто противоположное заявляемым целям компрачикос.

При любых индивидуальных проблемах и при любых выбранных методах защиты все дети — от «приспособившихся» до независимых — страдают от общей беды на протяжении школьных лет — от скуки. Причины могут быть разными, но эмоциональный результат один и тот же. Обучение — это концептуальный процесс; метод, который разработан специально для того, чтобы игнорировать требования концептуального развития, не может вызвать никакого интереса к обучению. «Приспособившиеся» скучают потому, что не способны активно впитывать знания. Независимые скучают из-за того, что они ищут *знаний*, а не игр в «классные проекты» или групповые «дискуссии». Первые неспособны усвоить уроки, вторые испытывают интеллектуальный голод.

Компрачикос достигают успеха в обоих случаях. Вырастая, независимые дети, которые сопротивляются и сохраняют какую-то часть своего рассудка, преимущественно изгоняются или изгоняют себя сами, в область естественных наук и смежных профессий, оставаясь тем самым в стороне от любых социальных, философских и, гуманитарных проблем. Сфера гуманитарных наук — и, таким образом, будущее общества — отдается на откуп «приспособленцам», заторможенным, искалеченным, извращенным умам, которые производит технология компрачикос.

Среднестатистический выпускник школы — это нервный, беспокойный, косноязычный молодой человек, разум которого напоминает пугало, сделанное из выцветших тряпок, которым нельзя придать никакую определенную форму. У него нет никакой концепции знания: он не знает, когда он что-то знает, а когда нет. Он хронически боится того, что он *предположительно* должен знать, и изо всех сил стремится скрыть, что он не имеет ни о чем ни малейшего понятия. Он мечется между пророческими заявлениями и тупым уклончивым молчанием. Он строит из себя специалиста в самых новых, популярных вопросах политики (часть его «классных проектов») и повторяет законсервированные банальности третьесортных передовиц так, словно это его личные открытия. Он не знает, как читать, писать или пользоваться словарем. Он хитрый и «мудрый»; он обладает цинизмом взрослого декадента и легковерием ребенка. Он шумен, агрессивен, воинственен. Его главное стремление — доказать, что он ничего не боится, потому что его до смерти пугает все подряд.

Его разум находится в состоянии бурлящего замешательства. Он не научился концептуализировать, то есть определять, организовывать и интегрировать содержимое своего разума. В школе и вне ее он видел и испытывал многие вещи (или, если точнее, подвергался их воздействию), но он не может понять их значение и важность, он не знает, что с ними делать, смутно ощущая, что должен делать что-то и как-то. Он не знает, с чего начать; он хронически чувствует, что отстает от самого себя, не может угнаться за содержимым собственного разума, как будто разобраться в нем — это задача, намного превосходящая его способности.

Так как ему не давали концептуализировать когнитивный материал шаг за шагом в то время, когда он усваивал его, теперь собрание непонятного опыта и перцептивных впечатлений таково, что это его парализует. Когда он пытается мыслить, его сознание через каждые несколько шагов упирается в глухую стену; его мыслительные процессы как будто растворяются в лабиринте вопросительных знаков и тупиковых аллей. Его подсознание, как заброшенный подвал, наполнено незначимым, случайным, неправильно понятым, понятым не до конца, неопределенным, плохо запомнившимся; оно никак не реагирует на его попытки мыслить. Он сдается.

Секрет его психоэпистемологии — которая сбивает с толку всех, кто имеет с ним дело, — состоит в том, что, как взрослый человек, он должен оперировать идеями, но он *оперирует идеями с помощью детского перцептивного метода*. Он использует их как нечто конкретное, мгновенно данное — без контекста, определений, взаимосвязей и специфических отношений; его единственный контекст — это данный момент. К чему, в таком случае, имеют отношение его идеи? К туманной смеси частичных знаний, заученных ответов, привычных ассоциаций, реакций аудитории и его собственных чувств, которые отражают содержимое его разума в конкретный момент. На следующий день или в другом случае те же самые идеи будут иметь отношение к другим вещам, в зависимости от изменений его настроения или конкретных обстоятельств.

Он как будто бы может понять дискуссию или обмен рациональными мнениями, иногда даже на абстрактном, теоретическом уровне. Он может участвовать, соглашаться или не соглашаться после вроде бы критического рассмотрения вопроса. Но при следующей встрече с другим участником дискуссии мнение, к которому он пришел, выветривается из его головы, как будто этой дискуссии никогда и не было, хотя он помнит о ней: он помнит о событии, то есть о том, что дискуссия имела место, но не ее интеллектуальное содержание.

Не имеет смысла обвинять его в лицемерии или лжи (хотя и то и другое отчасти имеет место). Его проблема гораздо страшнее этого: он был искренен, он действительно говорил то, что думал *в тот момент*. Но это закончилось вместе с моментом. В его голове ничего не произошло с той идеей, которую он принял или отверг; не произошло обработки, интеграции, примерки на себя, свои действия или свои интересы; он не способен пользоваться ею и даже сохранить ее в памяти. Идеи, то есть абстракции, не являются для него реальностью; абстракции имеют отношение к прошлому и будущему, равно как и к настоящему; для него реально одно лишь настоящее. Концепции в его разуме становятся ощущениями — ощущениями от людей, издающих звуки; а ощущения пропадают в тот же момент, когда исчезают стимулы. Когда он говорит, его умственные операции больше похожи на те, которые происходят в голове говорящего попугая, чем человека.

Но в его мысленном потоке есть одна константа. Подсознание — это интегрирующий механизм; оставаясь без контроля сознания, оно продолжает само по себе заниматься интеграцией, и, подобно автоматическому блендеру, подсознание выжимает весь объем накопившегося там мусора, производя единственное основополагающее чувство: страх.

Такой человек не приспособлен и для того, чтобы заработать на жизнь в примитивной деревне, а оказывается посреди яркой сложности индустриальной технологической цивилизации, которую не может даже начать понимать. Он чувствует, что от него что-то требуют — родители, друзья, люди вообще — что-то, чего он не в состоянии предоставить.

Его научили не действовать, а реагировать; отвечать, а не начинать; стремиться к удовольствию, а не к цели. Это плейбой без денег, вкуса и способностей наслаждаться. Его ведут его чувства — больше у него ничего нет. А его чувства — лишь разнообразные оттенки ужаса.

Он не может обратиться за помощью к родителям. В большинстве случаев они не могут и/или не хотят понять его; он не доверяет им и не способен ничего объяснить. Ему необходимо разумное руководство; а родители могут предложить ему лишь свой вариант иррациональности. Если они старомодны, они говорят ему, что он слишком сильно потакает собственным прихотям, что ему пора спуститься с небес на землю и взять на себя некую ответственность; а за моральным руководством, говорят они, нужно обратиться к церкви. Если они современны, они говорят ему, что он относится к себе слишком серьезно и должен побольше веселиться; а в качестве морального руководства замечают, что нет совершенно правых и неправых, и берут его с собой на вечеринку по сбору денег на какие-нибудь либеральные цели.

Его родители — продукт той же самой системы образования, но более ранней ее стадии, когда воздействие на учеников в школе было не столь явным, а в культуре еще существовали рациональные влияния. Это позволяет им играть в модные интеллектуальные игры, в то же время веря, что цивилизованную жизнь обеспечит им кто-нибудь другой.

Для любой группы наибольшая вина лежит не на компрачикос, а на родителях, особенно на образованных родителях, которые смогли себе позволить отправить ребенка в прогрессивный детский сад. Такие родители не будут делать для своих детей ничего, думая о них лишь время от времени или, возможно, ограничившись недолгими критическими изысканиями по поводу образовательного учреждения, которое стоит для них выбрать. Побуждаемые преимущественно желанием сбыть детей с рук, они выбирают школу так же, как выбирают одежду, — в зависимости от моды.

Компрачикос не скрывают своих теорий и методов; они пропагандируют их открыто, в книгах, лекциях, журналах и школьных буклетах. Суть всего этого ясна: они атакуют интеллект и провозглашают ненависть к разуму; все остальное — вода и словоблудие. Каждый, кто отдает им в руки беспомощного ребенка, делает это потому, что разделяет их мотивы. Ошибки такого рода не делаются по незнанию.

Но на самом деле есть группа ни в чем не повинных родителей: необразованные трудяги, которые хотят дать своим детям в жизни лучший шанс и более достойное будущее, чем их собственное. Эти родители провели жизнь в бедности, борьбе за выживание, экономии, откладывании денег, сверхурочной работе ради того, чтобы отдать своих детей в школу (а особенно в колледж). Они испытывают огромное уважение к образованным людям, учителям, образованию. Они не способны проникнуть в замыслы компрачикос, неспособны вообразить учителя, который работает не для того, чтобы просвещать детей, а чтобы калечить их. Такие родители — жертвы мошенничества настолько крупного, какое только возможно себе представить.

(И это причина поинтересоваться мотивами — и объектом сочувствия — тех безработных активистов, которые защищают потребителей от слишком больших коробок с хлопьями для завтрака. А как насчет потребителей образования?)

Если вы хотите лучше понять, что делают методы компрачикос с разумом выпускника школы, вспомните, что интеллект часто сравнивают со способностью видеть. Попробуйте представить, что бы вы чувствовали, если бы у вас осталось только периферическое зрение? Вы бы ощущали неясные, неопределенные тени, движущиеся вокруг вас, исчезающие, как только вы фокусируетесь на них. *Вот такое* состояние рассудка — и ужас — порождают в своих учениках компрачикос прогрессивной образовательной системы.

Может ли такой молодой человек перенастроить свой мыслительный процесс? Может, но с невероятными усилиями.

В качестве иллюстрации того, к чему может привести отставание от предписанного природой графика, предлагаю рассмотреть следующее. В раннем детстве все мы должны освоить и автоматизировать умение превращать сенсорный материал, поступающий от разнообразных органов чувств, в образы. Это естественный, безболезненный процесс, которому — как можно заключить, наблюдая за детьми, — мы обучаемся с удовольствием. Но медицине известны случаи, когда детям, слепым от рождения, позже, в юности или зрелом возрасте, делали операцию по восстановлению зрения. Эти люди не могли видеть, вернее, зрительные раздражители ощущались рецепторами их сетчатки, но воспринимать объекты они не могли. Например, они узнавали треугольник на ощупь, но не могли связать этот воспринятый тактильно образ с тем, как треугольник выглядит; зрительные ощущения ничего не сообщали их мозгу. Способность видеть не является врожденной — это *умение, которым нужно овладеть*. Но сенсорный материал, поставляемый прочими органами чувств этих людей, был настолько полно интегрирован и автоматизирован, что они не могли мгновенно разрушить эту интеграцию и добавить в систему новый элемент, зрение. Для них интеграция новой информации оказалась связана с таким длительным и сложным процессом переобучения, что немногие из них согласились на него. Те, кто согласился, достиг успеха после героической, упорной борьбы. Остальные сдались, предпочтя остаться слепыми до конца жизни — в знакомом мире прикосновений и звуков.

Для того чтобы восстановить способность видеть, требуется необычайная моральная стойкость и личное упорство (то есть высокая самооценка): огромная любовь к жизни, страстное нежелание оставаться инвалидом, отчаянное стремление достичь максимально возможного. Но и награда соответствует трудам.

Такая же степень целеустремленности и столь же тяжкая борьба суждена современному выпускнику школы, который пожелает восстановить свои мыслительные функции. И награда столь же высока — или даже выше. В центре своей хронической тревожности он все еще способен переживать отдельные моменты свободы, улавливать отдельные мимолетные образы того, какой могла бы быть жизнь в радостном состоянии уверенности в себе. И одно он знает наверняка: с ним что-то не так. У него есть трамплин — хрупкий, опасный, но все же трамплин — для возвращения себе власти над собственным рассудком.

Компрачикос уничтожают эту мотивацию на третьем этапе своей работы: в колледже.

IV

Большинство молодых людей сохраняют какие-то основы рационального мышления — или по крайней мере некое неопределенное желание их сохранить — до начала третьего десятилетия своей жизни, примерно до того момента, когда они оканчивают колледж. Симптомом такого желания является стремление обрести разумный взгляд на жизнь.

Интеграция когнитивного материала и его понимание происходит у человека посредством рационального мышления; единственная возможность понять что-либо — *концептуальный* подход. Сознание, как любая другая необходимая для жизни функция, не может безропотно смириться с собственным бессилием. Как бы отвратительно ни был организован разум молодого человека, он все равно жаждет ответов на фундаментальные вопросы, ощущая, что все его содержимое ненадежно подвешено в вакууме.

Это вопрос не «идеализма», а психоэпистемологической необходимости. На уровне сознания бесчисленные альтернативы, встающие перед молодым человеком, дают ему понять, что он должен выбирать и что он не знает, что выбрать и как действовать. На уровне подсознания его психоэпистемология еще не успела автоматизировать сонное подчинение состоянию хронического страдания (что служит «решением» для большинства взрослых), и болезненные конфликты его внутренних противоречий, его неуверенности в себе, его бессильного непонимания заставляют его отчаянно стремиться к какой-то форме внутреннего единства и мыслительного порядка. Это стремление представляет собой последние конвульсии его когнитивной функции перед наступающей атрофией, подобные последнему крику протеста.

В несколько коротких лет подросткового периода будущее для юного человека в высшей степени реально, хотя и туманно; он чувствует, что *он* должен каким-то неизвестным способом определить его.

Думающий молодой человек смутно представляет себе природу своей потребности. Она выражается в его озабоченности глобальными философскими вопросами, особенно *моральными* проблемами (то есть системой ценностей, которая могла бы направлять его действия). Среднестатистический молодой человек просто чувствует себя беспомощным, и его неуправляемое беспокойство — это форма бегства от безысходного ощущения, что «все должно иметь смысл».

К моменту поступления в колледж оба типа молодых людей оказываются постоянно страдающими, как в школе, так и вне ее, от бесчисленных столкновений с иррациональностью старших и современной культуры. Думающего молодого человека постигает разочарование в его попытках найти людей, воспринимающих идеи всерьез; но он верит, что сможет найти их в колледже — в предполагаемой цитадели разума и мудрости. Среднестатистический молодой человек чувствует, что ничто не имеет для *него* смысла, но должно иметь для кого-то где-то в мире, и когда-нибудь этот кто-то сделает мир понятным для него.

3. Компрачикос

И для того, и для другого колледж — это последняя надежда. На первом же курсе они ее теряют.

В академических кругах общеизвестно, что, согласно опросам, интерес студентов к занятиям выше всего на первом курсе, а затем прогрессивно убывает с каждым последующим годом. Преподаватели сожалеют об этом, но не подвергают сомнению и пересмотру сущность курсов, которые они читают.

За редкими исключениями, теряющимися в академическом «мейнстриме», курсы по гуманитарным дисциплинам дают студентам не знания, а убежденность в том, что искать знаний — неверно, наивно или бесполезно. Преподаватели дают студентам не информацию, а рационализацию — рационализацию их конкретного, перцептивного, эмоционально-ориентированного метода мыслительного функционирования. Программы курсов составлены так, чтобы сохранить статус-кво — не экзистенциальный, политический или социальный, а позорный статус-кво психоэпистемологии студентов, заложенной еще в прогрессивном детском саду.

Прогрессивные детские сады умоляют о задержке образовательного процесса, утверждая, что для маленького ребенка когнитивная тренировка преждевременна. Школа подкрепляет это принуждение: беспомощно барахтаясь в случайных обрывках знаний, школьник привыкает ассоциировать с процессом обучения чувство ужаса, отвращения и сомнений в себе. Колледж довершает начатое, откровенно объявляя — перед восприимчивой аудиторией, — что учиться нечему, что реальность непознаваема, определенность недостижима, мышление — инструмент самообмана, а единственная функция разума — найти окончательное доказательство собственного бессилия.

Несмотря на то что к философии (сегодня) остальные факультеты оправданно относятся без особого уважения, именно философия определяет природу и направленность всех прочих курсов, потому что именно философия формулирует принципы эпистемологии, то есть правила, руководствуясь которыми человек должен получать знания. Влияние доминирующих философских теорий пронизывает все остальные направления университетского образования, в том числе и естественно-научные, и становится опаснее, потому что принимается на бессознательном уровне. Философские теории прошедших двух столетий, со времен Иммануила Канта, как будто оправдывали отношение к философии как к пустому, непоследовательному словоблудию. Но именно в *этом* кроется опасность: отдание философии (то есть основы всех знаний) на откуп распространителям пустого словоблудия — далеко не просто непоследовательно. К философии в особой степени относится совет Эллсворта Тухи из «Источника»[1]: «Не утруждайтесь изучением глупости, спросите у себя лишь, зачем она нужна».

Рассмотрим последовательно стадии современной философии не с точки зрения их философского содержания, а с точки зрения психоэпистемологических целей.

Когда прагматизм объявил, что реальность — неоформленный поток, который может стать всем, чем пожелает человек, никто не воспринял это буквально. Но эта идея породила нотку эмоционального узнавания в уме выпускника прогрессивного детского сада, потому что, казалось, оправдывала чувство, которое он не мог объяснить: всесилие толпы. Поэтому он принял это как истину в некотором неопределенном смысле — чтобы применить при необходимости. Когда прагматизм объявил, что истину нужно оценивать по последствиям, он оправдал неспособность жертвы системы образования прогнозировать будущее и планировать свои действия на длительный срок и санкционировал ее желание действовать под влиянием момента, попробовать всего понемножку, а затем решить, нужно ей это или нет.

Когда логический позитивизм заявил, что «реальность», «подлинность», «существование», «мысль» — это ничего не значащие слова, что человек не может быть уверен ни в чем, кроме сенсорных ощущений конкретного момента; когда он заявил, что смысл утверждения «Наполеон проиграл битву при Ватерлоо» — это ваш поход в библиотеку, где вы прочитали это в книге, выпускник прогрессивного детского сада воспринял это как точное описание своего внутреннего состояния и как оправдание своей конкретной перцептивной ментальности.

Когда лингвистический анализ провозгласил, что конечная реальность — это даже не образы, а слова и что слова не имеют

---

[1] Рэнд А. Источник: В 2 кн. — 2-е изд. — М.: Альпина Паблишерз, 2010.

особых объектов обозначения, а могут означать все, что захочет человек, прогрессивные ученики радостно обнаружили себя дома, в знакомом мире своего детского сада. Им не нужно прилагать усилия, чтобы понять реальность; все, что от них требуется, — это смотреть на людей, наблюдать за вибрациями их речи и соревноваться со своими коллегами-философами в количестве разных вибраций, которые они смогут распознать. Более того: такой продукт прогрессивной системы образования теперь может объяснять людям, что означает то, что они говорят, потому что они не могут узнать этого без его помощи. Бывший маленький манипулятор превращается в полновесную психоэпистемологическую фигуру — переводчика воли толпы.

Более того: лингвистический анализ рьяно отрицает все интеллектуальные методы, которыми он не способен пользоваться. Он выступает против любых принципов или обобщений, то есть против системности. Он отрицает основные аксиомы (как «аналитические» и «излишние»), то есть отрицает необходимость каких-либо оснований для утверждений. Он выступает против иерархической структуры идей (то есть против процесса абстрагирования) и рассматривает любое слово как изолированную данность (то есть как данный в восприятии конкретный факт). Он противостоит «построению системы», то есть интеграции знания.

Благодаря этому выпускник прогрессивного детского сада обнаруживает, что все его психоэпистемологические недостатки превращаются в достоинства, и, вместо того чтобы скрывать их как позорную тайну, выставляет напоказ как доказательства своего интеллектуального превосходства. А ученики, не посещавшие прогрессивный детский сад, вынуждены трудиться, чтобы сравняться с ним по интеллектуальному уровню.

Лингвистический анализ заявляет, что его назначение — не передача какого-то определенного философского материала, а *тренировка* мышления учащихся. Это действительно так — в страшной системе компрачикос. Подробное обсуждение мелочей; случайно выловленных банальностей, без оснований, контекста и заключений; чувство сомнения в себе, возникающее, когда на вопрос «В чем смысл философии?» профессор отвечает вопросом: «Какой смысл слова "смысл" вы имеете в виду?» — и последующая лекция о 12 возможных вариантах употребления слова «смысл», с полным забвением первоначального вопроса; и, в качестве апофеоза, необходимость сузить свой взгляд до масштабов взгляда блохи — все это изуродует и самый лучший ум, если он позволит втянуть себя в этот процесс.

«Тренировка мышления» относится к сфере психоэпистемологии; она состоит в автоматизации мозгом определенных процессов, которые становятся постоянными привычками. Какие привычки прививает лингвистический анализ? Отказ от контекста, «кражу идей», дезинтеграцию, бесцельность, неспособность улавливать, сохранять в памяти и обрабатывать абстракции. Лингвистический анализ — это не философия, а метод уничтожения *способности* к философскому мышлению — это процесс разрушения интеллекта, систематические старания, направленные на превращение разумного животного в животное, неспособное мыслить.

Зачем? Какие мотивы движут компрачикос? Если перефразировать Виктора Гюго, то:

«Что же они делали с этими детьми?
Они делали из них уродов.
Для чего же?
Для того, чтобы управлять».

Разум для человека — основное средство выживания и самозащиты. Разум — самая *эгоистичная* человеческая функция: он должен использоваться только мозгом самого человека, и его продукт — истина — делает его неподдающимся, бескомпромиссным, противостоящим власти любой толпы и любого лидера. Лишенный способности мыслить, человек становится беззащитным, уступчивым, бессильным куском глины.

Нет ни одной философии, теории или доктрины, которая бы уничтожала (или «ограничивала») разум, но при этом не проповедовала бы подчинение власти некоего авторитета. В философском смысле большинство людей до сегодняшнего дня не понимало этой проблемы; однако они чувствовали это с доисторических времен. Взгляните на суть самых древних легенд, таких как история об изгнании Люцифера, «светоносного», за то, что он

3. Компрачикос

отверг высшую власть; или сказание о Прометее, который научил людей практическим приемам выживания. Те, кто стремился к власти, всегда знали, что если нужно подчинить людей, то проблему создают не их чувства, их желания или их «инстинкты», а их разум; если нужно управлять людьми, разум — это враг.

Жажда власти — это психоэпистемологическое дело. Она присутствует не только у потенциальных диктаторов или честолюбивых политиков. Ее могут испытывать, хронически или время от времени, люди любых профессий, любого уровня интеллектуального развития. Ее испытывают морщинистые старцы-профессора, шумные плейбои, забитые офисные менеджеры, кичливые миллионеры, скучные учителя, порхающие по приемам матери — все, кто, сделав какое-то заявление, наталкивался на прямой взгляд взрослого или ребенка и слышал слова: «Но это неправда». Тех, кто в такие моменты испытывал желание не убедить, а *заставить подчиниться* разум, — легионы, и именно благодаря им работа компрачикос становится возможной.

Не все современные преподаватели сознательно стараются удовлетворить жажду власти, но очень многие из них. Не все сознательно стремятся уничтожить разум, уродуя интеллект своих учеников. Некоторыми движет просто желание мелочного удовольствия, получаемого от одурачивания и унижения слишком умного, упорно ищущего знаний студента. Некоторые хотят лишь скрыть и обойти дыры и противоречия в собственном интеллектуальном багаже. Некоторые никогда не стремились ни к чему, кроме прочного, спокойного, респектабельного положения, и даже не помышляли о том, чтобы возражать большинству своих коллег или их трудам. Некоторых гложет зависть к богатым, знаменитым, успешным, независимым. Некоторые верят (или пытаются верить) тонкому налету гуманитарной рационализации, покрывающему теории Канта и Джона Дьюи. И все они являются продуктами той же самой образовательной системы, только более ранних ее стадий.

У этой системы нет конца: она порождает множество порочных кругов. Есть многообещающие, умные преподаватели, которых приводят в отчаяние тупые, сонные, непробиваемо бездумные умы их учеников. Учителя средней и старшей школы винят в этом родителей; профессора колледжей винят в этом школьных учителей. Мало кто, если кто-то вообще, ставит вопрос о содержании учебных курсов. Промучившись несколько лет, такие лучшие учителя сдаются и уходят со своей работы или приходят к выводу, что разум — нечто недоступное для большинства людей, и в состоянии печального безразличия плетутся в хвосте наступающей армии компрачикос.

Но лидеры компрачикос — прошлых и настоящих — прекрасно представляют собственные мотивы. Невозможно отдаваться единственной в жизни страсти, не понимая ее природы, несмотря на конструкции, которые человек выстраивает для того, чтобы скрыть ее от себя самого. Если хотите увидеть ненависть, не нужно обращаться к истории войн и концентрационных лагерей — это не более чем ее последствия. Чтобы увидеть ненависть в чистом виде, взгляните на труды Канта, Дьюи, Маркузе и их последователей: это ненависть к разуму и всему, что связано с ним, — знаниям, способностям, достижениям, успеху, уверенности в себе, самооценке, каждой яркой, счастливой, доброй человеческой черте. *Такова* атмосфера, лейтмотив, ощущение жизни, пронизывающее верхушку сегодняшней системы образования. (Что заставляет человека становиться компрачикос? Отвращение к себе самому. Степенью ненависти человека к разуму измеряется степень его ненависти к себе.)

Лидера компрачикос обычно не привлекает роль политического диктатора. Он оставляет ее для своих наследников — лишенных разума дикарей. Компрачикос не хотят ничего устанавливать. Их единственная страсть и цель — уничтожение разума. Что будет потом, для них не реально; они смутно видят себя кукловодами, тянущими за ниточки позади трона правителя: они чувствуют, что дикарь без них не справится. (То, что они кончают напуганными до смерти лизоблюдами при дворе дикаря-тирана, как это было в нацистской Германии и Советской России, — всего лишь пример справедливого суда реальности.)

Жажда власти требует подопытных кроликов для того, чтобы выработать методы подчинения, — и пушечного мяса, которое бы подчинялось приказам. Студенты колледжей подходят на обе роли. Для воздействия на человека с искалеченным мозгом наиболее эффективный метод — лесть. Последняя связь выпускника прогрессивного детского сада с рациональностью — ощущение того, что с ним что-то не так, — полностью разрывается в колледже. Ему говорят, что с ним все в порядке, что его состояние — совершенно здоровое и нормальное, он просто не способен функционировать в «Системе», которая игнорирует человеческую природу; *он* нормален, ненормальна «Система».

Термин «Система» вначале не конкретизируется; это может быть система образования, система культуры, система семьи — все, на что студент может взвалить вину за свои внутренние страдания. Это приводит к параноидальному настроению, к ощущению себя невинной жертвой, преследуемой некими темными таинственными силами, в результате чего в нем накапливается слепая, беспомощная ярость. Теории детерминизма, которыми его донимали во время учебы, усиливают и оправдывают его настроение: если он страдает, то ничего не может с этим сделать, потому что он — продукт общества и общество оказало ему дурную услугу. И когда он слышит, что все его беды — от плохих оценок до сексуальных проблем и хронической тревожности — вызваны *политической* системой и что его враг — это капитализм, он принимает это как само собой разумеющееся.

Методы обучения в колледже в целом те же, что и в старшей школе. Программа — это воплощение разрозненности, винегрет из случайных тем, преподаваемых без порядка, контекста и смысла. Студентам могут предложить обзор расплывчатых абстракций или крайне детальное рассмотрение любимой узкой темы, и границы, разделяющие соседние классы, закрыты наглухо: здесь отсутствуют внешние связи, мосты, карты. Карты — то есть систематизация — запрещены принципиально. Зубрежка и заучивание — единственные психоэпистемологические средства, имеющиеся у студентов. (Некоторые выпускники философских факультетов могут наизусть перечислить все различия между ранним и поздним Витгенштейном, но никогда не изучали Аристотеля. Есть психологи, потратившие годы на крыс в лабиринте, коленный рефлекс и статистику, но никогда не занимавшиеся настоящим исследованием человеческой психологии.)

«Дискуссионные» семинары — часть техники лести: когда невежественному подростку предлагают озвучить свои взгляды на предмет, который он не изучал, он заключает, что статус студента колледжа перевел его из разряда профанов в авторитеты и размышлений, знаний и логики вовсе не требуется. (Это способствует оправданию важности наблюдений за групповыми вибрациями.)

Такие «дискуссии» способствуют достижению еще одной цели техники компрачикос: порождению ненависти — поощрению критицизма вместо творчества. В отсутствие обоснованных взглядов студенты оттачивают мастерство критики бессмысленных заявлений друг друга (что не так уж и сложно в данных обстоятельствах) и начинают считать разрушение дурных доводов эквивалентом построения хороших. (Пример подают преподаватели, которые в своих публикациях и дебатах часто блестяще развенчивают иррациональные теории друг друга, но терпят неудачу в построении собственных новых теорий.) При отсутствии интеллектуального содержимого студенты обращаются к методу личных нападок, безнаказанно практикуя старый софизм *ad hominem*, заменяя доводы оскорблениями — с хулиганской грубостью и непристойностями, составляющими часть политики свободы слова. Таким образом злоба оказывается под защитой, а идеи — нет. Неважность идей еще более подчеркивается требованием, чтобы никто не придавал значения природе таких «дискуссий» и участники оставались «добрыми друзьями» — какими бы оскорблениями они ни обменивались в ходе спора — во имя «интеллектуальной толерантности».

Впечатляющей демонстрацией сегодняшнего всеобщего презрения к власти идей служит тот факт, что люди не ожидают того, что подобное образование может иметь какие-то последствия, а потом оказываются шокированы, видя выпускников колледжей, которые начинают применять на практике то, чему их научили. Если после подобной тренировки студенты требуют права на управление университетами, то что в этом удивительного? Эта власть была дана им интеллектуально, а теперь они хотят осуществлять ее экзистенциально. Они выступали в роли квалифицированных судей идей, не имея знаний, подготовки и опыта, а теперь решили выступить в роли квалифицированных администраторов, и здесь не имея ни опыта, ни подготовки, ни знаний.

В требовании студентов, чтобы изучаемые предметы «имели отношение» к их реальной жизни, содержится искаженный элемент обоснованности. Единственная цель образования — учить молодых людей, как жить, путем развития их разума и снабжения инструментами взаимодействия с реальностью. Но для этого им необходима теоретическая, то есть *концептуальная,* подготовка. Они должны научиться думать, понимать, интегрировать, доказывать. Они должны овладеть информацией о важнейших достижениях науки прошлого и усвоить методы для самостоятельного получения дальнейших знаний. От всего этого в колледжах давным-давно отказались. То, чему там учат сегодня, не имеет отношения ни к чему — ни к теории, ни к практике, ни к реальности, ни к человеческой жизни.

Но студенты, с их конкретной психоэпистемологией, считают «жизненно полезными» курсы, посвященные «общественной деятельности», загрязнению атмосферы, истреблению грызунов и партизанским войнам. Их критерий выбора программы обучения — газетные заголовки настоящего момента, их иерархия интересов определяется передовицами бульварной прессы, их понятие о реальности не простирается дальше тематики телевизионных ток-шоу. Современные интеллектуалы часто высказывали озабоченность дурным влиянием, которое оказывают на детей комиксы; прогресс, которого они достигли, заключается в том, что дети теперь интересуются исключительно обложками, и эта привычка остается у них на всю жизнь.

Итак, формирующая фаза деятельности компрачикос завершена. Развитие студента остановлено, нужная реакция мышления на лозунги закреплена, подобно тому как закрепляется рефлекторная реакция животного на свисток экспериментатора, его мозг погружен в сироп альтруизма, которым заменена самооценка, — у него не осталось ничего, кроме ужаса хронической тревожности, слепого желания действовать, нанести удар любому, кто порождает этот ужас, и бурлящей ненависти ко всей вселенной. Он готов подчиниться кому угодно, он *нуждается* в руководителе, кто-то должен говорить ему, что делать. Теперь он готов стать пушечным мясом — атаковать, бомбить, убивать, драться на улицах и в сточных канавах. Он принадлежит к обученной стае жалких бессильных уродов, которых можно натравить на любого врага. Компрачикос натравливают их на «Систему».

V

В массе комментариев по поводу студенческих бунтов очень много говорилось о студентах, выступления которых якобы были «спонтанными», и об администрации колледжей, чья жалкая политика умиротворения якобы являлась «репрессивной», но очень мало было сказано о преподавательском составе. Однако именно преподаватели и научные работники были зачинщиками, вдохновителями, руководителями и часто сценаристами этих бунтов. В ряде случаев бо́льшая часть преподавательского состава поддерживала бунтовщиков; в других меньшинство компрачикос подмяло под себя большинство работников колледжей, плюнув им в лицо. (И если вы нуждаетесь в свидетельствах негативного влияния идей — то есть в свидетельствах того, что происходит с людьми, лишенными философских убеждений, — посмотрите на рабскую моральную трусость якобы цивилизованных ученых, которую они проявили перед лицом горстки бандитов. Из подобного отношения были исключения, но не так много.)

На протяжении нескольких поколений под прикрытием и во имя разума производилось его разрушение методом Канта-Гегеля-Джеймса-Дьюи. Когда все опоры рациональности были подрублены, новая философия сделала явным то, что раньше было тайным, и взяла на себя работу по рационализации психоэпистемологического состояния студентов: это был экзистенциализм.

Экзистенциализм поднимает состояние хронической тревожности на метафизическую высоту. Страх, страдание, тошнота — объявляет он, — это не недостатки личности, а свойства, присущие человеческой натуре вообще; врожденная, предначертанная судьбой часть «человеческой природы». Единственное средство облегчения, доступное человеку, — это действие. Какое? Любое. Вы не знаете, как действовать? Не будьте трусом, настоящая отвага состоит в действии без знания. Вы не знаете, какие цели выбрать? Нет никаких стандартов выбора. Добродетель состоит в выборе цели по прихоти и преданности ей («посвящению себя») до самой смерти. Звучит неразумно? Разум — враг человека; ваши кишки, мускулы и кровь знают лучше.

На протяжении нескольких поколений разрушение свободы (то есть капитализма) происходило под прикрытием и во имя свободы. Изнеженные интеллектуальные конформисты, в массе выходящие из колледжей, громко повторяли все коллективистские лозунги, идеи и догмы, одновременно также во всеуслышание провозглашая свое отвращение к диктатуре. Когда все основы капитализма были подорваны и все это трансформировалось в рассыпающийся пирог смешанной экономики — то есть в состояние гражданской войны между группами влияния, которые с соблюдением правил приличия дрались между собой за легализацию привилегии использования физического насилия, — была расчищена дорога для философа, который сбросил маску приличия и легальности и сделал явным то, что было тайным: для Герберта Маркузе, откровенного врага разума и свободы, адвоката диктатуры, мистических «озарений», возвращения к варварству, всемирного порабощения и управления путем грубого насилия.

Студенческие активисты оказались самым лучшим произведением компрачикос: они послушно прошли все этапы пути, никогда не подвергая сомнению установки, вбитые им в головы еще в прогрессивном детском саду. Они действуют группами, руководствуясь исключительно волей толпы. Драка за власть между их групповыми лидерами и между различными группами не заставляет их подвергать сомнению основы: они вообще не умеют что-либо подвергать сомнению. Поэтому они придерживаются убеждения, что можно объединить человечество в одну счастливую, гармонично бездушную толпу — силой. Грубое, физическое насилие — это для них естественная форма деятельности. С философской точки зрения совершенно понятно, что, если человек отказывается от разума, физическое насилие действительно становится его единственным способом взаимодействия с окружающими и разрешения конфликтов. Активисты студенческого движения — живое воплощение этого принципа.

Их заявления о том, что они никак не могли «привлечь внимание» к своим требованиям и получить желаемое, кроме как силой — буйными демонстрациями, забастовками и разрушением, — это чистое возвращение в детский сад, где истерика была единственной вещью, необходимой для того, чтобы добиться исполнения своих капризов. Их истеричные вопли до сих пор несут оттенок обиженного удивления по отношению к миру, который не реагирует на такое очевидное заявление, как «Я *хочу* это!». Трехлетний капризный ребенок стал двадцатилетним бандитом.

Активисты — очень немногочисленная группа, но они противостоят беспомощному, запутавшемуся, деморализованному большинству, состоящему из тех, кто был неспособен ни полностью поддаться школьной промывке мозгов, ни полностью отвергнуть ее. Среди них большую группу представляют те, кто близок к активистам и почти готов перейти в их ряды: хиппи. Хиппи остановились на уровне детского сада и не продвинулись дальше. Они приняли метафизику прогрессивных детских учреждений буквально и теперь бродят в поисках мира, который соответствовал бы ей.

«Стиль жизни» хиппи — полная конкретизация детсадовских идеалов: никаких мыслей, никакого внимания, никакой цели, никакого труда, никакой реальности, за исключением сиюминутных желаний, гипнотическая монотонность примитивной музыки, сам ритм которой убивает мозг и чувства, братство толпы в сочетании с претензиями на проявления индивидуальности, на «делание своего дела» в полумраке и вони мрачных кофеен, где «дело» заключается в монотонном повторении одних и тех же дергающихся кривляний под одни и те же завывания, которые испускаются всеми присутствующими сутками напролет, невразумительное провозглашение превосходства эмоций над разумом, «духовности» над материей, «природы» над технологией и в качестве главной идеи — поиски любви, чьей угодно, какой угодно, как ключ к тому, чтобы найти кого-то, кто о них бы позаботился.

Оставаясь верными детсадовскому идеалу, хиппи стараются соответствовать его необходимому условию: бездействию. Если им не предоставляют уютных комнат и игрушек, они живут в сырых подвалах, едят то, что найдут в помойных баках, растят язвы

3. Компрачикос

желудка и распространяют венерические заболевания: все что угодно, лишь бы не вступать в столкновение с непримиримым врагом любых капризов — реальностью.

И вот из всех этих вариантов итогов прогрессивного образования, из этого проявления человеческой деградации встает мрачное, фактическое, неопровержимое доказательство места разума в человеческой природе и существовании как молчаливое предупреждение всем компрачикос и их союзникам: можно уничтожить человеческое мышление, но нельзя его ничем заменить; можно довести человека до иррациональности, но нельзя заставить его терпеть это; можно лишить человека разума, но нельзя заставить его жить с тем, что осталось. Это доказательство и предупреждение — наркотики.

Самое убийственное опровержение всех теорий хипповско-активистско-маркузеанских банд — это стеклянные от наркотиков глаза их членов. Тот, кто нашел правильный путь в жизни, не станет искать способа избавиться от трезвого взгляда на вещи, уничтожить свое сознание и забыть о собственном существовании. Пристрастие к наркотикам — признание невыносимого внутреннего состояния.

Наркотики — это способ бегства не от экономических или политических проблем, не от общества, а от себя самого. Это способ бегства от невыносимого состояния живого существа, чье сознание было изуродовано, поломано, искалечено, но не убито, так что его жалкие останки вопят о том, что жизнь без него невозможна.

Тот факт, что целое поколение бросилось в волны наркотической зависимости, — это такой обвинительный акт против сегодняшней культуры, ее философского фундамента и образовательной системы, что больше никаких доказательств не требуется, а причинное объяснение меньшего масштаба найти невозможно.

Если бы старшеклассникам не вбили в голову, что принадлежность к группе — это моральная и метафизическая необходимость, стали бы они рисковать физическим разрушением собственного мозга, чтобы присоединяться к группе курильщиков марихуаны?

Если бы студентам колледжей не вбили в голову, что разум бессилен, стали бы они принимать «расширяющие сознание» вещества в поисках каких-то «высших» методов познания?

Если бы молодым людям не внушили, что реальность — это иллюзия, стали бы они принимать наркотики для достижения «высшей» реальности, которая как будто бы потакает их желаниям, пока им не придет в голову выпрыгнуть из окна, чтобы полететь?

Если бы обученная свора комментаторов, объединенных общими убеждениями, не придавала бы оттенка шика кошмарной эпидемии саморазрушения, используя такие оценки, как «идеалистическое», «революционное», «новый стиль жизни», «новая мораль», «наркоманская *культура*», стали бы молодые люди всеми возможными способами скрывать собственное глубоко сидящее знание того, что пристрастие к наркотикам — просто публичное признание в личном бессилии?

Эту национальную катастрофу создала система образования. Систему образования создала философия. Антирациональная тенденция в философии последних двух столетий развивалась и достигла вершины. Для того чтобы противостоять ей, необходима *философская* революция, или, скорее, возрождение философии. Обращение к «дому, церкви, матери и традиции» не поможет, как не помогало никогда. Сражаться с идеями можно только посредством других идей. Необходимо перестроить систему образования — снизу доверху, от причин до следствий, от детских садов до университетов, от философского фундамента до студенческих выступлений, снаружи и *изнутри*.

Это призыв ко многим умным молодым людям, которые понимают состояние нынешнего высшего образования и отказываются поступать в колледжи или, поступив, с отвращением бросают учебу. Но они играют на руку компрачикос. Если лучшие умы покидают университеты, страна достигнет такого состояния, что некомпетентные и второсортные будут официально признаны интеллектуальной элитой, а лучшим и независимым не оставят места ни для того, чтобы действовать, ни даже для того, чтобы спрятаться. Сохранить собственный разум в целости на протяжении обучения в колледже — это испытание отваги и стойкости, но эта битва того стоит, и ставки здесь максимально высоки для человека: спасение разума. Время, проведенное в колледже, не пропадет впустую, если человек будет знать, как заставить компрачикос действовать себе же во вред: нужно учиться *наоборот*, подвергая их теории самому пристальному критическому рассмотрению и раскрывая, где ложь и для чего она, где истина, каковы ответы.

А среди одурманенных хиппи и активистов я хотела бы обратиться к тем, кто пока еще может выздороветь, равно как и к тем, кто испытывает тягу присоединиться к ним.

Современные компрачикос имеют по сравнению со своими старинными предшественниками одно преимущество: когда жертва изувечена физически, у нее остается возможность узнать, кто в этом виноват. Но если жертва подверглась насилию над разумом, она остается предана своим мучителям, как хозяевам и единственным защитникам от того ужаса, который происходит от состояния, которое *они* же и сотворили; она остается их инструментом и игрушкой — это часть их страшного обмана.

Если среди хаоса ваших мотиваций присутствует подлинное желание бороться ради правого дела и принять участие в героической битве, направьте его против правильного врага. Да, мир сейчас находится в ужасном состоянии, но кто тому виной? Капитализм? А где вы видели его, не считая тех разрозненных остатков, которые все еще дают нам возможность существовать? Да, сегодняшний «истеблишмент» — прогнившая система бездумного лицемерия, но кто и что такое этот «истеблишмент»? Кто управляет им? Не крупные бизнесмены, которые провозглашают те же самые коллективистские лозунги, что и ваши преподаватели, и выделяют миллионы долларов на их поддержку. Не так называемые «консерваторы», которые соревнуются с вашими профессорами в нападении на разум и в распространении тех же самых коллективистско-альтруистско-мистических идей. Не вашингтонские политики, которые с удовольствием выступают куклами в руках все тех же ваших профессоров. Не журналисты, которые освещают вашу жизнь, превозносят ваши идеалы и проповедуют идеи ваших преподавателей.

Действия всех этих людей направляют *идеи*, а идеи нации определяют *высшие круги системы образования*. Именно идеи ваших профессоров правят миром на протяжении последних пятидесяти или даже более лет, приводят не к улучшениям, а к распространению опустошения; и сегодня, при отсутствии активной оппозиции, эти идеи разрушают мир, как они уже разрушили ваш разум и самооценку.

Вы чувствуете себя жалкими, беспомощными и жаждущими восстать? Тогда восставайте против идей ваших учителей. Вы никогда не найдете более трудной, более благородной или более героической формы восстания. Вам нечего терять, кроме своей тревожности. А приобретете вы свой разум.

В заключение я хотела бы процитировать — для одной из самых виноватых групп, для родителей, — отрывок из книги «Атлант расправил плечи»:

> «Он подумал о всех живых существах, обучающих детенышей искусству выживания, о кошках, учащих котят охотиться, о птицах, старательно обучающих птенцов летать, однако человек, для которого орудием выживания является разум, не только не учит ребенка думать, но ставит целью воспитания разрушение его мозга, убеждение, что мысль тщетна и пагубна, пока ребенок не начал думать. <…>
> "Люди содрогнулись бы, — думал Риарден, — если бы увидели, что птица выщипывает перья из крыльев птенчика, потом выталкивает его из гнезда, чтобы он силился выжить, однако именно так поступают со своими детьми. Этого парня, вооруженного лишь бессмысленными фразами, бросили в борьбу за существование, он брел ощупью в кратких, обреченных на неудачу потугах, выкрикивал негодующий, недоуменный протест и погиб при первой попытке воспарить на своих искалеченных крыльях"»[1].

Апрель–декабрь 1970 г.

---

[1] Рэнд А. Атлант расправил плечи. — Ч. III. — С. 337.

Часть II
КУЛЬТУРА

4

Аполлон и Дионис

◆

Айн Рэнд

16 июля 1969 года миллион людей со всей страны собрались на мысе Кеннеди, во Флориде, чтобы наблюдать приземление «Аполлона-11», на котором астронавты летали на Луну.

15 августа 300 000 людей со всей страны собрались в местности Бетел, штат Нью-Йорк, неподалеку от Вудстока, чтобы присутствовать на фестивале рок-музыки.

Два этих события — из разряда новостей, а не философской теории. Это факты реальной жизни, которые вроде бы не имеют никакого отношения к философии.

Но если вы озаботитесь пониманием значения этих двух событий — их корней и их последствий, — то поймете силу философии и научитесь распознавать особые формы, в которых абстракции проявляются в нашем реальном существовании.

Суть в данном случае — якобы существующая дихотомия между *разумом и эмоциями*.

В истории философии эта дихотомия была представлена во множестве вариантов, но наиболее яркое и красноречивое утверждение принадлежит Фридриху Ницше. В «Рождении трагедии из духа музыки» Ницше заявляет, что на примере греческих трагедий наблюдал два противоположных элемента, в которых, на его взгляд, проявляются метафизические принципы, встроенные в природу реальности; он дал им названия по именам двух греческих богов: Аполлона, бога солнечного света, и Диониса, бога виноделия. Согласно метафизике Ницше, Аполлон — это символ красоты, порядка, мудрости, полезной деятельности (хотя насчет последнего Ницше выражается уклончиво), то есть символ разума. Дионис — это символ пьянства, или же, вернее, Ницше видит пьянство как выражение всего набора понятий и явлений, которые Дионис олицетворяет: диких, примитивных чувств, оргиастического веселья, темного, нецивилизованного, неясного элемента в человеке; то есть Дионис — это символ эмоциональности.

Аполлон, по Ницше, — это необходимый элемент, однако в качестве силы, направляющей существование, он менее надежен и, соответственно, менее значим, так как дает человеку поверхностное восприятие реальности: иллюзию упорядоченной Вселенной. Дионис — это свободный, ничем не стесненный дух, предлагающий человеку — посредством таинственной интуиции — более глубокое видение иного качества реальности и таким образом являющийся высшим. Кроме того, Аполлон отражает принцип индивидуальности, в то время как Дионис ведет человека к «полному самозабвению» и «слиянию» с природой. (На это стоит обратить внимание тем, кто, поверхностно ознакомившись с трудами Ницше, считает его защитником индивидуализма.)

Все это совершенно верно: разум — это свойство личности, управляемое строго ею; и только темные, иррациональные эмоции, затопляющие разум, могут позволить человеку слиться, соединиться и раствориться в толпе или племени. Мы можем принять символику Ницше, но *не* его мнение о ценности того и другого и не метафизическую необходимость дихотомии «разум — эмоции».

Неверно, что разум и эмоции — это непримиримые антагонисты или что эмоции представляют в человеке дикий, непознаваемый, не поддающийся описанию и систематизации элемент. Но именно этим становятся эмоции для того, кто не заботится о том, чтобы разобраться в своих чувствах, и кто пытается подчинить разум эмоциям. Для любого варианта подобной попытки — а также ее последствий — образ Диониса может служить вполне приемлемым символом.

Символические образы — важный инструмент философии: они позволяют людям воспринять и удержать в голове суть сложных вопросов. Аполлон и Дионис представляют фундаментальный конфликт нашей эпохи. А для тех, кто может счесть их неясными абстрациями, реальность предложила два замечательных, почти литературных воплощения этих абстрактных символов: на мысе Кеннеди и в Вудстоке. Они совершенны во всех отношениях, отвечая всем требованиям добротной литературы: они конкретизируют *суть* двух соответствующих принципов в действии, в чистой, крайней, изолированной форме. Тот факт, что космический корабль носил название «Аполлон», — просто совпадение, однако весьма удачное.

Если вы хотите знать точно, в чем смысл конфликта между разумом и иррациональными эмоциями — фактически, в реальности, в нашем мире, — держите в голове эти два события: его смысл в «Аполлоне-11» против фестиваля в Вудстоке. Также не забудьте о том, что вы должны были выбрать между этими двумя событиями и что вся масса сегодняшней культуры была использована для того, чтобы столкнуть вас на сторону и в объятия вудстокской грязи.

В моей статье «Аполлон-11» (*The Objectivist*, сентябрь 1969 г.) я рассуждала о значении и величии высадки на Луну. Цитирую:

> «Никто не станет спорить с тем, что мы стали свидетелями достижения человека как рационального существа — достижения разума, логики, математики, полной преданности абсолюту реальности... Никакой скептик не смог бы отрицать того, что никакие чувства, никакие желания, стремления, инстинкты или "удачные" условия... не позволили бы достичь этого ни с чем не сравнимого результата; что мы стали свидетелями воплощенной единственной человеческой способности: способности мыслить».

В этом заключается смысл и причина потрясающей мировой реакции на полет «Аполлона-11», неважно, насколько это понимали радостные толпы, — а бóльшая их часть не понимала. Это была реакция людей, стосковавшихся по зрелищу достижения, а не по образу человека-героя.

Именно поэтому миллион человек собрались на мысе Кеннеди в день приземления. Эти люди не были бессмысленным стадом или управляемой кем-то толпой; они не причинили вреда населению Флориды, они не опустошили сельскую местность, они не сдавались, как хнычущие подонки, на милость своих жертв; у них не было никаких жертв. Они собрались там, как ответственные люди, способные спланировать свое существование на два-три дня и обеспечить себя всем необходимым для него. Там были люди всех возрастов, вероисповеданий, цветов кожи, уровней образования и экономических статусов. Они жили и спали в палатках или машинах, некоторые по несколько суток, в некомфортных условиях и невыносимой жаре; и они делали это играючи, весело, легко; они излучали общее настроение уверенности и доброй воли, их связывал общий энтузиазм; они публично продемонстрировали ответственное уважение к личности и уехали точно так же, как приехали, не дав никакой «пищи» представителям прессы.

Наилучший отчет об этом общем ощущении дала мне одна моя знакомая, интеллигентная молодая женщина. Она пошла смотреть парад, посвященный прибытию астронавтов в Нью-Йорк. Стоя на углу улицы, она несколько секунд махала им, когда они проезжали мимо. «Это было так удивительно, — сказала мне она. — После парада люди не хотели расходиться. Они просто продолжали стоять на своих местах, обсуждая то, что произошло, с незнакомыми людьми, все улыбались. Было просто чудесно вдруг ощутить, что люди не злы, что не нужно ждать от них плохого, что всех нас объединяет нечто доброе».

Вот в *чем* сущность подлинного чувства человеческого братства — это братство на основе *ценностей*. Это единственная подлинная форма единения людей — и достичь ее можно лишь с помощью ценностей.

В прессе практически нельзя было найти высказываний по поводу сути реакции общества на полет «Аполлона-11»; те комментарии, которые были, оказались преимущественно поверхностными, формальными, в основном касающимися статистики. Был краткий всплеск глупостей по поводу «единства», где оно было представлено как таинственный беспричинный эмоциональный инстинкт, наряду с предложениями направить это единство на такие вдохновляющие цели, как искоренение бедности, борьба с загрязнением атмосферы, с разрушением природных ландшафтов и даже с городским транспортом. Потом об этом забыли, как и обо всей истории с «Аполлоном-11».

Один из парадоксов нашего времени — то, что интеллектуалы, политики и все те голоса, которые забивают, подобно астматическому кашлю, горло средств массовой коммуникации, никогда еще не провозглашали так восторженно и громко свою преданность делу общественного благосостояния и никогда еще не были настолько безразличны к людям. Совершенно очевидно, что причина этого — в том, что коллективистские лозунги служат тем, кто стремится не следовать за народом, а управлять им. Но есть, однако, и более глубинная причина: самая глубокая пропасть в этой стране разделяет не богатых и бедных, а народ и интеллектуалов. С точки зрения последних, американский народ преимущественно аполлонийский, а интеллектуалы — дионисийцы.

Это значит: народ — это ориентированные на реальность, здравый смысл и технологию люди (интеллектуалы зовут их «материалистами» и «средним классом»), интеллектуалы же — люди, ориентированные на эмоции, в панике ищущие убежища от реальности, с которой они не в силах справиться, и от технологической цивилизации, которая не обращает внимания на их чувства.

Полет «Аполлона-11» сделал все это явным. За редкими исключениями, интеллектуалы восприняли его триумф в штыки. Двухстраничный обзор их ответной реакции, помещенный в *The New York Times* 21 июля, практически полностью состоял из пренебрежительных и обвинительных заявлений. Предметом обвинений была технология, а возмущение у них вызвал ее успех и его источник: разум. То же самое отношение — за редким исключением — продемонстрировали и популярные журналисты, являющиеся не создателями, а продуктами и флюгерами преобладающих интеллектуальных тенденций.

Достойным упоминания исключением стал Уолтер Кронкайт из CBS. А вот Эрик Сиварейд из той же CBS оказался типичным представителем указанной тенденции. 15 июля, накануне приземления, он вел репортаж с мыса Кеннеди; позже его комментарии были напечатаны в *Variety* (23 июля 1969 года).

«В Вашингтоне и повсюду, — сказал он, — ведутся разговоры о будущих полетах, их числе, стоимости и выгодах, как будто успех "Аполлона-11" уже доказан. Мы — народ, который ненавидит проигрывать. Это не по-американски. Можно почти наверняка предположить, что неудача "Аполлона-11" заставила бы не свернуть космическую программу, а продолжать ее с новой энергией».

Посмотрите, пожалуйста, на эти два предложения: «Мы — народ, который ненавидит проигрывать. Это не по-американски». (В контексте всего остального, это было высказано не в качестве комплимента, коим, по сути является; автор вкладывал в свои слова сарказм.) А кто *не* ненавидит проигрывать? Может ли это кому-то нравиться? Есть ли на Земле такой народ, который *не* ненавидит это? Естественно, можно было бы сказать, что проигрывать — это не по-британски, не по-французски или не по-китайски. Я могу вспомнить лишь один народ, к кому это не относится: *нельзя* сказать, что проигрывать — это не по-русски (в смысле более глубоком, чем политический).

Но господин Сиварейд на самом деле говорил не о проигрыше. Он высмеивал американское поклонение успеху. Действительно, нет другой нации, столь же успешной в целом, как американцы, и это — величайшее преимущество Америки. Но успех никогда не бывает мгновенным; пассивное подчинение нетипично для американцев, они редко сдаются. Господин Сиварейд издевался над этой установкой на успех, над принципом «пытаться и пытаться снова и снова».

Далее он сказал, что в случае успеха «Аполлона-11»:

«вес этих огромных денежных сумм, распределяемый на околоземное пространство, саму земную твердь и живущих на ней людей, будет постоянно возрастать».

Далее он рассмотрел взгляды тех, кто верит:

«в то, что эта авантюра, какой бы величественной ее ни представляли, на самом деле — очередная попытка бегства; в то, что человек, ее осуществляющий, снова пытается убежать от себя и своих реальных нужд; в то, что мы достигли светлой стороны Луны и одновременно — темной стороны себя... Мы знаем, что скоро человеческому разуму будет больше известно о строении Луны, чем о строении собственного мозга... [и] о том, почему люди делают то, что они делают».

Последнее верно, и кому-то может показаться, что отсюда неизбежно следует, что человек должен использовать свой мозг для изучения человеческой природы теми же самыми *рациональными* методами, которыми он так успешно изучает неживую материю. Однако господин Сиварейд так не считает; он приходит к другому выводу:

«Возможно, божественная искра в человеке заставит его сгореть в пламени, что большой мозг окажется нашей смертельной ошибкой, как большое тело для динозавров; что металлическая табличка, которую Армстронг и Олдрин должны оставить на Луне, станет эпитафией человека».

20 июля, пока «Аполлон-11» подлетал к Луне, а мир затих в ожидании, господин Сиварейд заявил следующее: неважно, насколько значимо это событие, на самом деле мало что изменилось, «люди все так же надевают штаны, просовывая в штанины ноги по очереди, все так же ссорятся с женами» и так далее. Что ж, каждый выступает согласно своей собственной иерархии ценностей и значимости событий.

В тот же самый день Дэвид Бринкли с NBC заметил, что, так как человек теперь может видеть и слышать все в прямом эфире по телевидению, воспринимая происходящее непосредственно своими органами чувств (что он подчеркнул), комментаторы больше ни к чему. Это подразумевает, что воспринятые события каким-то образом автоматически снабжают человека и подходящими концептуальными выводами. Но правда состоит в том, что чем больше человек воспринимает, тем больше он нуждается в помощи комментаторов, но именно таких, которые способны дать *концептуальный* анализ.

Если верить письму от одного из моих канадских почитателей, американские телекомментаторы, освещавшие полет «Аполлона-11», были гораздо мягче канадских.

«Мы выслушивали отвратительные выступления "экспертов", которые пренебрежительно называли этот проект "всего лишь технологической ловкостью глупой, напыщенной пылинки, затерянной в космосе"... Также они переживали за то, как "раздувается американское эго", если полет будет успешным. Один из них высказывался так, что создавалось впечатление, будто они вздохнут с облегчением, если миссия провалится!»

Какой подлинный мотив стоит за таким отношением — непризнанный, подсознательный мотив? Интеллигентный американский журналист, Гарри Ризонер с CBS, непреднамеренно раскрыл его; мне кажется, он даже не понял всей важности своего собственного заявления. В то время раздавалось множество голосов тех, кто считал, что успех «Аполлона-11» разрушит поэтическо-романтический ореол Луны, ее таинственную притягательность, ее влияние на влюбленных и на человеческое воображение. Гарри Ризонер подвел этому итог, сказав просто, тихо и слегка грустно, что, если обнаружится, что Луна состоит из зеленого сыра, это будет удар по науке; но если нет, то это будет ударом по «тем из нас, чья жизнь не так хорошо организована».

В *этом*-то и есть весь старый секрет: для некоторых людей демонстрация достижений — это упрек, напоминание о том, что их собственная жизнь иррациональна и что не существует лазейки, спасения от разума и реальности. Их возмущение — это загнанное в угол и скалящее оттуда зубы дионисийство.

Заявление Гарри Ризонера предполагает, что только передовые отряды дионисийской армии состоят из диких, буйных иррационалистов, открыто проповедующих свою ненависть к разуму, брызжа вином и кровью. Основные силы этой армии, ее массовые последователи, состоят из тихих маленьких душонок, которые никогда не совершали никаких серьезных преступлений против разума, которые просто время от времени тайком потакают своим пустячным иррациональным желаниям, а в открытую ищут «баланса сил», компромисса между прихотями и реальностью. Но разум абсолютен: чтобы предать его, не нужно танцевать голым на улице с виноградным венком на голове. Предательство совершается, когда кто-то просто тихо ускользает через черный ход. А потом в один прекрасный день он обнаруживает, что не способен понять, почему научные открытия, помогающие продлить человеческую жизнь, вызывают у других людей восторг и почему обнаженные танцоры топчут его ногами.

Таковы последователи Диониса. Но кто руководит ими? Это не всегда совершенно очевидно или сразу понятно. Например, величайший дионисиец в истории был жалким мелким «обывателем», который никогда не пил и не курил марихуану и каждый день совершал прогулку с такой точной, монотонной регулярностью, что городские жители проверяли по нему часы; его звали Иммануил Кант.

Кант был первым хиппи в истории.

Но генералиссимусу такого типа необходимы лейтенанты и унтер-офицеры: Аполлона нельзя победить одними рядовыми, которые представляют собой лишь продукт убеждения и руководства своих командиров. И простые рядовые не могут вывести дионисийские отряды в мир из зоопарков, кофеен и колледжей, где они размножаются и растут. Для этого нужны фигуры более выдающиеся, способные прикрыть половину лица, обращенную к миру, аполлонийской полумаской, таким образом убеждая доверчивых в том, что «компромисс» возможен.

Это приводит нас к одному из кантовских унтер-офицеров (он — не единственный, но весьма типичен), человеку, который играет роль приводного ремня для Диониса и Вудстока: это Чарльз Линдберг.

42 года назад Линдберг был героем. Его великое свершение — одиночный перелет через Атлантику — требовало выдающихся качеств, в том числе и рационального мышления. В качестве мрачной демонстрации природы человеческой воли — и того факта, что ни рациональность, ни любое другое качество не является автоматически постоянным, — я предлагаю как свидетельство письмо Линдберга, посвященное предстоящему полету «Аполлона-11», которое было опубликовано в журнале *Life* 4 июля 1969 года. По этому письму видно, что осталось от человека, когда-то бывшего героем.

Господин Линдберг признается в том, что он не знает всех мотивов, которые побудили его перелететь через Атлантику (что не доказывает ничего, кроме неспособности к внутреннему анализу).

> «Но я могу сказать со всей определенностью, что они происходили больше из интуиции, чем из рациональности, и что любовь к полетам перевешивала практические цели — несмотря на то, что последние часто были важными».

Обратите внимание на то, что выбор и любовь к профессии здесь представляются как не имеющие связи с рациональностью или с практическими целями, какими бы они ни были.

> «Потом, когда искусство полета стало наукой, я обнаружил, что мой интерес к самолетам падает. Разумом я приветствовал преимущества, которые давали автоматические стартеры, закрытые кабины, радио

и автопилоты. Но интуитивно я чувствовал к ним отвращение, потому что они нарушали баланс между интеллектом и чувствами, который делал мою профессию таким источником радости».

Из такого рода заявления можно многое понять о характере «интуиции» господина Линдберга и о мотивах, которые он считает такими таинственными. Но я предоставлю ему возможность высказаться самому, а вам — сделать собственные выводы.

«И поэтому, как интуиция привела меня когда-то в авиацию, теперь она вернула меня обратно к созерцанию жизни».

Он не говорит о том, какие методы он собирался использовать в этом созерцании, если он отказывается от разума.

«Я обнаружил, что механика жизни не так интересна, как таинственные качества, которые она отражает. Придя к таким выводам, я начал изучать сверхчувственные феномены и в 1937 году полетел в Индию в надежде овладеть практиками йогов».

Через несколько лет он предпринял экспедиции в дикие районы Африки, Евразии и Американского континента, где нашел новые перспективы, «которые внушили моему телу и моему мозгу тот факт, что космический план жизни проявляется скорее в инстинктах, чем в интеллекте».

Присутствие при запуске «Аполлона-8» произвело на него огромное впечатление.

«Разговаривая с астронавтами и инженерами, я ощутил почти непреодолимое желание вновь оказаться в сфере астронавтики — с ее научными комиссиями, лабораториями, предприятиями и подземными бункерами управления — и, может быть, даже самому полететь в космос. Но я знал, что не вернусь, несмотря на бесконечные возможности для изобретений, исследований и приключений.

Почему же нет? Десятилетия, проведенные в контакте с наукой и созданными ею транспортными средствами подтолкнули мои мысли и чувства к областям, находящимся за пределами их досягаемости. Сейчас я воспринимаю научные достижения не как цель, а как путь — путь, ведущий к тайне и исчезающий в ней».

Зачем нужно выносить свои мотивы за пределы власти рассудка? Это позволяет считать удовлетворительными объяснения такого рода, а подобные эпистемологические доводы — не требующими дальнейшего подтверждения.

Из не имеющих отношения к делу абзацев, следующих далее, можно уяснить лишь то, что господин Линдберг винит науку в том, что она не дает нам всезнания и всесилия.

> «Научное знание гласит, что космические аппараты никогда не смогут достичь скорости света, поэтому срок жизни человека позволит ему проникнуть в космос лишь на ничтожные расстояния; следовательно, масштабы Вселенной заставят нас ограничить наши физические исследования планетами, обращающимися вокруг Солнца... получается, что научно установленные принципы вынуждают [человека] оставаться в пределах территории системы незначительной звезды, вокруг которой он вращается. Мы ограничены недостатком времени, как когда-то были ограничены недостатком воздуха».

Но, размышляет он, возможно, мы сможем когда-нибудь найти и приоткрыть проход в следующую эру,

> «ту, которая сменит эру науки, как в свое время эра науки сменила эру религиозных суеверий? Следуя путями науки, мы все время сталкиваемся с тайнами, которые не принадлежат к сфере научного познания. Я думаю, на этих пока смутно предвосхищаемых дорогах лежат великие приключения будущего: в путешествиях, представить которые не в состоянии рациональное мышление человека XX века, — за пределы Солнечной системы, через далекие галактики, может быть, через области, нетронутые пространством и временем».

Если все это кажется вам бессмысленным, проблема в вашем «рациональном мышлении человека XX века». Господин Линдберг ратует за другие методы познания.

> «Нам известно, что десятки тысяч лет назад человек освободился как от опасностей, так и от защиты инстинктивного естественного отбора, и его интеллектуальная деятельность стала настолько мощной, что вернуться обратно стало совершенно невозможно... Мы должны искать способы дополнения нашего деспотичного разума бесчисленными, тончайшими и пока почти неизвестными для нас элементами, которые формируют как физическое тело человека, так и те неосязаемые качества, с помощью которых мы сможем идти дальше».

Далее ни к селу ни к городу автор разражается хвалебной песнью в адрес «дикости» — не «природы», а именно *дикости*. В этой самой «дикости», которую господин Линдберг противопоставляет технологическому прогрессу и цивилизации, он обрел «направление... понимание ценностей... и пути к спасению человечества».

Чтобы помочь вам со всем этим разобраться, я могу лишь процитировать слова Эллсворта Тухи из «Источника»: «Не утруждайтесь изучением глупости, спросите у себя, лишь зачем она нужна». Господин Линдберг придумал все это ради следующего:

> «Если бы мы смогли соединить наши научные знания с мудростью дикости, если бы мы могли питать цивилизацию через корни первобытности, человеческие возможности стали бы неограниченны… он смог бы слиться с чудесным, для которого не придумано лучшего имени, чем "Бог". И в этом слиянии, — как мы давно ощущаем интуитивно, но пока лишь очень смутно можем воспринять рассудком, — опыт сможет путешествовать, выйдя за пределы земного существования.
>
> Поймем ли мы тогда, что жизнь — это лишь одна из стадий (хотя и необходимая) космической эволюции, в ходе которой наше развивающееся сознание начинает сознавать? Обнаружим ли мы, что только *без* космических кораблей сможем достичь далеких галактик; что только *без* циклотронов сможем познать строение атомов? (Курсив автора.) Чтобы выйти за пределы фантастических достижений нашей эпохи, чувственное восприятие должно быть дополнено сверхчувственным, и, подозреваю, окажется, что эти два свойства — разные стороны одного и того же».

Чего стоят жалкие мелкие компромиссы, которые стараются найти сегодняшние политики, по сравнению с поиском компромисса *такого* рода?!

Я говорила в «Атланте» о том, что мистицизм — это античеловечная, антиразумная, антижизненная установка. Я получала яростные протесты от мистиков, которые пытались убедить меня в том, что это не так. Обратите внимание, что господин Линдберг рассматривает жизнь, космические корабли и циклотроны как в равной мере необязательные средства, что он говорит об «опыте», который путешествует, «за пределами реального существования», и что его интуиция обещает ему достижения высшие, чем те, которые доступны адвокатам жизни, разума и цивилизации.

Что ж, реальность оказала ему услугу. Ему не пришлось десятки тысяч лет дожидаться эволюции, объединения с дикостью, интергалактических путешествий. Цель, идеал, спасение и экстаз были достигнуты 300 000 людей, валявшихся в грязи на загаженном склоне холма поблизости от Вудстока. Их название для опыта путешествий, не сопровождающихся телесной жизнью, в края, нетронутые временем и пространством, — это «ЛСД-трип».

«Вудстокский фестиваль музыки и искусства» проходил не в Вудстоке; его название было фальшивкой, попыткой сыграть на артистической репутации вудстокской общины. Фестиваль проходил на пустом пастбище в тысячу акров, которое промоутеры арендовали у местного фермера. Откликнувшись на рекламу и анонсы прессы, на которые было потрачено $200 000, 300 000 хиппи съехались сюда. (Цифры даны по публикациям *The New York Times*, другие источники оценивали количество зрителей еще выше.)

Согласно журналу *Newsweek* (25 августа):

«Трехдневный Вудстокский фестиваль с самого начала не был похож на обычные поп-фестивали. Это был не просто концерт, а племенной сход, выражающий все идеи нового поколения: жизнь общиной вдали от городов, наркотический кайф, землеройное искусство, выставки одежды и ремесел и прослушивание революционных песен».

В статье приводятся слова одного из организаторов, который заявлял:

«Все люди приедут за чем-то своим. Это не просто музыка, а собрание всего, что имеет отношение к новой культуре».

Так оно и было.

Организаторы не обеспечили гостей ни проживанием, ни питанием, ни удобствами; они заявляли, что не ожидали такой огромной толпы. *Newsweek* описывает существовавшие там условия так:

«Запасы продуктов практически мгновенно были уничтожены, а вода, которую брали в колодцах, вырытых в окрестностях, иссякла или стала грязной. Сильный ливень, прошедший в ночь на пятницу, превратил амфитеатр в болото, а торговые и выставочные ряды — в сточные канавы... Орды мокрых, больных и получивших травмы хиппи потянулись к импровизированным больничным палаткам, страдая от простуды, больного горла, переломов, ран от колючей проволоки и гвоздей. Фестивальные врачи назвали это "чрезвычайной медицинской ситуацией", и, чтобы справиться с кризисом, из Нью-Йорка вылетели еще 50 докторов».

Согласно *The New York Times* (18 августа), когда начался ливень,

«по меньшей мере 80 000 молодых людей, сидевших и стоявших перед сценой, начали выкрикивать проклятья в потемневшее небо, а по склону холма, смываемый дождевыми потоками, лавиной катился мусор. Другие укрылись в протекающих палатках, шалашах, машинах и фургонах… Многие юноши и девушки бродили под дождем голыми, облепленные красной глиной».

Наркотики на фестивале повсеместно употреблялись, продавались, отдавались бесплатно. По свидетельствам очевидцев, 99% толпы курили марихуану; но и героин, гашиш, ЛСД и другие более сильные наркотики также предлагались в открытую. Кошмарные судороги так называемых «бэд-трипов» были обычным зрелищем. Один молодой человек скончался, очевидно, от передозировки героина.

В завершение репортажа *Newsweek* пишет:

«Организаторы наняли членов Hog Farm, коммуны хиппи из Нью-Мексико, для охраны порядка на фестивале. К концу недели рядом с лагерем Hog Farm можно было наблюдать сборище безумцев, лающих по-собачьи и трясущихся в причудливом хороводе в мелькающем свете стробоскопов. В текстах песен суммировалось то, чему, по убеждению всей этой молодежи, был посвящен весь фестиваль, невзирая на неприятности: "Сейчас, сейчас, сейчас — это все, что есть. Любовь — это все, что есть. Любовь есть. Любовь"».

Кто заплатил за этот фестиваль любви? Очевидно, те, кто не любим.

Граждане Бетеля, ближайшего населенного пункта, оказались жертвами, покинутыми правоохранительными службами. Эти жертвы не были ни нищими, ни миллионерами; это были фермеры и мелкие бизнесмены, тяжким трудом зарабатывающие себе на жизнь. Их рассказы, помещенные в *The New York Times* (20 августа), звучат как свидетельства людей, переживших иноземное вторжение.

Ричард Джойнер, управляющий местного почтового отделения и универсального магазина, сказал, что

«фестивальная молодежь практически захватила его собственность — они разбили лагерь у него на лужайке, жгли костры в патио и использовали задний двор как уборную…

> Кларенс Таунсенд, владелец молочной фермы в 150 акров... был потрясен тем, что видел. "Все наши поля оказались заставлены тысячами автомобилей, — сказал он. — Ребята были повсюду. Они превратили нашу собственность в полную людей выгребную яму и ездили на автомобилях прямо через кукурузу. Вокруг не осталось ни одного забора. Они просто ломали их и использовали на дрова..."
>
> "Мой пруд превратили в болото [говорит Ройден Габриэль, еще один фермер]. У меня не осталось ни одного забора, а мое поле использовали как туалет. Они обрывали кукурузу и ставили палатки, где им взбредет в голову. Они были повсюду... Мы прогнали с сеновала 30 человек, которые курили марихуану... Если они опять приедут на следующий год, я просто не знаю, что буду делать, — сказал мистер Габриэль. — Если я не смогу продать свою ферму, я ее просто сожгу"».

Никакой любви от антисанитарных апостолов этого чувства несчастные пострадавшие не увидели — никто из них даже не задумался о местных жителях ни на секунду (а когда-нибудь мир поймет, что без мыслей не может быть вообще никакой любви). Более того, организаторы фестиваля не поделились этой вселенской любовью даже друг с другом.

«После Вудстока, — пишет *The New York Times* 9 сентября, — когда эйфория "трех дней мира и музыки" прошла, на поверхность выплыли истории проблем, несогласия, борьбы за влияние и разницы философии взглядов четверых молодых бизнесменов».

Организаторами фестиваля были четверо молодых людей, все не старше 30; один из них, наследник состояния, заработанного на продаже лекарств, отдал его на покрытие фестивальных убытков. Так как орды зрителей Вудстока сорвали процедуру продажи билетов и половина из них попала на фестиваль, не заплатив положенных $7, мероприятие, по словам молодого наследника, оказалось «финансовой катастрофой» — он рассказал (в одной из более ранних публикаций), что его долги, по предварительным подсчетам, должны составить приблизительно $2 млн.

Теперь эти четверо организаторов разругались и дерутся друг с другом за право контролировать Woodstock Ventures Corporation.

Одного из них характеризуют как «хиппи, который при этом никогда не терял теплого местечка в финансовой среде», и парня, «который не признает ботинок, рубашек и парикмахеров (однако питает склонность к «кадиллакам» с шофером, авиаперелетам через океан на реактивных лайнерах и игре на бирже)...» Очевидно, у всех них имелись связи с «несколькими крупными ориентированными на элиту корпорациями и инвестиционными фирмами с Уолл-стрит, [которые] были заинтересованы во вложении денег в молодежный рынок...»

Один из этих молодых бизнесменов заявил открыто:

> «Вероятно, лучше всего определить андерграундный индустриальный комплекс... можно как материалистов из андерграунда, которые пытаются делать деньги на поколении андерграундных ребят, которые думают, что деньги тут ни при чем».

Проблемы, преследовавшие организаторов «до, во время и после фестиваля отражают трудности, возникшие из-за необходимости одновременно "делать на ребятах деньги" и заставлять их верить тому, что, например, рок-фестиваль — это, как выразился [один из них], "традиционный племенной сход, часть революции"».

Если это вызывает у вас отвращение, есть кое-что еще более отвратительное — психология сотен тысяч «андерграундных ребят», которые, говоря по справедливости, не заслуживают большего.

25 августа *The New York Times* под заголовком «Вудсток: как это было» опубликовала длинное интервью с шестью молодыми людьми, которые были на фестивале. В газете приведены лишь имена пятерых парней — Стива, Линдси, Билла, Джимми и Дэна — и одной девушки — Джуди. Большинство из них учатся в колледжах; самый младший — «шестнадцатилетний ученик одной из лучших частных школ города... Все они из благополучных семей среднего класса».

Я процитирую отрывки из этого интервью. Оно представляет собой примечательный философский документ.

> «В.: Почему вам захотелось поехать [на фестиваль]?
>
> Линдси: Из-за музыки. Я хотел поехать из-за музыки. Это единственная причина.
>
> Джуди: Там был самый фантастический список звезд, о котором только можно было мечтать, больше, чем на всех других фестивалях, о которых я слышала, лучше, чем в Ньюпорте.

В.: Вы думали о том, где вы будете спать или что вы будете есть?

Джуди: Ну, мы поехали на двух машинах — нас было две девушки и четверо парней, — но мы рассчитывали встретиться еще с 20 или 30 людьми из Нью-Гемпшира, а они собирались привезти тент, но мы так и не встретились. Мы все просто потерялись.

В.: А как насчет еды?

Джуди: Мы взяли мешок морковки. И немного газировки.

В.: Вы рассчитывали что-то купить на месте?

Джуди: Да мы об этом как-то не думали».

Когда их спросили, что они чувствовали, оказавшись на месте, Джуди ответила:

«У меня было только чувство, что — вау! — нас тут так много, мы действительно сила. Я всегда ощущала себя как бы в меньшинстве. Но тут я подумала, вау, мы же — большинство, мне так казалось. Я чувствовала, что вот ответ всем, кто называл нас извращенцами.

В.: Это было еще до того, как вы услышали музыку?

Джуди: Я до концерта так и не добралась. Я так никакой музыки и не услышала.

В.: За все выходные?

Джуди: Ага. За все выходные».

Далее:

«Все участники испытывали то чувство, что называют "общностью"...

Стив: Все приехали туда, чтобы быть вместе — это не значит, что кто-то переставал быть собой, — но все приехали туда, чтобы выразить свое отношение к жизни...

В.: Люди там делились друг с другом?

Голос: Да, всем делились...

Билл: Я сидел среди людей, и было жарко, солнце так и жарило. Вдруг меня ударяет в бок коробка воздушных зерен с какао. Мне сказали: "Возьми себе и передай дальше". А еще днем в субботу мы сидели там, и тут появился арбуз, от которого откусили всего три раза. Надо было тоже откусить и передать дальше, все так делали. Потому что какой-то парень за три ряда от нас сказал: "Дайте тем чувакам тоже арбуз"».

Далее:

«Все привезли с собой какие-нибудь наркотики — в основном марихуану... Часто люди стремились поделиться и отдавали наркотики другим бесплатно. То, что нельзя было получить за так, можно было купить у дилеров, которые свободно бродили там в толпе... Большинство участников считали, что наркотики — это необходимая часть происходящего...

В.: Какую часть времени вы, ребята, были обдолбаны?

Линдси: Примерно 102%...

В.: Вы пережили бы все это без наркотиков?

Стив: Я уверен, что там были люди, с которыми у вас могли бы быть проблемы, если бы там не было наркотиков».

Один из парней заметил, что некоторые из людей постарше употребляли кокаин.

«В.: Постарше? И насколько?

Джуди: Ну, года по 24 или 26».

Когда их спросили, кем они хотят стать в будущем, ответы были такими:

«Джимми: Всю мою жизнь у меня было все, чего я хотел. И надо, чтобы так продолжалось всю мою жизнь, но теперь я должен начинать думать о том, как обеспечить себя. Но работать я не хочу, потому что я не смогу иметь все, что мне захочется, и делать то, что захочется, если я буду торчать на одном месте с девяти до пяти вечера.

Джуди: Мне хочется попробовать всего хотя бы по одному разу. Месяц я жила на общинной ферме на Кейпе. И, знаете, мне это понравилось, и мне правда там было здорово, и я всегда хотела вернуться туда и попробовать пожить так еще, растить помидоры и все такое.

В.: А ты хочешь иметь семью?

Джуди: Одного ребенка, да. Ну, знаете, просто чтобы оставить потомство. Но семья мне не нужна, потому что я не хочу такой большой ответственности. Я хочу быть легкой на подъем. Я хочу иметь возможность поехать куда-нибудь в любой момент. Я не хочу таких ограничений».

Далее: «В.: Был ли секс важной частью происходящего [в Вудстоке]?

Дэн: Он был просто частью. Не знаю, важной или нет.

Стив: Когда находишься в обществе 500 000 людей на протяжении трех дней, у тебя обязательно будет секс — давайте это честно признаем.

Джимми: <...> В Вудстоке не было больше или меньше свободы, чем в любом другом месте у этих людей.

Дэн: Но в том, как люди себя вели, все-таки были какие-то правила общежития. Я имею в виду, они ждали до ночи.

В.: То есть определенные приличия соблюдались?

Дэн: Я думаю, да. У людей все еще есть какие-то условности. Некоторые. Их немного».

Достаточно?

Вам никогда не приходило в голову, что, когда подобные люди называют своих оппонентов «свиньями», это не случайность, а психологический механизм проецирования?

Вот перед вами молодые люди, которых пресса провозглашает «новой культурой» и движением большой моральной значимости — та же самая пресса и те же самые интеллектуалы, которые пренебрежительно или возмущенно отзывались об «Аполлоне-11» как о «всего лишь технологии».

Из всех публикаций, которые я прочла, самую жесткую позицию в отношении Вудстока занял *Newsweek*: там воздержались от похвальных слов. *The New York Times* начала с критики фестиваля в редакционной статье «Кошмар в Катскилле» (18 августа), но на следующий день пошла на попятный, опубликовав другую редакционную статью в более мягком тоне.

Журнал *Time* пошел дальше всех: там появилась статья под названием «Сообщение о величайшем мероприятии в истории» (29 августа). Она содержала такие слова:

> «Как момент открытого проявления силы, притягательности и власти американской молодежной культуры 60-х, это событие вполне достойно считаться одним из важнейших в политике и культуре нашего времени».

Или:

> «Спонтанное объединение молодежи, созданное в Бетеле, — явление из разряда тех, о которых слагают легенды...»

Журнал *Life* сработал на два фронта. Издатели выпустили специальный выпуск, посвященный Вудстокскому фестивалю; лучшие достижения технологии цветной фотографии были использованы для того, чтобы заполнить этот выпуск прекрасными изображениями грязных молодых дикарей. И только в конце хвалебного текста автор позволил себе ноту опасения:

> «Выдающееся рок-представление сработало как чудо наоборот, выгодно использовав свободу находиться в невменяемом состоянии,

превратив ее в силу, которая усмирила толпу и добилась ее согласия на все. Конечно, далеко не все были против — для многих свобода прийти в невменяемое состояние является единственной нужной свободой... В холодном кислотном свете загаженное поле чем-то напоминало оруэлловский концентрационный лагерь, полный наркотиков, музыки и милейших охранников. Умиротворяющие голоса громкоговорителей только усиливали ощущение кошмара... Я боюсь, что со временем это будет вспоминаться со все большим ужасом, когда культ безумия приведет нас к таким последствиям, которых лучше бы не видеть».

В *The New York Times* от 3 сентября я обнаружила коротенькое письмо в редакцию, одинокий голос разума и морали. В частности, там было сказано:

«Возможно, самым странным в этом событии, если рассматривать фестиваль как символ, был ужасный бездумный конформизм во внешнем виде и поведении и очевидное отчаяние этого одинокого стада пилигримов, поступающих так, как велит Дхарма, — в отсутствие личной воли или духа...»

Все эти публикации демонстрируют, что хиппи правы в одном: сегодняшней официальной культуре пришел конец, она прогнила насквозь; и бунтовать против нее — все равно что бунтовать против дохлой лошади.

Однако они неправы, когда выставляют себя бунтарями. Они — очищенный продукт этой самой культуры, воплощение ее духа, олицетворение идеала поколений тайных дионисийцев, неожиданно вышедшее на свет.

Среди разнообразных представителей сегодняшнего молодого поколения хиппи являются самыми покорными конформистами. Неспособные на собственные идеи, они принимают философские убеждения предшественников как неоспоримую догму, подобно тому как в прошлом наиболее слабые представители юношества склонялись перед фундаментальными библейскими взглядами.

Хиппи учились у своих родителей, соседей, прессы и преподавателей тому, что вера в инстинкт и эмоции выше разума, и поверили в это. Их учили тому, что думать о хлебе насущном — зло, что Царствие Небесное обеспечено, что лилии не прядут; и они поверили в это. Их учили, что любовь, бескорыстная любовь к ближнему, есть высшая добродетель, и они поверили.

Им сказали, что слияние со стадом, племенем или общиной — это самый благородный способ человеческого существования, и они поверили.

Нет ни единого основного принципа истеблишмента, который бы не разделяли хиппи, нет ни одной идеи, с которой они не были бы согласны.

Когда они обнаружили, что эта философия не работает — потому что на самом деле она никак не может работать, — у них не хватило ни мужества, ни силы выступить против нее; вместо этого они нашли выход для своего бессильного разочарования, обвинив старшее поколение в лицемерии, как будто лицемерие было единственным препятствием для их идеалов. И, оставленные слепыми, беспомощными после перенесенной лоботомии один на один с непонятной реальностью, которая оказалась неприятна для их чувств, они не способны ни на что, кроме как выкрикивать оскорбления в адрес всех и всего, что их разочаровывает, — людей или дождевых туч.

Для сегодняшней культуры вполне типично, что люди, воплощающие кипящую, гневную ненависть, считаются в обществе адвокатами любви.

Антиматериалисты, единственным проявлением бунта и индивидуализма которых оказывается выбор одежды, которую они носят, — это совершенно нелепое зрелище. Из всех типов нонконформизма этот самый простой и самый безопасный.

Но даже в этом случае есть особый психологический компонент: посмотрите, какую одежду выбирают хиппи. Она рассчитана не на то, чтобы сделать их привлекательными, а на то, чтобы сделать их гротескными. Она рассчитана не на то, чтобы вызывать восхищение, а на то, чтобы вызывать усмешку и жалость. Никто не станет делать из себя карикатуру, если только он не ставит перед собой цель, чтобы его внешний вид умолял: пожалуйста, не воспринимайте меня всерьез.

И в голосах, провозглашающих хиппи героями, заметна злобная гримаса и презрительная усмешка.

Это то, что я называю «установкой придворного шута». Шуту при дворе абсолютного монарха было позволено говорить все что угодно и оскорблять кого угодно, потому что он принял на себя роль дурачка, отказался от любых претензий на личное благородство и использовал в качестве защиты собственное униженное положение.

Хиппи — это отчаявшееся стадо, ищущее пастуха, которое готово подчиниться кому угодно; любому, кто скажет им, как жить. Это менталитет, готовый принять своего фюрера.

Хиппи — живая демонстрация того, что значит отказаться от разума и положиться на первобытные «инстинкты», «побуждения», «интуицию» и капризы. С такими инструментами они неспособны даже понять, что необходимо для удовлетворения их желаний, например желания устроить праздник. Где бы они были без местных «обывателей», которые их кормили? Где бы они были без тех 50 докторов, которые прилетели из Нью-Йорка, чтобы спасать их жизни, без автомобилей, которые привезли их на фестиваль, без газировки и пива, которые заменяли им воду, без вертолета, который привез музыкантов, безо всех тех достижений технологической цивилизации, которые они отрицают? Оставленные одни, они не сумели даже спастись от дождя.

Их истерические поклонения «настоящему моменту» совершенно искренни: настоящий момент — это единственное, что существует для перцептивного, конкретного, животного менталитета; понять, что такое «завтра», — это немыслимая степень абстрагирования, интеллектуальная проблема, подвластная только *концептуальному* (то есть рациональному) уровню сознания.

Отсюда их состояние застойной, безвольной пассивности: если никто не приходит им на помощь, они будут сидеть в грязи. Если коробка с воздушными зернами ударяет их в бок, они их едят; если к ним попадает кем-то надкусанный арбуз, они тоже откусывают от него; если им в рот суют косяк марихуаны, они его курят. Если нет, значит, нет. Как может вести себя человек, если следующий день или час — непроницаемая черная дыра для его рассудка?

И как может такой человек чего-то желать или что-то чувствовать? Очевидная истина состоит в том, что эти дионисийские поклонники желаний на самом деле не желают ничего. Малолетний паразит, который заявляет: «Мне нужно, чтобы у меня всю жизнь было то, чего я хочу», — не знает, чего он хочет. Равно как и девочка, которая заявляет, что ей хотелось бы «попробовать всего хотя бы по одному разу». Все они отчаянно ищут кого-то, кто обеспечит их тем, чем они смогут наслаждаться и чего смогут захотеть. А желания — это ведь тоже производное концептуальных способностей.

Но есть одна эмоция, которую хиппи испытывают очень ярко: хронический страх. Если вы видели их представителей по телевидению, вы наверняка заметили, как этот страх бросается на вас с экрана. Страх — это их отличительный знак, их клеймо; страх — это особая вибрация, которая помогает им находить друг друга.

Я уже упоминала о природе связи, объединявшей зрителей приземления «Аполлона-11»: это было братство ценностей. У хиппи тоже есть братство, но совсем другого рода: это братство страха.

Именно страх гонит их искать тепла, защиты, «безопасности» в стаде. Когда они говорят о слиянии в «единое целое», именно страх они надеются утопить в нетребовательных волнах небрезгливых человеческих тел. И они надеются выловить из этого водоема мгновенную иллюзию незаслуженной личной значимости.

Но все обсуждения и споры о хиппи кажутся достаточно поверхностными перед лицом одного факта: большинство хиппи — наркоманы.

Сомневается ли кто-нибудь в том, что пристрастие к наркотикам — это бегство от невыносимого внутреннего состояния, от реальности, с которой человек не может справиться, от атрофированного мышления, которое нельзя разрушить окончательно? Если для человека неестественна аполлонийская рассудочность, а дионисийская «интуиция» приближает его к природе и истине, то апостолы иррациональности не должны прибегать к помощи наркотиков. Счастливый, уверенный в себе человек не стремится «обдолбаться».

Пристрастие к наркотикам — это попытка уничтожить собственное сознание, поиск намеренного безумия. Как таковое оно представляет собой настолько отвратительное зло, что любые сомнения в моральных качествах тех, кто практикует это, сами по себе являются совершенно отвратительными.

Вот какова природа конфликта между Аполлоном и Дионисом.

Все вы слышали старое изречение о том, что глаза человека устремлены к звездам, в то время как ноги его утопают в грязи. Это обычно воспринимается в том смысле, что человеческий рассудок и его физические ощущения тянут его в грязь, а мистические, сверхъестественные эмоции возносят его к звездам.

Это одно из самых мрачных извращений смысла среди многих, имевших место в человеческой истории. Но прошедшим летом реальность представила вам буквальную демонстрацию истины: именно иррациональные эмоции человека тянут его в грязь, а рассудок поднимает его к звездам.

Декабрь 1969 г. — январь 1970 г.

5

«Необъяснимая личная алхимия»

◆

Айн Рэнд

Приведенная здесь заметка Генри Камма появилась в *The New York Times* 13 октября 1968 года под заголовком «Три минуты я чувствовал себя свободным».

«Москва. На прошлой неделе на одну из грязных улиц Москвы на три дня как будто бы пришла "пражская весна". С утра до вечера диссиденты, несогласные с советским режимом, открыто излагали свои радикальные взгляды группе собравшихся зевак, а милиция в это время перекрывала движение на улице.

Нелояльные интеллектуалы не просто выступали под надзором КГБ (тайной полиции), они знали, что многие из тех, с кем они вступали в дискуссию на улице, либо являются штатными работниками служб безопасности, либо временно работают по их заданию.

Если бы они собрались для такого протеста в другое время и в другом месте, их бы обязательно арестовали, как тех пятерых диссидентов, в поддержку которых и был устроен этот пикет на грязной улице перед зданием суда.

В здании же шел суд над пятью людьми — Ларисой Богораз, Павлом Литвиновым, Вадимом Делоне, Константином Бабицким и Владимиром Дремлюгой, — которые около полудня 25 августа вышли на Красную площадь и на протяжении нескольких минут открыто протестовали против оккупации Чехословакии.

С ними была еще Наталья Горбаневская, поэтесса, которую не отдали под суд, так как у нее было двое маленьких детей, и Виктор Файнберг, искусствовед, которому во время ареста выбили четыре зуба, поэтому его внешний вид сочли неприемлемым для демонстрации даже немногим зрителям, допущенным на слушания. Вместо этого его отправили в сумасшедший дом.

Но для троих обвиняемых правительство решило возродить меру наказания, которая применялась в старину, при царизме, по отношению к радикальным политическим агитаторам, — изгнание. Остальные двое были приговорены к заключению в лагерях.

Литвинов, тридцатилетний ученый-физик, внук Максима Литвинова, наркома по иностранным делам при Сталине, был приговорен к пяти годам ссылки в отдаленном районе России; конкретное место так до сих пор и не стало известно. Госпожа Богораз, супруга заключенного писателя Юлия Даниэля, была сослана на четыре года. Бабицкий, сорокалетний лингвист, получил три года ссылки.

Дремлюга, двадцативосьмилетний безработный, был приговорен к максимальному сроку заключения — три года. Делоне, студент и поэт, получил два с половиной года тюрьмы, к которым прибавили четыре месяца ранее полученного им условного срока.

Если принять во внимание, что диссиденты смогли устроить публичное собрание только в тот момент, когда других диссидентов судили за попытку пробудить сознание своей политически пассивной нации, и что их аудитория состояла исключительно из людей, доказавших свою устойчивость к радикальным мыслям, становятся очевидными жесткие рамки, ограничивающие инакомыслие в Советском Союзе.

Обычные граждане понятия не имели о том, что пятеро мужчин и две женщины выступили против агрессии своего государства и затем были арестованы и судимы по обвинению в создании препятствий для передвижения пешеходов по огромной пустой Красной площади.

Знали об этом только те, кого послали изображать обычных юных коммунистов или рабочих. Их задачей было наблюдать и фотографировать тех, кто благодаря необъяснимой личной алхимии смог отбросить конформизм общества и обрек себя на роль изгоя.

Но диссиденты не могут иначе. Перед другим зданием суда, во время другого процесса, Лариса Богораз сказала: «Я не могу поступить иначе».

Диссиденты понимали, что о них знают только те, кто ненавидит их, и те немногие, кто любит их. Они понимали также, что их очень мало и все они держатся друг за друга. Двое из ведущих участников уличных демонстраций — лидеров там не было, — когда их спросили, знает ли кто-нибудь, кроме них самих, о том, что они сделали, в ответ лишь пожали плечами.

Но Владимир Дремлюга на вопрос судьи, считает ли он правильным свой поступок, ответил: «Как вы думаете, я пошел бы в тюрьму за то, что не считал бы правильным?»

Эта маленькая группа решилась на столь открытый протест не потому, что советское общество стало более толерантным к инакомыслию. Говоря с диссидентами, ощущаешь растущее чувство тревоги из-за того, что небольшие намеки на большую свободу, промелькнувшие во время правления предыдущего премьера Никиты Хрущева, сегодня уничтожаются. Их отвага родилась из отчаяния.

Они сознают, что запреты должны наиболее негативно восприниматься в научной среде. Однако они утверждают, что большинство ученых далеки от политической мысли, которая только и может породить стремление к свободе.

Диссиденты знают и о том, что некоторые люди искусства наслаждаются статусом диссидентов, находясь за пределами страны. Возникает разумный вопрос: если они действительно считают себя диссидентами, то почему они не в России?

Эти молодые люди, решившиеся на протест, не наивны политически, хотя кое-кто из них отличается нездешним благородством ума и страстью Дон Кихота. Но все они разделяют и земную, реальную страсть Вадима Делоне, который без всякой бравады заявил судье перед оглашением приговора: "Три минуты на Красной площади я чувствовал себя свободным. Я с радостью приму за это ваши три года"».

Эта заметка — настолько яркий пример журналистики в ее лучшем проявлении, что мне захотелось, чтобы мои читатели ознакомились с ней и задумались над ее глубинным смыслом.

Ее автор — журналист, который знает, как увидеть главное и какие вопросы поднять. Это на первый взгляд обычная новость, но сама ее простота и берущая за душу ясность придает ему качества не новостного сообщения, а произведения искусства: красоту, величие, отчаянную смелость и не выставляемый напоказ крик о помощи — крик, ни к кому конкретно не обращенный, звучащий между строк и несущийся от замерзших булыжников сумеречных московских мостовых куда-то в космос.

За многие годы, прошедшие после того, как я покинула Россию, это первая журналистская история об этой стране, которая «зацепила» меня. Она заставила меня ощутить своего рода личную причастность и глубокую душевную боль, каких я очень давно не ощущала в связи с событиями в России. Это странное чувство: близость, ностальгия, беспомощность и, прежде всего, печаль — просто чистая, тихая печаль. Когда я читала эту заметку, в голове у меня звучали слова: «Если бы не милость Соединенных Штатов Америки, подобное случилось бы и со мной».

Я не имею в виду, что я оказалась бы одной из обвиняемых в советском суде: уже в студенческие годы я знала достаточно для того, чтобы понимать: политический протест в Советской России —

бесполезная затея. Но это знание много раз покидало меня; так что, возможно, я и оказалась бы в числе протестующих на улице. Я знаю, что они чувствовали и что могло заставить их пойти на это.

Существует фундаментальное убеждение, которого некоторые люди так никогда и не приобретают, другие хранят лишь в юности, но очень немногие придерживаются его до конца своих дней: убеждение в том, что *идеи имеют значение*. В юности это убеждение воспринимается как само собой разумеющийся абсолют, и человек просто не способен до конца поверить в то, что не все люди с ним согласны. То, что идеи важны, значит, что важны знания, истина, человеческий разум. И сияние этой уверенности — лучшее качество юности.

Из этой убежденности следует неспособность поверить в силу или победу зла. Какой бы упадок и коррупцию ни наблюдал человек непосредственно вокруг себя, он не может счесть это нормальным, постоянным или *метафизически* правильным. Он чувствует: «Эта несправедливость (или ужас, или ложь, или разочарование, или боль, или муки) — исключение, а не правило жизни». Он уверен, что где-то на земле — пусть не рядом с ним и вне пределов его досягаемости — для человека возможна достойная жизнь, а правосудие имеет значение. На то, чтобы согласиться с тем, что он живет среди недочеловеков, уходят годы, — если это вообще происходит; согласиться с этим в юности невозможно. А если правосудие существует, значит, нужно за него сражаться: человек высказывается, ощущая неназванную уверенность в том, что кто-то где-то его поймет.

В данном случае важнее всего — не конкретное содержание юношеских идеалов, а отношение к идеям как таковое. Лучше всего описать это можно, сказав, что человек относится к идеям серьезно; правда, «серьезно» — это слишком несерьезное слово в данном контексте: он принимает идеи с самой глубокой, чистой и страстной готовностью. (Благодаря такому отношению его разум всегда открыт для того, чтобы исправить свои идеи, если они неверны или неподлинны; но ничто на свете для него не может стоять выше истины идеи.)

Вот в чем состоит «необъяснимая личная алхимия», поразившая Генри Камма: независимый разум, преданный главенству идей, то есть истины.

5. «Необъяснимая личная алхимия»

Молодым людям, сохраняющим это убеждение, не требуется «отбрасывать конформизм общества». Они просто никогда и не были конформистами: они судят и оценивают; если они соглашаются с любым проявлением господствующих общественных взглядов, то лишь после оценки разумом (который может ошибаться), а не путем автоматического согласия с большинством. Чтобы видеть зло, ложь и противоречия общества, в котором они живут, им не нужно знать другие общественные системы: единственный необходимый для этого инструмент — интеллектуальная честность.

Люди, обладающие это «личной алхимией», крайне редко встречаются; они составляют крайне малое число в любой стране и культуре. В Советской России это трагические мученики.

Скорее всего, многие из этих молодых протестующих были социалистами или «коммунистами-идеалистами», так же, как обреченные чехословацкие бунтари, против подавления которых они протестовали. (Так не было в моем случае и в мое время, но четыре десятилетия спустя это, скорее всего, так.) Возможно, эти молодые диссиденты воспринимали советскую пропаганду всерьез: воспитанные на лозунгах, провозглашающих (неопределенную) свободу, справедливость и братство и порицающих военную агрессию, они смогли заметить отсутствие всех этих общественных ценностей в России и увидеть во вторжении в Чехословакию наиболее жестокий вид военной агрессии. Следовательно, если они воспринимали идеи всерьез, они восстали во имя тех самых идей, на которых их воспитали.

(В этом, кстати сказать, и состоит итоговое наказание для всех диктаторов и всех обманщиков: их рок — это те, кто им верил. Диктатура должна выдвигать некие отдаленные цели и моральные идеалы, чтобы оправдать свою власть и насилие над народом; пока она в состоянии убеждать свои жертвы, она в безопасности; но рано или поздно все ее противоречия оказываются брошенными ей же в лицо лучшими из граждан: самыми способными, самыми умными, *самыми честными*. Поэтому диктатура вынуждена постоянно уничтожать лучшие из «человеческих ресурсов». И пусть пройдет хоть 50 лет, хоть пять столетий, у диктатуры для эксплуатации и управления все равно будут оставаться лишь честолюбивые бандиты и безразличные бездельники; остальные будут умирать — физически или духовно — молодыми.)

На практике верность идеям ведет к почти неосознанным проявлениям доброй воли по отношению к людям — или, скорее, к чему-то более глубокому и важному, что лежит в основе доброй воли: к *уважению*. Она ведет к тому, что при личном общении такой человек относится к другим как к мыслящим существам, руководствуясь презумпцией невиновности, предполагая, что человек добр, пока он сам не докажет, что он злой; «зло», в понятиях такого отношения, означает закрытость для власти идей, то есть разума.

Именно *это* заставляло молодых бунтарей обсуждать политические вопросы с агентами тайной полиции. Не выраженное в словах, безымянное, неопределенное ощущение того, что «это люди», взяло верх над пониманием того, что это монстры в человеческом обличье. Если давать этому мотиву название, то можно определить его как аргумент, которому, на их взгляд, нечего противопоставить: «Разве вы не видите? Это же *правда!*» — и они будут говорить при любых обстоятельствах, перед любой аудиторией, чувствуя, что для них это вопрос жизни и смерти.

И они будут чувствовать это, оказавшись, если будет нужно, и перед лицом вооруженного противника; у них не будет времени на то, чтобы понять, зачем они это делают, и выяснить, что движет ими наиблагороднейшая форма *метафизического* инстинкта самосохранения: отказ от духовного самоубийства путем отказа от собственного разума и от выживания в качестве безмозглых роботов.

Пока ее мужа судили и приговаривали к заключению, Лариса Богораз сказала в его поддержку: «Я не могу поступить иначе». Да, как настоящий человек, она не могла.

Отвечая на вопрос судьи, «который спросил у него, считает ли он правильным то, что делал на Красной площади», Владимир Дремлюга сказал: «Как вы думаете, я пошел бы в тюрьму за то, что не считал бы правильным?» Заметьте: это обращение к разуму, ответ, который родился спонтанно, исходя из внутреннего убеждения, что «правда» имеет значение, что логически и морально непротиворечивый ответ должен иметь смысл для судьи, который тоже человек. Я сомневаюсь, что в свои 28 лет Дремлюга мог осознать моральную порочность тех, с кем имел дело; осознать, что сама чистота и правдивость его ответа должна была породить у судьи не ощущение справедливости, а реакцию виноватой, мстительной ненависти.

Теперь вдумайтесь в слова Вадима Делоне, сказанные им тихо («без всякой бравады») судье, приговорившему его к трем годам тюрьмы: «Три минуты на Красной площади я чувствовал себя свободным. Я с радостью приму за это ваши три года».

Мне кажется, это одно из самых благородных и откровенных заявлений, когда-либо сделанных.

Делоне, вероятно, был прекрасно осведомлен о сущности своих судей и общественной системы, которую они представляли. К кому в таком случае он обращался?

Заметьте, что эти молодые бунтари «пытались пробудить сознание своей политически пассивной нации», нации, смирившейся с рабством, безразличной к добру и злу, однако они не были «политически наивными», а двое из их сторонников на уличной демонстрации, «когда их… спросили, знает ли кто-нибудь, кроме них самих, о том, что они сделали, в ответ лишь пожали плечами».

Сознательно или нет, любой несогласный с порядками в Советской России, особенно из молодых, единственной конечной инстанцией для обращения с воззванием против несправедливости, жестокости, садистского ужаса антигуманной общественной системы, пленником которой он является, считает *заграницу*.

Значение этого слова для советского гражданина невозможно объяснить тому, кто никогда не жил в этой стране: если вы попытаетесь представить, как бы вы относились к некоему гипотетическому сочетанию Атлантиды, Земли Обетованной и наиболее великой цивилизации с другой планеты, представленной в прогрессивной научной фантастике, это будет лишь слабым приближением. Для жителей Советской России «заграница» — это нечто столь же далекое, сияющее и недостижимое; однако для любого русского, который на мгновение поднимает голову от советских мерзостей, понятие «заграницы» — это психологическая необходимость, линия жизни и спасение души.

Это понятие составлено из драгоценных осколков, украденных, спрятанных или выплывших из густого серого тумана, клубящеся внутри материальных и духовных стен из колючей проволоки: в виде иностранных фильмов, журналов, радиопередач или даже одежды и уверенной манеры держаться гостей из-за рубежа. Эти осколки настолько чужды всему советскому и настолько живы, что в восприятии советских граждан они сливаются в видение свободы, изобилия, невообразимых достижений технологии, невероятных возможностей и, прежде всего, чувства искреннего, бесстрашного, добровольного веселья. И если в этом восприятии европейские страны — это яркие планеты, то Америка — это солнце.

И дело не в том, что кто-то надеется получить помощь или освобождение «из-за границы», дело просто в том, что такое место *есть* на свете. Одно лишь знание, что где-то возможен более достойный способ существования, позволяет оправдать человечество. И когда в минуты отчаяния или крайней нужды кто-то издает протестующий вопль, этот вопль сознательно не адресован никому, только любому возможному правосудию, которое существует где-нибудь во Вселенной; однако подсознательно эта Вселенная воплощена в образе «заграницы».

Так *что* же такое «заграница»? Что представляет собой сегодняшняя Америка?

Если верить господствующему в прессе мнению, в Америке тоже есть авангард юных бунтарей, несогласных и борцов за свободу. Шагая по проходу в зрительном зале, они выкрикивают свой протест миру: «Я не могу путешествовать без паспорта!.. Мне не разрешают курить марихуану!.. Мне не позволяют раздеться догола!» (*The New York Times*, 15 октября, 1968 г.)

Это марионетки в поисках кукловода, истерически пляшущие и дергающиеся на ниточках, за которые никто не хочет дергать, умоляющие и требующие, чтобы о них кто-нибудь позаботился, это эксгибиционисты, которым нечего показывать, соединяющие в себе черты разбойников с большой дороги и провинциальных евангелистов, у которых «творческое самовыражение» так же пованивает, как и их немытые тела, а мозги выедены наркотиками. Единственное, что они способны высказать от души, — это оскорбления, а единственная явная эмоция — это всепоглощающая ненависть. Они являются воплощенными символами и протеже того самого истеблишмента, вызов которому они пытаются изображать. Это даже хуже, чем конформизм: это можно назвать «модным нонконформизмом».

Все эти «нонконформисты» — продукты декадентской культуры, продукты распада, выползающие из-под обломков, оставленных в кампусах колледжей предшествующими поколениями, исповедовавшими культ иррациональности. Одним глазом кося́сь на шеренгу аплодирующих им учителей, они протестуют против «системы» во имя таких противоречивых вещей, как «любовь» и «бедность»; требуют свободы ломать двери и выгонять лекторов из университетских аудиторий, свободы сжигать рукописи профессоров и разбивать черепа оппонентов и, открыто провозгласив свое намерение убивать, завоевывают прощение судей, президентов колледжей и редакторов газет, которые зовут их «юными идеалистами»; за ними по пятам следуют телеоператоры и репортеры, они сражаются на баррикадах кофеен и дискотек, они осаждают Голливуд и штурмуют Бастилию коктейльных приемов высшего света.

В то время, когда молодые люди в тоталитарном государстве отдают свои жизни за свободу мысли, бунты американских юных головорезов кажутся обычным безумием, противоречащим «тирании» разума. Именно разум — власть идей — собирается разрушить западная цивилизация, предлагая взамен власть наркотиков, оружия и разбойничьих банд.

Есть, правда, интеллектуальные разложенцы, которые еще хуже, чем малолетняя шпана: это взрослые лицемеры, заявляющие, что шпаной движет *сострадание*. «Сострадание? Справедливость? Братство? Тревога за страждущих? Освобождение угнетенных?» Если их настоящие мотивы действительно таковы, то где эти крестоносцы были в октябре прошлого года? Почему они не устраивали пикетов перед советским посольством?

Если кого-то удивляет провал *морального* доверия, тяжкая, серая тупость нашей культурной среды с ее тошнотворной смесью скуки и крови, летаргический цинизм, скептическое безразличие, моральное бессилие и отвращение к стране в целом, то знайте: всему этому виной альтруизм.

Кто может всерьез принимать какие-либо ценности, если в качестве морального образца ему предлагают небритого босого выпускника Гарварда, кидающего бутылки и бомбы в полицейских или слащавого, разочарованного во всем маленького диктатора Корпуса мира, кормящего с ложечки детей в больнице где-то в джунглях?

Нет, это не типичные представители американской молодежи — на самом деле они составляют небольшую ее долю, за которую очень громогласно высказывается группа добровольных агентов на факультетах университетов и в СМИ, — но тогда где они, действительно типичные? Где молодые американские борцы за идеи, всем нутром бунтующие против конформизма, молодые люди с «необъяснимой личной алхимией», независимые мыслители, преданные главенству истины?

За редчайшими исключениями, они пропадают неизвестными и незамеченными. Сознательно или нет, но культ иррациональности — то есть весь наш академический и культурный истеблишмент — философски и психологически направлен против них.

Они постепенно исчезают, опуская руки, уничтожая свой разум еще до того, как у них появляется шанс распознать природу зла, с которым они сталкиваются. В одинокой агонии они переходят от уверенной готовности к смущению, затем к негодованию, затем к покорности — и в конце концов уходят в небытие. И пока старшее поколение занимается ерундой, охраняя секвойи в лесу и сооружая домики для диких уток, никто не обращает внимания на то, как эти молодые люди один за другим пропадают с глаз, подобно искрам, исчезающим в бесконечном черном пространстве; никто не строит убежищ для лучших представителей рода человеческого.

Так и юные русские бунтари духовно исчезнут — даже если физически переживут свои сроки заключения. Как долго может человек сохранять свой священный огонь, если он знает, что наградой за верность разуму служит тюрьма? Бывают исключения, которым удается выстоять в любых обстоятельствах. Но человечество не имеет права полагаться на эти исключения.

Читая заметку о русских бунтарях, я думала о том, что бы чувствовала я, будучи такой же молодой и оказавшись на их месте: если бы я знала, что кому-то удалось сбежать из советского ада, я надеялась бы, что он (или она) выступит в мою поддержку.

Сегодня, так как сбежать удалось мне и у меня есть возможность публично высказаться, я чувствую, что должна высказаться в их поддержку — во имя справедливости, — даже если мало кто услышит меня.

Не знаю, какой эффект может произвести мой одинокий голос в таком деле. Но я обращаюсь ко всему лучшему в тех людях — объективистах и прочих, — которые сохранили еще хоть какое-то чувство гуманизма, справедливости и *сострадания* и все еще способны *обращать внимание* и *не оставаться в стороне*.

В полусвободном мире для человека доброй воли возможна только одна форма протеста: *не одобрять советских тюремщиков, приговоривших этих молодых людей*, не помогать им притворяться лидерами цивилизованной страны. Не поощряйте и не поддерживайте отвратительный акт притворства — так называемый «культурный обмен»: любых ученых, педагогов, писателей, художников, музыкантов, танцоров, которых содержит советское правительство (и которые являются либо мерзкими лизоблюдами, либо обреченными измученными жертвами). Не оказывайте финансовой и моральной поддержки любым сторонникам и защитникам Советов в этой стране: *они виноваты более всех*. Открыто выражайте свой протест и выступайте в поддержку этих молодых мучеников перед любой доступной для вас аудиторией, публичным или частным образом.

В несколько нелепой редакционной статье от 13 октября 1968 года *The New York Times* заявила, что приговор молодым диссидентам «мог бы быть — и, скорее всего, был бы — гораздо более суровым, если бы не широкомасштабное восхищение этими советскими противниками советской же агрессии и не мировое внимание к их судьбам».

Если бы протест людей доброй воли был достаточно масштабен и достаточно последователен, приговоренных, возможно, удалось бы спасти.

И никому не известно, каким образом и в какой форме этот протест долетел бы до одиноких детей на Красной площади.

Январь 1969 г.

6

Эра зависти

◆

Айн Рэнд

У культуры, так же, как у личности, имеется ощущение жизни, или, скорее, эквивалент ощущения жизни — эмоциональная атмосфера, которая создана ее доминирующей философией, видением человека и бытия. Эта эмоциональная атмосфера отражает главные ценности культуры и служит основной темой конкретной эпохи, устанавливая направление ее развития и стиль.

Западная цивилизация пережила Эру разума и Эру просвещения. В эти периоды стремление к разуму и просвещению служило интеллектуальной движущей силой и создавало соответствующую эмоциональную атмосферу, в которой эти ценности могли бы процветать.

Сегодня мы живем в Эру зависти.

Большинство людей воспринимают зависть как пустяковую, поверхностную эмоцию, и таким образом, она служит получеловеческим прикрытием для сложного чувства, которое по своей сути настолько нечеловеческое, что те, в ком оно присутствует, крайне редко осмеливаются признаться в этом даже самим себе. Человечество с незапамятных времен живет с ним, видит его проявления и в разной степени испытывает на себе его разрушительное воздействие, но все еще не способно уловить его смысл и начать открыто бороться с теми, кто это чувство культивирует.

Сегодня именно это чувство составляет главную тему в нашей культуре. Оно окружает нас повсюду, мы погружены в него, о нем почти открыто заявляют наиболее отчаянные его проводники —

6. Эра зависти

и все равно человечество продолжает игнорировать его существование и странным образом страшится назвать его, подобно тому как первобытные люди боялись произносить имя дьявола.

Это чувство — *ненависть к добру за то, что это добро*.

Эта ненависть — не отрицание некоего предписанного понимания добра, с которым кто-то может быть не согласен. Например, если ребенок терпеть не может некоего послушного мальчика, которого все время ставят ему в пример, это не ненависть к добру: ребенок *не* считает того мальчика *хорошим*, и его отрицание — следствие несоответствия между его собственными ценностями и ценностями, пропагандируемыми старшими (хотя сам ребенок слишком мал для того, чтобы описать проблему в таких терминах). Аналогичным образом, если взрослый человек не считает альтруизм добром и отказывается от преклонения перед чем-то «гуманитарным», это несоответствие между его ценностями и ценностями окружающих, а вовсе не ненависть к добру.

Ненависть к добру за добро — это ненависть к тому, что человек сам считает добром (сознательно или подсознательно). Это ненависть к тому, кто обладает ценностями или качествами, которыми ненавидящий сам хотел бы обладать.

Если ребенок мечтает о хороших оценках в школе, но не может или не хочет стараться их получать и начинает из-за этого ненавидеть тех, кто их получает, — *это* ненависть к добру. Если человек считает интеллект ценностью, но его терзают сомнения в себе, и поэтому он начинает ненавидеть тех, кого *он сам* считает умными, — *это* ненависть к добру.

Природа конкретных ценностей, которые выбирает для себя человек, — это не главный фактор в данном вопросе (хотя иррациональные ценности могут внести значительный вклад в развитие этого чувства). Главный фактор — это извращение эмоционального механизма: реакция ненависти по отношению не к человеческим грехам, а к человеческим добродетелям.

Если быть точным, этот эмоциональный механизм работает лишь в одну сторону: те, в ком он присутствует, не испытывают любви к злым людям; их эмоциональный уровень ограничен двумя реакциями — ненавистью и безразличием. Испытывать любовь, которая является реакцией на ценности, невозможно, если ценности автоматически вызывают ненависть.

В каждом случае этот тип ненависти неразрывно переплетен с попытками логических обоснований. Самое распространенное из них: «Я ненавижу его не за интеллект, а за высокомерие!» Как правило, если поинтересоваться у говорящего, какие он может привести свидетельства в пользу высокомерия жертвы, он выдавливает из себя общие места вроде: «Он высокомерен... он упрям... он эгоист», — и заканчивает какими-то неопределенными обвинениями, которые сводятся к: «Он умен, и он это знает». Хорошо, а почему же он не должен этого знать? Ответа нет. Он что, должен это скрывать? Ответа нет. Если скрывать, то от кого? Ответа нет. Вернее, ответ подразумевается, но никогда не бывает озвучен: «От таких, как я».

Однако такие ненавистники соглашаются и даже, кажется, восхищаются тем, как громко превозносят собственные предполагаемые добродетели или достижения хвастуны с неадекватной самооценкой. Это, естественно, намек на природу ненависти. Ненавистники, судя по всему, неспособны концептуально различить «высокомерие» и заслуженную *гордость*, однако чувствуют эту разницу «инстинктивно».

Так как мало кто из людей обладает действительно целостным характером, часто бывает сложно сказать, ненавидят ли человека за его хорошие качества или за его подлинные недостатки. В отношении собственных чувств только выработанная привычка к точной, добросовестной интроспекции позволяет человеку быть уверенным в природе и причинах своих эмоциональных реакций. Но интроспекция — это мыслительный процесс, от которого ненавистники всеми силами стараются держаться подальше, чтобы иметь практически неограниченный выбор рациональных объяснений. В отношении же эмоциональных реакций окружающих крайне сложно распознать их причины в каждом конкретном случае, особенно если в дело вовлечены сложные межличностные взаимоотношения. Таким образом, наблюдать ненависть к добру в ее самой чистой, несомненной форме, можно в пределах обширной сферы общих эмоциональных реакций, не несущих личной окраски, возникающих у человека в отношении незнакомых или малознакомых людей, публичных фигур или событий, не влияющих непосредственно на его жизнь.

Самое очевидное проявление такой ненависти — настрой человека, который привычно испытывает негодование, сталкиваясь с чьим-то успехом, счастьем, достижением или удачно сложившейся судьбой, и удовольствие при виде чьей-то неудачи, несчастья или невезения. Это чистая, «бескорыстная» ненависть к добру за добро: при данных обстоятельствах ненавистник ничего не теряет и не приобретает, они не имеют для него практической ценности, у него нет никаких экзистенциальных мотивов и никаких знаний, за исключением простого факта чьего-то успеха или неудачи. Реакция выражается кратко, как бы «между делом», как правило, неосознанно. Но если вам довелось ее увидеть, значит, вы видели неприкрытое лицо зла.

Не путайте эту реакцию с реакцией человека, возмущенного чьим-то незаслуженным успехом или радующегося чьей-то заслуженной неудаче. Такие реакции проистекают из чувства справедливости, представляют собой совершенно иное явление и проявляются по-другому: в таких случаях человек выражает негодование, а не ненависть, или облегчение, а не злорадное торжество.

С поверхностной точки зрения мотивом тех, кто ненавидит добро, принято считать зависть. Словарь дает такое определение: «Зависть — 1. Чувство неудовольствия или ревности по отношению к чьим-то преимуществам, успеху, благосостоянию и т. д. 2. Желание обладать преимуществами, имеющимися у кого-то». В том же словаре дается поясняющее дополнение: «*Завидовать* — ощущать досаду из-за того, что кто-то другой владеет тем, чем человек сам хотел бы владеть, или достиг чего-то, чего он сам хотел бы достичь».

Это определение включает в себя многочисленные эмоциональные реакции, порожденные различными мотивами. В определенном смысле второе определение противоречит первому и более невинно по сути.

Например, если бедняк испытывает мгновенную вспышку зависти к богатству другого, это чувство может представлять собой не более чем моментальную конкретизацию желания стать богатым; оно не направлено против конкретного человека и имеет отношение не к нему, а только к богатству. Его можно выразить следующим образом: «Мне хотелось бы иметь такой же доход (дом, машину, шубу), как у него». Это чувство может послужить человеку дополнительным стимулом для усилий по улучшению своего финансового положения.

Хуже, если чувство отражает личную неприязнь и может быть описано как: «Я хочу костюм, как у этого человека». В результате жизнь того, кто испытывает такие чувства, становится «вторичной», он живет не по средствам, отчаянно пытаясь «ни в чем не уступать Джонсам».

Еще хуже, если подобное чувство формулируется в словах: «Я хочу машину (шубу, бриллиантовые запонки, предприятие) *этого человека*». Результат оказывается криминальным.

Но те, кто испытывает вышеописанные чувства, — все же люди, пусть с разной степенью нехватки морали, по сравнению с нечеловеческим существом, которое чувствует следующее: «Я *ненавижу* этого человека, потому что он богат, а я нет».

Зависть является частью того, что чувствует такое существо, но не более чем поверхностной, не слишком серьезной частью; ее можно сравнить с верхушкой айсберга, представляющей собой всего лишь обычный лед, тогда как подводная часть состоит из гниющей живой массы. В этом случае зависть не слишком серьезна, потому что она как будто отражает нормальное человеческое желание обладания материальными ценностями. Но внутри, в глубине, у этого существа нет такого желания: оно не хочет быть богатым, оно хочет, чтобы другой был бедным.

Это особенно ясно видно в куда более опасных случаях ненависти, замаскированной под зависть, к тем, кто обладает личными ценными качествами и добродетелями: ненависти к человеку за то, что он красив, умен, успешен, честен или счастлив. В этом случае существо не желает и не пытается как-то улучшить свой внешний вид, развивать или использовать ум, бороться за успех, вести себя честно или быть счастливым (ничто не может сделать его счастливым). Оно знает, что, если его жертва будет изуродована, потеряет рассудок, потерпит неудачу, совершит нечто постыдное или испытает личную драму, ее преимущества не достанутся ему. *Оно не желает обладать преимуществами: оно желает их уничтожить*.

«Они не хотят владеть вашим состоянием — хотят, чтобы вы его лишились. Они не хотят преуспеть — хотят, чтобы вы потерпели неудачу. Они не хотят жить — хотят, чтобы вы умерли; не желают ничего, они ненавидят существование и спасаются бегством»[1].

Это существо есть абсолютное зло, поскольку оно понимает, что такое ценности, и способно распознать их в людях. Если бы оно было просто лишено морали, оно было бы безразличным; оно не могло бы отличить добродетель от порока. Но оно умеет различать — и главным признаком его извращенности является то, что при распознавании его разумом чего-то *ценного* включается эмоциональный механизм *ненависти*, а не любви, мечты или восхищения.

Задумайтесь о глубинном смысле такого отношения. Ценности — это то, что человек старается обрести и/или сохранить. Ценности необходимы для выживания человека, более того — для выживания любого организма. Жизнь — это деятельность по самоподдержанию и самопостроению, и стремление к обладанию ценностями — обязательное условие сохранения жизни. Поскольку природа не обеспечила человека автоматическим знанием о системе ценностей, которая ему необходима, существует различие между системой, которую человек принимает, и целями, которые он преследует. Но возьмите абстрактную «ценность» отдельно от конкретного содержания любой системы и спросите себя: какова природа существа, у которого вид чего-то ценного пробуждает ненависть и стремление к уничтожению? Такое существо — убийца, не физический, а метафизический — это не враг *ваших* ценностей, а враг *всех* ценностей, враг всего, что позволяет человеку выжить, враг жизни как таковой и всего живого.

Общность ценностей необходима для любых успешных взаимоотношений между живыми существами. Если вы дрессируете животное, вы не должны бить его каждый раз, когда оно вас послушалось. Если вы воспитываете ребенка, вы не должны наказывать его, когда он ведет себя правильно. Какие взаимоотношения могут быть у вас с ненавидящим существом и что оно может привнести в социальные отношения? Если вы боретесь за существо-

---

[1] Рэнд А. Атлант расправил плечи. — Ч. III. — С. 397.

вание и обнаруживаете, что ваш успех приносит вам не одобрение и оценку ваших усилий, а ненависть со стороны других людей, то что станет с вашей доброй волей? Сможете ли вы относиться к этим людям по-доброму?

Самая страшная опасность во всем этом — это человеческая неспособность или, хуже того, нежелание окончательно идентифицировать проблему.

Как бы ни были злы ненавидящие, есть зло еще худшее: те, кто пытается как-то их умилостивить.

Понятно, что человек может стремиться скрыть свои грехи от глаз тех, чье мнение он уважает. Но есть люди, которые прячут свои добродетели от глаз чудовищ. Есть люди, которые извиняются за собственные достижения, скрывают собственные ценные качества, чтобы доставить удовольствие тем, о чьей глупости, извращенности, испорченности и злобе им прекрасно известно. Подобострастные попытки польстить тщеславию какой-то вышестоящей персоны ради определенных практических целей — достаточно мерзкое явление. Однако угодничество по отношению к тому, кто явно ниже — особенно в том, что касается обладания конкретным ценным качеством, — это настолько позорное предательство собственных ценностей, что тот, кто его совершает, не может сохранить ничего — ни в интеллектуальном, ни в моральном плане.

Если человек пытается копировать тех, кем он восхищается, приписывая себе те добродетели, которыми на самом деле не обладает, это бессмысленно, но по-человечески понятно, если и не оправданно. Но намеренно приписывать себе грехи, слабости, недостатки, уродства? Намеренно унижать свою душу и достоинство? Ограничивать свои таланты, свой интеллект?

Вот лишь одно из социальных последствий такого отношения: подобные льстецы никогда не откажутся присоединиться к любому призыву к милосердию и снисхождению, но они никогда не будут выступать за справедливость.

Трусость — унизительное внутреннее состояние для человека, поэтому перед лицом реальной опасности он старается его преодолеть. Льстецы же выбирают трусость и там, где никакой опасности не существует. Жить в страхе — настолько недостойное состояние, что люди гибнут на баррикадах, отвергая тиранию власть имущих. Но тот, кто угождает ненавистникам, сам решает жить в хроническом бессильном страхе. Люди умирают в пыточных застенках, на демонстрациях, в концентрационных лагерях, под выстрелами карателей, лишь бы не отказываться от своих убеждений. Льстец и угодник готов отказаться от убеждений из страха перед неудовольствием первого попавшегося подонка. Люди отказываются продавать душу за успех, деньги, власть, даже за собственную жизнь. Льстец не продает душу: он отдает ее задаром, ничего не получая взамен. Обычное его рассуждение таково: «Я не хочу, чтобы меня не любили». Кто? Те, кого он сам не любит, презирает и порицает.

Позвольте привести несколько примеров. Некий интеллектуал, набирающий новых членов Mensa — международного общества, членами которого могут быть только очень умные люди, которых отбирают по результатам тестов на коэффициент интеллекта, — в одном интервью выразился следующим образом:

> «Интеллект не слишком ценится среди людей. Вне своего общества мы должны быть очень осторожны, чтобы не победить в споре и не потерять из-за этого друга. Только в Mensa мы можем быть собой, и это большое облегчение» (*The New York Times*, 11 сентября 1966 года).

Значит, друг важнее истины? Какой же это друг? Ведь он ненавидит вас за то, что вы правы.

У профессора, главы факультета одного крупного университета, был любимый ученик, который хотел стать преподавателем. Профессор проверял его знания и считал очень интеллектуально одаренным. В личной беседе с родителями студента он очень высоко отзывался о нем и сказал: «В его будущем существует только одна опасность: он будет настолько хорошим преподавателем, что остальные сотрудники будут его ненавидеть». Когда молодой человек получил степень, профессор не предложил ему работу, хотя мог это сделать.

Широко распространено мнение, что умная девушка должна скрывать свой интеллект, чтобы иметь успех у мужчин и выйти замуж. Как же она будет относиться к такому мужу? Ответа нет.

В старом фильме о студентах юноша просит девушку помочь ему получить хорошие оценки фактически криминальным способом (требовалось украсть задания из кабинета профессора). Когда она отказалась это проделать, юноша насмешливо спросил: «Ты что, такая правильная?» — «Нет, нет, — поспешно и *извиняющимся тоном* ответила девушка. — Просто понимаешь, я выросла в маленьком городке».

Не стоит путать угодничество с тактом или благородством. Угодничество — не внимание к чувствам других, а *внимание и подстройка под несправедливые, иррациональные и злые чувства других*. Это политика исключения чьих-то эмоций из сферы справедливой оценки и готовности пожертвовать кем-то невинным и добрым ради зла, которое несут в себе такие эмоции.

Такт — это внимательное отношение к другим в разумных пределах. Тактичный человек не будет кичиться своим успехом перед лицом тех, кому не повезло, кто пережил утрату или несчастье, не потому, что он будет подозревать их в зависти, а потому, что понимает, что такой контраст только оживит и усугубит их боль. Он не будет в чьем-то присутствии выставлять напоказ свои добродетели: он принимает как должное, что люди и так должны их замечать. Как правило, успешный человек не щеголяет своими успехами ни среди равных, ни среди тех, кто ниже или выше его; он не оценивает себя — и других — по сравнительному стандарту. Его позиция не: «Я лучше, чем ты», а: «Я хорош».

Если, однако, он сталкивается с завистливым ненавистником, который начинает выражать свою злобу, пытаясь игнорировать, отрицать или опорочить его достижения, он заявляет о них с заслуженной гордостью. На стандартный вопрос всех ненавистников: «Что ты о себе возомнил?» — он отвечает честно.

Громче всех кричит не о собственных преимуществах и достижениях как таковых, а о том, что он *выше* других, человек, который в действительности является претенциозной, хвастливой и наглой посредственностью. Он руководствуется исключительно сравнительным стандартом, у него нет подлинных ценностей и есть желание принижать других. Достойный человек, естественно, не любит таких хвастунов, у завистника же к ним совсем иное отношение: он видит в выскочке родственную душу.

Оскорбительное самовосхваление и самоуничижительная лесть на самом деле не являются противоположностями. Как и в любых человеческих взаимоотношениях, руководством к правильному поведению должны быть объективность и справедливость. Но не этому учили и продолжают учить людей.

«Думай своей головой — но не позволяй никому об этом узнать. Ставь высокие цели — но не признавайся в этом. Будь честным — но не выставляй этого напоказ. Будь успешным — но скрывай свой успех. Будь великим — но веди себя мелко. Будь счастлив — и да храни тебя Господь, если тебе это удастся». Вот какие моральные установки мы усваиваем из той культурной атмосферы, в которой растем: так же, как это делали люди на протяжении всей истории.

Угодничество злу — неизвестному, неопределимому, непонятному злу — было подводным течением культурного потока во все исторические эпохи. В примитивных культурах (и даже в античной Греции) это угодничество принимало форму веры в то, что богам неугодно человеческое счастье или успех, потому что это — прерогатива самих богов. Отсюда суеверный страх признавать собственную удачу: как, например, ритуал, при котором родители плачут над своим новорожденным сыном, причитая, что он жалкий, уродливый, никчемный, из страха перед демоном, который может нанести ему вред. Обратите внимание на противоречие: зачем пытаться обмануть всемогущего демона, который сам может распознать истинные качества ребенка? Смысл ритуала, таким образом, не: «Не дайте ему узнать, что ребенок хорош», а: «Не дайте ему узнать, что *вы* это знаете и вы счастливы!»

Люди создают богов — и демонов — по своему образу и подобию; как правило, мистические фантазии служат для объяснения явлений, которым люди не могут найти объяснения. Люди не выдумали бы богов, которые настолько злобны, что желают им хронических страданий, и не стали бы верить в них, если бы не чувствовали повсюду вокруг присутствие непонятной злой воли, направленной исключительно на их личное счастье.

Неужели ненавистников добра так много? Нет. На самом деле в любой эпохе и культуре их жалкое меньшинство. Распространяет это зло тот, кому это выгодно.

Это люди, которым выгодно психологическое разрушение человечества и которые пробивают себе путь к положению морально-интеллектуальных лидеров. Они предоставляют ненавистникам неограниченные возможности для рационализации, обмана, оправдания и маскировки, в том числе и способы выдачи грехов за добродетели. Они оговаривают, смущают и разоружают жертв. Их интересует власть. Им нужна любая система мышления или веры, направленная на *уничижение* человека.

Задумайтесь о смысле некоторых древнейших легенд человечества.

За что были наказаны вавилоняне? За то, что вознамерились построить башню до неба.

Почему погиб Фаэтон? Потому что пытался управлять солнечной колесницей.

Почему разбился Икар? Потому что захотел полететь.

Почему Арахну превратили в паука? Потому что она вызвала богиню на соревнование в искусстве ткачества и выиграла его.

«Не надейся — не рискуй — не возвышайся — амбиции саморазрушительны» — веками звучит один и тот же припев — во все эпохи, вплоть до голливудских фильмов, где юноша, пытающийся пробиться в большом городе, обретает богатство, но не счастье, а провинциальный паренек, сидящий на своем месте, завоевывает любовь соседской девчонки, отказавшейся от соблазнов роскошной жизни.

Существует и всегда существовало огромное множество доказательств того, что проклятие подавляющего большинства людей — не амбиции и смелость, а пассивность, тупость и страх.

К концу Второй мировой войны в газетах появились следующие сообщения: когда русские войска двигались на запад и занимали иностранные города, советское командование автоматически приговаривало к расстрелу всех граждан, у кого был банковский счет хотя бы в 100 долларов или имелось высшее образование; остальные покорялись. Это физическое выражение духовной политики морально-интеллектуальных лидеров человечества: уничтожить верхушку, а остальные сами сдадутся.

Как политическому диктатору необходимы бандиты с особыми убеждениями для претворения в жизнь его приказов, так и интеллектуальные работники нужны ему для поддержания власти. Эти бандиты — ненавистники добра; их особые убеждения — альтруистическая мораль.

Совершенно очевидно — исторически, философски и психологически, — что альтруизм — это неисчерпаемый источник оправдания самых злых мотивов, самых антигуманных действий и самых отвратительных эмоций. Несложно уловить смысл идеи о том, что *всем хорошим нужно жертвовать*, и понять, что невнятное обвинение в «эгоизме» — скрытое проклятие для всего живого.

Но нужно учесть один важный феномен: ненавистники и завистники — самые громкие провозвестники альтруизма — невосприимчивы к альтруистским критериям добра. Их тщеславие — которое мгновенно вспыхивает гневом при любом намеке на чье-то истинное превосходство — никак не реагирует на поступки святых или героев альтруизма, превосходство которых они открыто провозглашают. Никто не завидует Альберту Швейцеру. А кому завидуют? Людям умным, способным, успешным и независимым.

Если кто-нибудь когда-нибудь верил (или пытался поверить) в то, что мотивом альтруизма служит сострадание, что его цель — в облегчении человеческих страданий и искоренении нищеты, то состояние сегодняшней цивилизации полностью лишает такой самообман опоры. Сегодня альтруизм идет в атаку, срывая покровы обоснований и оправданий.

Альтруистов больше не заботят материальные ценности и даже их «перераспределение», важно лишь их уничтожение — и то в качестве средства для достижения цели. Их дикая ярость направлена на уничтожение разума — способностей, амбиций, мышления, упорства, справедливости; на уничтожение любого вида морали; на уничтожение ценностей как таковых.

Последний фиговый листок академического притворства — ярлык, которым маскируют это движение: *эгалитарность*. На самом деле это не маскировка, а полное раскрытие карт.

Эгалитарность означает веру в равенство всех людей. Если принимать слово «равенство» в серьезном или разумном смысле, крестовый поход за эту веру начался около века назад или даже раньше: Соединенные Штаты Америки превратили ее в анахронизм, создав систему, основанную на принципе личных прав. «Равенство» в гуманитарном контексте — это политический термин: он означает равенство перед законом, равенство в фундаментальных, неотчуждаемых правах, которыми каждый человек наделен от рождения в качестве человеческого существа и которые не могут быть отменены или ограничены любыми созданными человеком институтами, такими как наследственные дворянские титулы или разделение людей на касты. С появлением капитализма кастовая система была разрушена, в том числе институты аристократии, рабства или крепостничества.

Но не этот смысл вкладывают в понятие «равенство» альтруисты.

Они превратили это слово в антиидею, используя его для обозначения не *политического*, а *метафизического* равенства — равенства личных свойств и качеств, независимо от природных задатков или личного выбора, деятельности и характера. Они намерены бороться не с созданными человеком институтами, а с природой, то есть с *реальностью*, с помощью институтов, созданных человеком.

Поскольку природа наделяет не всех людей в равной степени красотой или умом, а свойство свободной воли позволяет человеку делать собственный выбор, сторонники эгалитарности пытаются запретить «несправедливость» природы и свободного выбора и установить *фактическое* — отрицающее факты — общее равенство. Так как Закон самоидентичности не поддается влиянию, они стараются отменить Закон причин и следствий. Так как личные качества или способности невозможно «перераспределить», они стараются лишить людей того, что из них следует, — наград, преимуществ, достижений.

Они ищут не равенства перед законом, а *неравенства*: построения перевернутой общественной пирамиды, верхушку которой занимает новая аристократия — *аристократия отсутствия ценностей*.

Рассмотрим природу различных методов, которыми эта цель может быть достигнута.

Так как равная плата за разное качество и количество деятельности — слишком явная несправедливость, сторонники эгалитарности решают проблему путем запрещения неравноценной деятельности. (Вспомните политику многих профессиональных союзов.)

Так как есть люди, способные достигнуть большего в более короткие сроки, чем остальные, приверженцы эгалитарности отвергают идею «ценности» сотрудника в качестве основы для продвижения и заменяют ее идеей «старшинства». (Вспомните о положении дел на современных железных дорогах.)

Так как экспроприация богатства — политика, которая уже была несколько дискредитирована, эгалитаристы накладывают ограничения на использование богатства и постоянно ужесточают эти ограничения, таким образом делая богатство бесполезным. Это «нечестно», кричат они, что только богатые могут получить наилучшее медицинское обслуживание, или наилучшее образование, или наилучшее жилье, или любые вещи ограниченной доступности, которые должны распределяться, а не быть предметом конкуренции, и т. д. и т. п. (Посмотрите на любую редакционную статью в любой газете.)

Так как есть женщины красивые и некрасивые, эгалитаристы борются за запрещение конкурсов красоты и телерекламы, в которой снимаются прелестные модели. (Вспомните движение за женское равноправие.)

Так как некоторые ученики умнее и прилежнее других, эгалитаристы запрещают систему отметок, основанную на объективной оценке успехов ученика, и заменяют ее системой оценок «по кривой», основанной на *сравнительном стандарте*: набор оценок от отличных до неудовлетворительных дается каждому классу, независимо от личных успехов учеников, и отметки «распределяются» на основе успехов класса в целом. Таким образом, ученик может получить за одну и ту же работу пятерку или двойку, в зависимости от того, находится ли он в классе тупиц или гениев. Нет лучшего способа сформировать в юном человеке заинтересованность в отсталости других учеников и страх и ненависть к их успехам. (Вспомните о состоянии современного образования.)

Задумайтесь о том, что все эти методы не дают худшим тех добродетелей, которые присущи лучшим, а просто приносят тем, у кого эти добродетели есть, разочарование и нежелание их проявлять. И каков в этом случае общий множитель и главная идея всех этих методов? Ненависть к добру за то, что оно является добром.

Но все это старые примеры идеи, которая, будучи однажды внедрена в культуру, растет в геометрической прогрессии, двигая ненавистников вперед и создавая новых там, где их никогда не существовало ранее.

Война между группами влияния — неизбежный результат смешанной экономики, которая следует ее философским курсом: эта война начинается между экономическими группами и ведет к всплеску антиинтеллектуальной, антиидеологической борьбы. Для новой группы влияния сегодня отправной точкой может стать все что угодно, главное, чтобы это была чья-то *слабость*.

Слабость любого рода — интеллектуальная, моральная, финансовая или количественная — это сегодняшний ценностный стандарт, критерий прав и почва для привилегий. Требование законодательно утвержденного неравноправия сегодня звучит открыто и воинственно, а право на двойные стандарты провозглашается с сознанием полной справедливости такого требования.

Так как количественное превосходство имеет определенную ценность, по крайней мере в сфере практической политики, те же самые коллективисты, которые когда-то выдвинули мерзкую доктрину неограниченной власти большинства, теперь отказывают большинству — в любом вопросе — в специальных привилегиях, которые передаются любой группе, которая заявляет о себе как о меньшинстве.

Расизм — это самая дурная и примитивная форма коллективизма. Сегодня расизм считается преступлением, если практикуется большинством, но неотчуждаемым правом, если его практикует меньшинство. Идея о том, что какая-то культура стоит выше других только потому, что представляет собой традиции предков, считается шовинизмом, если ее придерживается большинство, но «этнической» гордостью, если об этом заявляет меньшинство. Нежелание перемен и прогресса рассматривается как реакционность, если его проявляет большинство, но возвращение в балканскую деревню, индейский типи или джунгли приветствуется всеми, если к этому призывает меньшинство.

«Толерантность» и «понимание» считаются односторонними добродетелями. Нам говорят, что обязанность всех — то есть большинства — по отношению к любому меньшинству состоит в том, чтобы быть терпимыми и понимать ценности и обычаи этого меньшинства. А в это время само меньшинство заявляет о том, что его душа недоступна пониманию других, что оно не собирается принимать ничего из ценностей, обычаев или культуры большинства и будет продолжать выкрикивать расистские эпитеты (или делать что-нибудь похуже) ему в лицо.

Никто больше не может делать вид, что цель такой политики — в искоренении расизма, особенно если задуматься о том, что реальными жертвами оказываются лучшие члены этих привилегированных меньшинств. Уважающие себя мелкие домовладельцы и хозяева магазинов являются незащищенными жертвами каждого расового бунта. Лидеры-эгалитаристы любого меньшинства ожидают от его членов, что они будут пассивным стадом, молящим о помощи (что является необходимым условием для контроля группы влияния). Те, кто не обращает внимания на угрозы и пытается пробиться собственными силами, считаются предателями. Предателями чего? Предателями коллектива, основанного на физиологической общности (расовом признаке), предателями некомпетентности, нежелания что-либо делать, тупости или симуляции остальных. Если выдающийся человек отличается черным цветом кожи, он подвергается нападкам, как Дядя Том из известного романа. Но статус привилегированного меньшинства не ограничивается чернокожими, он простирается на все расовые меньшинства — при одном условии.

Этим условием, имеющим для эгалитаристов огромную глубину и значимость, является *примитивный* характер традиций данного меньшинства, то есть его *культурная* слабость.

От нас требуют изучать, принимать и уважать именно примитивные культуры — любые, кроме нашей собственной. Глиняный горшок, форма которого остается неизменной из поколения в поколение, представляется нам достижением, а пластмассовая чашка — нет. Медвежья шкура — это достижение, искусственный мех — нет. Воловья упряжка — достижение, самолет — нет. Травяная настойка и змеиный жир — это достижения, а кардиохирургия — нет. Стонхендж — достижение, а Empire State Building — нет. Черная магия — достижение, «Органон» Аристотеля — нет.

Почему западная цивилизация должна восхищаться примитивными культурами? Потому что в них *нечем* восхищаться. Почему примитивного человека заставляют игнорировать достижения западной цивилизации? Потому что они действительно восхитительны. Почему самовыражение гения оказывается подавленным и игнорируемым? Потому что ему *есть* что выражать.

> «Оказывается, капиталистические Соединенные Штаты должны оправдываться за свои небоскребы, автомобили, водопровод и за своих улыбающихся, уверенных, не замученных, не ободранных живьем и не съеденных граждан перед мусульманами, буддистами и каннибалами!.. Люди ненавидят Соединенные Штаты Америки не за их недостатки, а *за их достоинства*, не за их слабости, а *за их достижения*, не за их ошибки, а *за их успехи* — за их великолепные, блестящие, дающие жизнь успехи» («Уничтожение капитализма» (The Obliteration of Capitalism), *The Objectivist Newsletter,* октябрь 1965 года).

Если существует такая вещь, как страсть к равенству, то тем, у кого она присутствует, должно быть очевидно, что достичь такого равенства можно лишь двумя способами: подняв всех людей на вершину или опустив эту вершину. Первый метод невозможен, потому что положение и действия человека определяются его свободной волей; однако ближе всего к нему подошли в Соединенных Штатах при капитализме, который защищал свободу и стимулы для достижений каждого человека, согласно его способностям и амбициям, таким образом поднимая интеллектуальный, моральный и экономический уровень всего общества. Второй метод невозможен потому, что если все человечество опустить до уровня его наименее способных членов, то оно попросту не выживет (а наилучшие его члены и не согласятся выживать на таких условиях). Однако альтруисты-эгалитаристы пытаются провести в жизнь именно второй метод. Чем больше свидетельств последствий их политики, то есть чем больше в мире страданий, несправедливости, неравенства, тем отчаяннее они пытаются ей следовать. Это говорит о том, что не существует такой вещи, как добровольная страсть к равенству, и заявления об этом служат прикрытием страстной ненависти к добру.

Чтобы понять значение и мотивы эгалитарности, попробуйте распространить этот подход на сферу медицины. Допустим, врача вызывают к человеку со сломанной ногой, а он, вместо того чтобы заняться лечением травмы, ломает ноги еще десяти человекам, объясняя, что благодаря этому пациент будет чувствовать себя лучше; когда все эти люди окажутся инвалидами на всю жизнь, врач станет требовать принятия закона о том, что все должны ходить на костылях, чтобы инвалиды чувствовали себя лучше и «несправедливость» природы была бы устранена.

Если это кажется вам немыслимым, то как такие идеи признаются нравственными сегодня? Однако мотивация подобного рода — ненависть к здоровым за их здоровье, то есть к добру за добро, — руководящая идея современной культуры.

Рассмотрим некоторые примеры, которые вскрываются повсюду вокруг нас, как нарывы какой-то скрытой болезни.

Деятели эгалитарного образования отклонили план открытия детского центра Монтессори для детей из неблагополучных семей, потому что «испугались, что после посещения центра Монтессори дети из неблагополучных семей попадут в обычный детский сад или школу с преимуществом по отношению к остальным». И что же двигало этими деятелями — желание улучшить жизнь бедным детям или желание опустить всех до одного уровня?

Знаменитый экономист предложил ввести *налог на персональные способности*, предположив, что «скромным первым шагом может стать специальный налог, который должны будут платить люди, получавшие высокие отметки при обучении». Чем это чревато для талантливых, целеустремленных молодых людей, которым с трудом хватало средств на жизнь во время обучения? Будут ли они способны платить налог на привилегию использования собственного интеллекта? Кто — богатые или бедные — захочет в таких условиях пользоваться своими способностями? Неужели такой шаг, обрекающий лучших людей на пожизненное сокрытие своего интеллекта, как постыдной тайны, продиктован любовью?

Сострадание ли двигало известным социальным работником, который много лет назад посетил Советскую Россию, когда он писал: «Приятно было видеть, что все люди на улицах одинаково одеты»? И сострадание ли движет теми, кто сетует на существование трущоб в городах США, однако ничего не говорит о своих симпатиях к советской системе, которая превратила целую страну в сплошные гигантские трущобы, где нормальная жизнь является уделом лишь крошечной правящей элиты, а все остальные прозябают в кошмарном кровавом отстойнике?

Спросите себя, каковы мотивы в следующем примере. Профессор спросил у группы студентов, какую из двух систем они бы предпочли: систему неравного распределения заработной платы или систему, при которой зарплата всех будет равной, при этом ниже, чем самая маленькая при неравной системе? За исключением одного студента, вся группа проголосовала за систему равных зарплат (за которую был и сам профессор).

А вот пример из политики: вспомните чопорное ханжество любого местного агитатора, который повторяет ритуальную формулу о защите «нищих, черных и юных». Почему именно их? Потому что они (как принято считать) слабы. А кем являются остальные граждане и кто будет защищать их интересы? Неизвестно. Смысл не в том, что упомянутым группам граждан противопоставляются «богатые, белые и старые». Смысл в том, что противопоставление здесь может быть только одного рода, вне зависимости от возраста, пола, религии, цвета кожи или экономического статуса: *знания и интеллект противопоставлены невежеству*.

На рубеже XX века, когда идея социализма приобретала своих сторонников, считалось, что компетентные люди должны быть порабощены с целью поднятия остального человечества до их уровня и уравнивания материальных преимуществ. Хотя и такое убеждение — явное зло, однако его сторонники были все же лучше, чем современные эгалитаристы: подобно тому как человек, убивающий ради грабежа, все же лучше, чем тот, кто убивает просто ради развлечения. Сегодня история социалистических государств демонстрирует непрактичность порабощения человеческого разума — и поднимает на поверхность ранее глубоко скрытые мотивы. Сегодняшние защитники «равенства» не пытаются делать вид, что хотят улучшить долю бедняков; они хотят не использовать для этого самых умных и профессиональных людей, а уничтожить их.

Если кто-то сомневается в возможности существования таких мотивов, все сомнения должен разрешить экологический крестовый поход.

Сегодня величайший благодетель человечества — технология — объявляется его врагом, Соединенные Штаты проклинают не за эксплуатацию народных масс, а исключительно за их материальное благополучие, злодеем выступает не делец с Уолл-стрит, а американский рабочий, чье единственное преступление — обладание телевизором. Сегодня принято ненавидеть не богатых, а средний класс (то есть самую лучшую, самую знающую, самую целеустремленную, самой продуктивную группу в любом обществе, группу людей, которые сами всего добились), а бедными считать не нищих, а *относительно* бедных. Сегодня автомобиль подвергается нападкам как общественное зло, шоссейные дороги объявляются надругательством над дикой природой, немощная молодежь обоих полов со стеклянными глазами завывает о вреде технических приспособлений и требует, чтобы люди отдавали свою жизнь ручному труду и сбору мусора, а так называемые ученые искажают, подделывают или замалчивают научные факты с целью посеять среди невежественных панику по поводу всепланетных опасностей вроде присутствия ртути в тунце. Сегодня интеллектуальные лидеры заявляют, что труд — это старинный предрассудок, что амбиции нужно заменить беспорядочными развлечениями и что стандарты жизни должны быть *снижены*, а толпы современных варваров мешают постройке электростанций и готовы ввергнуть Нью-Йорк в катастрофу из-за перегрузки электросетей. Так не пора ли понять, что мы имеем дело не с защитниками человечества, а с убийцами?

Культурные движения часто производят карикатуры на самих себя, подчеркивая сущность современной культуры. Одна из таких карикатур — хиппи. Эти экологические крестоносцы, которые загрязнили бы любой источник, зайдя в него, — есть физическое воплощение духа сегодняшней культуры. Об их мотивах можно говорить долго, но подумайте хотя бы о смысле их внешнего вида. Назначение показного намеренного уродства и телесной грязи — в оскорблении окружающих (одновременно с взыванием к жалости), в отрицании, вызове, введении в искушение тех, у кого есть хотя бы какие-то ценности.

Но хиппи — это еще не все. Их превзошла самая карикатурная из всех карикатур — Движение за права женщин.

Подобно эгалитаристам, которые выезжают на имидже борцов за политическое равноправие, в то же самое время стремясь к противоположному, феминистки пытаются выехать на достижениях тех женщин, которые боролись за права личности против власти государства, и стремятся получить особые привилегии с помощью той же самой государственной власти.

Крича о том, что борются с предрассудками, касающимися женщин в обществе, они повсеместно — на каждом углу и каждом телеэкране — представляют обществу свидетельства предрассудков, свойственных самому отъявленному женоненавистнику.

Американские женщины — самые привилегированные женщины на земле: они контролируют богатство Соединенных Штатов, унаследованное от отцов и мужей, которые раньше срока отправились на тот свет, угробив себя непосильным трудом в попытках обеспечить все удобства для играющих в бридж и попивающих коктейли дамочек, мало что дававших им взамен. Феминистки заявляют, что они должны отдавать еще меньше, и требуют, чтобы женщины перестали готовить своим мужьям еду. Они пишут на своих плакатах: «Умори крысу голодом!» (Что же будет есть кошка после того, как все крысы перемрут? Неизвестно.) Идея о том, что место женщины — домашний очаг, — это древнее, примитивное зло, поддерживаемое и сохраняемое женщинами в той же степени (если не в большей), что и мужчинами. Агрессивная, озлобленная, уверенная в своей правоте и завистливая домохозяйка — злейший враг женщины, делающей карьеру. Феминистки играют на этой агрессии, озлобленности, уверенности и зависти и направляют их против мужчин. (Однако это развенчивает по крайней мере один мужской стереотип относительно женщин: их считают подобными кошкам, но ни одна кошка не способна на такую жестокость, которую демонстрируют эти дамы.)

Нет другого такого места на земле, где женщине предоставляется столько возможностей, сколько в Соединенных Штатах, и где так много женщин делают успешную карьеру. Феминистки заявляют, что успех не должен достигаться своими усилиями, а должен быть гарантирован изначально. Должно быть законодательно закреплено, заявляют они, чтобы женщин принимали на любую работу, в любой клуб и на любую руководящую должность, которую они выберут, и пусть работодатель попробует доказать в суде, что он не позволил женщине продвинуться по службе потому, что она дура, а *не* потому, что она женщина.

Действительно *существуют* мужчины, которые боятся умных и амбициозных женщин. Феминистки хотят искоренить подобные чувства, утверждая, что значение имеют не интеллект и способности, а исключительно половая принадлежность.

Есть мужчины, которые считают женщин иррациональными, нелогичными, непонятливыми, слишком эмоциональными и ненадежными. Феминистки хотят опровергнуть это при помощи неряшливых безумных женских толп, марширующих по улицам, крича снова и снова одни и те же короткие лозунги с тупой монотонностью варварского ритуала и обидой испорченного ребенка.

Борясь с мужской властью, феминистки протестуют против отношения к женщине как к «сексуальному объекту» — причем тем, кто кричит громче всех, явно бояться нечего.

Провозглашая женскую независимость от мужчин и равенство с ними, феминистки требуют освобождения от ответственности за любую сексуальную жизнь, которую захочет вести женщина, и перекладывания этой ответственности на других: они требуют бесплатных абортов и детских садов. А кто будет платить за все это? Правильно, мужчины.

Сексуальные взгляды, пропагандируемые феминистками, настолько нелепы, что обсуждать их просто невозможно — по крайней мере для меня. Рассматривать мужчину как врага, а женщину — как смесь матриарха с портовым грузчиком, заменить классовую борьбу половой борьбой, притянуть половые вопросы к политике в качестве инструмента для групповой борьбы за власть, провозглашать духовное единство с лесбиянками и клясться в вечной ненависти к мужчинам — все это настолько мерзкий набор убеждений, что точный комментарий потребовал бы такой лексики, какую мне бы не хотелось видеть в печати.

Есть ли что-нибудь хуже, чем женщины-феминистки? Есть. Это мужчины, которые их поддерживают. Сам факт того, что такие мужчины есть, — ключ к разгадке этого нелепого явления.

У любой другой группы влияния есть хоть какое-то оправдание своего существования. У феминисток и этого нет. Но у них есть общий множитель со всеми остальными, обязательный элемент для любой группы влияния: опора на *слабость*. Движение, подобное феминизму, смогло завоевать доверие и симпатию среди сегодняшних интеллектуалов только благодаря тому, что мужчины метафизически являются доминирующим полом и считаются (хотя и на ложных основаниях) более сильными, чем женщины. Феминистки бунтуют против мужской силы, против силы как таковой, это бунт тех, кто никогда не пытался и не хотел эту силу обрести.

К чести большинства американских женщин надо сказать, что успех феминисток не так велик. Но то же самое можно сказать и о студенческих активистах, и о хиппи, и о защитниках природы. Но общество слышит лишь самые громкие голоса, а на телеэкранах мелькают лишь самые претенциозные фигуры, выставляющие напоказ свои язвы и потрясающие кулаками. Это командиры армии ненавистников, выползшие из вековых сточных канав и кривляющиеся на публике, разбрызгивая на проходящих мимо, на тротуары улиц, на витрины и на чистые белые газетные листки грязь, которая превращается в постоянный поток, призванный породить у окружающих чувство вины и заработать их «сострадание».

Проходящие мимо — это мы все, вынужденные жить, дышать и работать в такой атмосфере.

Нет, большинство людей не являются ненавистниками добра. Большинство питает отвращение к подобным патологическим демонстрациям. Но хроническое отвращение не способствует уважению, взаимному доверию или доброй воле между людьми. Хроническое созерцание гротескного позирования, невнятных заявлений, невразумительных требований, необъяснимых противоречий, жалкого уродства, несдерживаемой жестокости и циничной несправедливости — созерцание агрессивного злобного существа, встречаемого слезливым, сентиментальным одобрением, — разрушает мораль и нравственность всех, за исключением наиболее выдающихся представителей человечества.

Процесс разрушения начинается с запутывания и продолжается разочарованием, отчаянием, злобой и страхом. Внутри себя человек прячется в тумане субъективности, а внешне перестает доверять людям, а затем постепенно перестает стремиться к ценностям, впадает в слепую ярость по отношению ко всему и всем, так что его поведение начинает напоминать поведение настоящих ненавистников, которые и стоят за всеми этими процессами.

Эти манипуляторы — умные люди, занятые в сфере гуманитарных наук. Большинство людей, управляемые только здравым смыслом и наивными, неопределенными чувствами, слепо стремятся к разумному руководству. Они не понимают того, что их интеллектуальные руководители уже давно потеряли разум и заменили его чувствами, которые их жертвы не способны понять и которым не способны поверить. Самый явный пример психологической пропасти, лежащей между народом и интеллектуальными лидерами — сравнение их реакции на полет «Аполлона-11».

Сами интеллектуалы являются отчасти жертвами, а отчасти — убийцами. Кто же в таком случае настоящие убийцы? Крохотное меньшинство, которое монополизировало сферу философии и с помощью Иммануила Канта посвятило ее пропаганде ненависти к добру за добро.

Но этот род ненависти — очень древнее чувство. Современная философия — это не причина этой ненависти, а всего лишь производитель боеприпасов и рационализаций для нее. Тогда в чем же причина? Ответ лежит в природе человеческого сознания.

Человек не может взаимодействовать с реальностью исключительно на перцептивном уровне; его выживание требует концептуализации, но концептуальное мышление требует *воли*. Человек может по собственному выбору мыслить концептуально или не мыслить. Большинство людей совершают переход от предварительной детской стадии концептуальности до полноценного концептуального мышления взрослого с разной степенью успеха и в результате останавливаются на том или ином уровне сочетания этих двух методов. Ненавистник добра — человек, который вообще не совершил этого перехода. Это случай остановки в психоэпистемологическом развитии.

Мыслительные функции ненавистника остаются на детском уровне. Для него нет ничего полностью реального, кроме настоящего момента, того, что дано в сиюминутных ощущениях, без прошлого и будущего. Он научился говорить, но так и не научился процессу концептуализации. Для него концепции — не более чем определенный тип кодовых сигналов, которыми другие люди пользуются по непонятным причинам, а для него самого эти сигналы не имеют значения. Он относится к идеям так же, как к образам, и их значение для него меняется при любой смене обстоятельств. То, чему он научился, или то, что случайно задержалось у него в памяти, его мозгом воспринимается как факт конкретного восприятия, а откуда и каким образом это знание получено, он не помнит. Его мозг подобен куче необработанного материала, который возникает и пропадает по воле случая.

В этом состоит самая принципиальная разница между его мышлением и мышлением ребенка: нормальный ребенок активно ищет знание. Ненавистник остается на месте; он не стремится к знаниям, он «открывает себя» для «опыта», надеясь, что в результате что-нибудь окажется у него в голове. Мыслительные действия, то есть мыслительные *усилия* — любого рода обработка, определение, организация, интеграция, критическая оценка или контроль содержания его разума, — для него являются чужой страной, попадания в которую он всю свою искалеченную жизнь пытается избежать. Его мышление настолько застойно, насколько возможно в жизни человеческого существа, не переступившего грань, отделяющую пассивность от психоза.

Ум, который пытается избежать усилий и действовать автоматически, полностью отдается на милость эмоций. С психоэпистемологической точки зрения (невзирая на все доводы сознания об обратном) ненавистник воспринимает свои эмоции как неизбежные и непреодолимые, как силу, которую нельзя подвергать сомнению и которой нельзя не подчиниться. Но источник происхождения эмоций — автоматизированные ценностные суждения, имеющие абстрактное, метафизическое происхождение. У ненавистника отсутствуют постоянные ценностные суждения, а есть лишь случайные сиюминутные побуждения. Однако его эмоции — это не великие страсти, в пользу которых он жертвует своим интеллектом, не всевластные демоны, а всего лишь чумазые малень-

6. Эра зависти

кие чертенята, скачущие, поверхностные и немыслимо банальные. Им управляют не мечты, а *капризы*.

Как человеческое существо может опуститься до такого уровня? Для этого существуют различные психологические причины, но общий план примерно таков: процесс превращения себя в шута запускается в детстве, если ребенок слишком много врет, но ему это сходит с рук. В ранние, критические для развития годы, когда ребенок должен обучиться мыслительным процессам, необходимым для знакомства с огромной неизвестной реальностью, он обучается абсолютно противоположному. Он учится не наблюдать, а выдумывать, он учится тому, что все можно получить обманом, мольбами и угрозами (истериками), то есть *манипулируя* взрослыми. Отсюда он заключает, что реальность — враг ему, раз он должен фальсифицировать ее — лгать — ради того, чтобы получить желаемое. Реальность не подчиняется ему, она разочаровывает его, она непостижима для его чувств и не отвечает на его действия так, как это делают взрослые; однако ему кажется, что этого врага не стоит принимать в расчет, поскольку у *него* есть способ справиться с ним, не применяя иных средств, кроме своего *воображения*, — ведь оно заставляет загадочно всесильных взрослых делать за него то, что он не может сделать сам: каким-то образом одурачивать реальность и удовлетворять его капризы.

Постепенно эти подсознательно сделанные выводы автоматизируются в его мышлении в форме привычного двойственного чувства: подленького ощущения успеха, с одной стороны, и ощущения собственной ущербности — с другой. Он пытается бороться с последним, внушая себе, что он велик, так как может обдурить кого угодно, и в поисках утешения продолжает расширять практику обмана. Без слов, как внутреннюю установку, он принимает на веру, что ему для выживания необходимо манипулировать людьми. На определенной стадии развития он приобретает единственную подлинную и постоянную эмоцию, которую ему суждено испытать: *страх*.

Ребенок растет, и страх растет вместе с ним. Он постепенно осознает собственное бессилие перед лицом реальности, такой же непостижимой для него, как и в детстве, но уже темной, злобной и требовательной. Реальность ставит перед ним задачи, с которыми он не в состоянии справиться (а ведь другие почему-то в состоянии). Он способен уловить сиюминутную данность, но этого недостаточно: он не способен встроить ее в какую-либо систему. Он оказывается в ловушке между двумя зияющими черными дырами: между вчера и завтра. Он никак не может знать, какие опасности могут наброситься на него сзади или ждать его впереди (он ощущает лишь, что *действительно* заслужил их). Он чувствует, что с ним, с его разумом, что-то не так, что в нем есть какой-то страшный дефект, который нужно любой ценой скрыть ото всех, а в первую очередь от себя. Его разрывает изнутри конфликт двух противоборствующих стремлений, которые он боится определить: стремления отсталого ребенка к тому, чтобы его вели, защищали, руководили им, и стремления манипулятора искать утешение в постоянном утверждении власти над окружающими.

На этом этапе для такого человека существуют два возможных пути. Большинство ищет покоя в безопасном застое и пропадает в мрачной безвестности, становясь растрепанными домохозяйками и туповатыми клерками, которые добавляют страданий всем, с кем общаются, проклинают жизнь и человечество и захлебываются от восторга, когда узнают о чьих-то неудачах или горе.

Но те, кто более амбициозен и тщеславен, выбирают иной путь. Надев непроницаемую маску наглеца, которому все нипочем, такой человек продолжает развивать в себе детское презрение к концептуализации. Для него язык — не более чем некий искусственный сигнальный код, которым он может пользоваться, не вступая в конфликт с реальностью. При помощи языка он всегда контролировал окружающих и теперь продолжает пытаться делать то же самое. Такова в общих чертах картина рождения интеллектуала, который считает идеи *инструментами обмана*.

Психиатрам известен феномен, получивший название «гениального сумасшедшего»: так называют человека с интеллектом дебила, который по каким-то еще не раскрытым причинам способен выполнять в уме сложнейшие арифметические действия. Ненавистник добра становится чем-то подобным: «идиотом-философом», человеком, который неспособен постичь связь идей с реальностью, но в то же время посвящает свою жизнь производству, продвижению и использованию идей для поддержания самооценки.

Идеи таких философов (и их последователей) исключительно далеки от реальности, похожи на игральные карты, сделанные из тумана и растворяющиеся в воздухе от дуновения хотя бы единственного факта. При всей своей путаной сложности все эти идеи имеют единственную, неизменную цель: вырыть пропасть между человеческим мышлением и реальностью, тем самым обесценив значение реальности в делах человеческих; и единственный метод: игра на человеческих слабостях, сомнениях и страхах, та самая, которой будущие ненавистники овладевают еще в детстве.

В качестве примера этого вида людей я приведу Иммануила Канта: настолько последовательно античеловеческая система взглядов, как у него, не может быть результатом невинного заблуждения.

Если вам неясен парадокс, который представляют собой такие мыслители — люди, с детства стремящиеся найти способ избегать мыслительных усилий, а затем посвящающие всю жизнь мучительным мыслительным извращениям, — вспомните подобный же парадокс из материальной сферы. Это случай человека, который считает, что «работают только неудачники», и ищет кратчайший путь к обогащению, становясь грабителем банков; а затем его жизнь превращается в череду тюремных сроков, разделенных краткими периодами свободы, которые он проводит в изнуряющей работе по изобретению и осуществлению планов очередного ограбления.

Объяснение кроется в том факте, что мыслительный контекст, требующийся для зарабатывания денег и для ограбления, различен и, соответственно, различны происходящие при этом умственные процессы. Зарабатывание денег трудом требует личной ответственности за взаимодействие с реальностью; ограбление требует лишь обмана нескольких охранников или полицейских. Формулировка философских идей требует огромной личной ответственности, связанной с наблюдением, вынесением суждений и интегрированием фактов реальности; фальсификация идей не требует ничего, кроме обмана безразличных, напуганных или невежественных людей. И грабитель банков, и «идиотфилософ» — психологические паразиты. Основная причина такого паразитизма — интеллектуальное развитие, ограниченное стремлением обладать незаработанным. А основная мотивация — невыносимый ужас перед реальностью и желание убежать от него.

Человеческая потребность в самооценке — худший враг ненавистника. Самооценка означает опору на свою силу мысли. Ее никак нельзя заменить силой обмана. Уверенность в себе ученого и уверенность в себе мошенника — вещи, которые не могут переходить одна в другую. Успех человека, который имеет дело с реальностью, подкрепляет и повышает его уверенность в собственных силах. Успех мошенника увеличивает только его же панику.

Интеллектуальный мошенник обладает только одним способом защиты от этой паники: сиюминутным облегчением, которое он находит в том, чтобы заходить все дальше и дальше по пути обмана. Его навязчивой идеей становится сохранение иллюзии собственного превосходства. И в чем же? Он сам этого не знает. Он не может мыслить концептуально. Он судит о людях, событиях и действиях «инстинктивно», то есть не по тому, чем они являются на самом деле, а по тому, что они его заставляют *чувствовать*. Обманывая людей, он ощущает свое превосходство, а почему, он давным-давно забыл (да и до конца не знал никогда).

В нем развивается особый «инстинкт»: он «чует» наличие в людях слабости, притворства, неуверенности, колебаний и страха (не перед ним, а перед общим врагом — реальностью). Рядом с такими людьми он чувствует себя «большой шишкой» и имеет у них успех. Но когда он сталкивается с успешными и уверенными людьми, то оказывается полностью разбит и чувствует только всепоглощающий ужас. Этот ужас и помогает ему распознать в человеке подлинную уверенность в себе.

Человек, обладающий такой уверенностью, полагается на суждения собственного рассудка. Он не поддается всему и всем подряд; он может ошибиться или быть одурачен в каких-то случаях, но он *полностью уверен* в абсолюте реальности, то есть в поиске правды. Перед ним манипулятор ощущает себя бессильным; этот ужас не относится к конкретному человеку, это метафизическое чувство: ему кажется, что его лишают средств к существованию.

У настоящей уверенности в себе может быть только один источник: разум. Отсюда и возникает страстная ненависть интеллектуального мошенника к разуму и ко всем его проявлениям и последствиям — уму, уверенности, целеустремленности, успеху, достижениям, добродетели, счастью, гордости. Все эти явления — родом из той вселенной, в которой он не может существовать. Подобно созданию из океанских глубин, он чувствует свежий воздух, которым не может дышать.

Таково краткое описание причин и закономерностей развития, порождающего в итоге ненависть к добру за добро.

На этой конечной стадии ненавистник, руководимый одними лишь чувствами, не может сказать, что заставляет его действовать, он сознает лишь свою ненависть и всепоглощающую жажду разрушения. Он понятия не имеет о том, за какие давным-давно позабытые капризы он сейчас расплачивается и к какой цели стремится; у него больше нет целей, желаний и капризов, его поиски наслаждений увенчались провалом; его ненависть бесцельна и бескорыстна, он знает лишь, что должен разрушать — разрушать все яркое, улыбающееся, чистое — для того, чтобы сохранить во вселенной хотя бы *возможность* того, что какая-то *потенциальная* прихоть будет успешно удовлетворена, хотя сейчас он не видит на горизонте ничего, что можно было бы преследовать.

Чтобы объяснить природу своего чувства, он притягивает случайные логические обоснования, что привык делать всегда. «Этот человек, — орет он, — надменный эгоист!.. Он отрицает богов! Он упрямый, он не идет на компромиссы, он никого не слушает!.. Он противится народной воле! Он ставит под угрозу общественное благо! Он — враг ближним своим, которых он грабит, разоряет и эксплуатирует! Он холоден, у него нет чувств, он не способен любить!.. Он аморален: он не прощает! Он изобрел мораль, чтобы мы чувствовали себя виноватыми! Он — причина всех страданий на земле! Мы бедны, потому что он богат... мы слабы, потому что он силен... мы страдаем, потому что он счастлив... Мы ничего не можем с этим поделать, ничего! Нас не в чем обвинить, все люди равны! Да кто он вообще такой?!» Лихорадочная горячность помогает не замечать ответа: он *человек*.

Именно из-за стремления уклониться от этого ответа многие ненавистники сегодня выбирают интеллектуальные специальности, подобно тому как на протяжении всех эпох их притягивала философия или ее более примитивный предшественник — религия. В любую эпоху существовали люди с ограниченным мышлением, которые, смертельно боясь реальности, искали психологической защиты, пытаясь одурачить окружающих.

Человеку требуется много лет (а человечеству — многие и многие столетия), чтобы понять: для жизни ему необходим разумный взгляд на реальность, на который он, сознательно или бессознательно, будет опираться. Но из всех задач, стоящих перед человеком, формулировка такого взгляда — самая трудная. Пока остальные были заняты борьбой за выживание, ненавистники занимались тем, что лишали их необходимых для этого средств — в первобытных джунглях, Древней Греции и Соединенных Штатах Америки.

Сегодня, когда лучшие американские умы уходят в естественно-научные профессии, где реальность сложнее (хотя можно) сфальсифицировать, сфера философии, опустевшая, как ничейная земля, все гуще зарастает кантианскими сорняками и заселяется нелегальными поселенцами. Если сорняки не выпалывать, они растут быстрее, чем культурные растения, и, отбирая у них питание, вытесняют их с огородов и полей, а затем прорастают сквозь трещины в бетоне, разрушая фундаменты неприступных небоскребов, — именно это мы наблюдаем сегодня.

Ненавистники уже совершенно открыто контролируют нашу культуру. Они отбросили старый камуфляж вроде Господа Бога, народа, будущего и даже любви. Они проповедуют чистую ненависть к добру — к человеку, разуму, ценностям, существованию — в школьных классах, гостиных, театрах и на площадях; через книги и картины; на суше, на море, в воздухе и через канализацию.

Их главный оплот — сфера образования, которая находится под их полным контролем. «Прогрессивные» учебные заведения выпускают полноценных ненавистников добра. Толпы, покидающие их стены, бродят по земле, проповедуют закон *«Сейчас»*, тем самым признаваясь в ограниченности своего мышления, которое не может заглянуть в будущее, не может хранить верность теориям, целям и ценностям, не может ничего — может только ненавидеть и разрушать. Западная цивилизация подвергается нашествию психоэпистемологических варваров. Они воют и потрясают знаменами «Освобождения». Согласно их философским лидерам, то, чего они требуют, — это *освобождение от реальности*. Все предельно просто и ясно.

Чем это грозит нормальным людям? В момент, когда они более всего нуждаются в философском руководстве, их оставляют вообще без него. Когда они пытаются найти смысл в том, что видят вокруг, они сталкиваются с таким количеством иррационального, с таким хаосом необъяснимого, что начинают верить в то, что реальность — *действительно* кошмар, созданный воображением ненавистников. Некоторые сдаются, некоторые присоединяются к толпам варваров, некоторые винят себя в своем непонимании, некоторые продолжают день за днем бороться, не думая о прошлом или будущем. Невозможно бороться, не понимая и постоянно слыша кругом голоса трусливых подпевал, которые упорно стараются обелить природу врага.

Пока люди считают, что имеют дело с «ошибающимися идеалистами», или «молодыми бунтарями», или «новой моралью», с переходным периодом в изменчивом мире, с неизбежным историческим процессом или даже с немыслимо сильным чудовищем, это заблуждение подрывает их волю к сопротивлению, и интеллектуальная самозащита оказывается невозможна. Категорически необходимо понять, что сейчас не время выжидать, идти на компромиссы и обманывать себя. Необходимо полностью осознать природу врага и его менталитет.

За опустошением мира стоит никакой не великан, а всего лишь жалкое создание со сморщенным от обиды личиком ребенка, который намеревается разгромить всю кухню, потому что ему не удается украсть печенье и съесть его.

Каким же оружием нужно сражаться с таким врагом? Когда-то именно я сказала, что это оружие — *любовь*, любовь в подлинном смысле этого слова — к добру за добро. Если вы будете держаться за ценность, которую любите, — за ваш разум, вашу работу, вашу жену, мужа или ребенка, — и помнить, что именно *это* хочет отобрать у вас враг, искра бунта внутри вас вырастет в нравственный огонь, отвагу и *стойкость*, необходимые для этой битвы. А каким же топливом поддерживать этот огонь? Любовью к человеку в его лучшем проявлении.

Июль–август 1971 г.

Часть III
ПОЛИТИКА

7
Левые: старые и новые

◆

Айн Рэнд

Если вам довелось видеть очень плохой кинофильм «Знак язычника» (Sign of the Pagan), недавно показанный по телевидению, который рассказывает о завоевании Европы Аттилой, вероятно, вы заметили, что единственным советчиком, всегда находившимся рядом с Аттилой и дававшим ему советы накануне каждого кровавого похода, был астролог. Возможно, вы испытали при этом чувство собственного превосходства (на достижение которого западному человеку понадобилось полторы тысячи лет), лучше всего выражающееся во фразе: «Теперь такого быть не может». Вероятно, вы считаете астрологию чем-то примитивным, антинаучным и забавным, однако вполне подходящим для Аттилы; и кстати, для опустошения мира он и его орды располагали лишь дубинками и мечами.

А теперь скажите, сочли бы вы забавным, если бы тот же Аттила поигрывал атомной бомбой и спрашивал у астролога совета, стоит ли ее сбросить?

Что ж, вы могли увидеть или, скорее, услышать проникнутое радостным предвкушением объявление о приближении этого события из уст каких-нибудь глашатаев консервативного толка, зачитанное ими вовсе не из летописей гуннов, а со страниц считающегося глубоко благопристойным журнала, и не в 450 году нашей эры, а 19 декабря 1969 года.

Статья под заголовком «Грядущее десятилетие: в поиске целей» появилась в этот день на страницах журнала *Time*, и начинается она с обращения к астрологии за поддержкой и подтверждением прогноза на будущее десятилетие. Оказывается, путь, по которому в настоящее время движется планета Нептун, представляет собой «знак идеализма и духовных ценностей», которые произведут «огромные перемены» в способе мышления и действий людей.

«Не исключено, — заявляет — нет, не советник Аттилы, а журнал *Time*, — что астрологи правы... В исторической перспективе это и следующее десятилетие вполне могут быть оценены как переходный период, подобный тому, который последовал за Средневековьем и предшествовал Возрождению.

Преклонение перед рационализмом было особым мифом современного человека. Неотъемлемыми частями картины мира, созданной благодаря воцарению разума как высочайшей человеческой ценности и меры всего, стали индивидуализм и конкуренция; сейчас этот миф отмирает... Культурная революция 1960-х провозглашала не аполлонические, а дионисийские добродетели, в 1970-х ее ждет дальнейшее развитие».

Ничем, кроме астрологии, подтвердить подобные заявления невозможно. Необходимость их как-то комментировать вызывает полное замешательство. Но ради самых юных я все же остановлюсь на некоторых вещах, которые на самом деле очевидны.

Средние века были эпохой мистицизма, где правила слепая вера и слепое подчинение догмату превосходства веры над разумом. Период Возрождения стал в первую очередь временем *возрождения разума*, освобождения человеческого мышления, триумфа *рациональности* над мистицизмом — непродолжительным, неполным, но страстным триумфом, который позволил зародиться науке, индивидуализму и свободе.

Я не знаю, в чем корень заявлений *Time* — в невежестве или в чем-то похуже. Я знаю только, что, когда я говорила о главенстве разума в человеческой жизни, я не приводила в пример историческую эпоху, являющуюся примером прямо противоположной тенденции. Но эта добродетель аполлоническая, а не дионисийская.

В приведенной цитате есть единственный элемент правды, и очень любопытно обнаруживать подобное упущение в данном контексте: эта правда — в упоминании о том, что разум ведет к индивидуализму и конкуренции, то есть к капитализму (и является его фундаментом). Врагам капитализма об этом известно. А его так называемые друзья до сих пор пытаются вывернуться, изо всех сил избегая этого знания.

7. Левые: старые и новые

Хочу также напомнить, что разум — способность, позволяющая идентифицировать и свести в систему материал, поставляемый органами чувств человека; то есть разум — единственный имеющийся у человека инструмент познания реальности и обретения знаний, и, таким образом, человек, отказавшийся от разума, будет вынужден действовать, невзирая на факты реальности или даже вопреки им.

Один из таких фактов — существование ядерного оружия. Если люди отбросят «миф рационализма», как они будут решать, нужно ли использовать это оружие, и если да, то когда, где и против кого? Они не будут располагать ничем, кроме своих «инстинктов» и астрологов, дающих стратегические советы. По сравнению с такими перспективами Аттила покажется самым осмотрительным человеком на свете.

Но это, кажется, не обескураживает пророка из *Time*, который говорит далее о страхе, порождённом «последствиями» «науки и технологии». Его идеологические братья чаще всего используют пример ядерного оружия в качестве обвинения против науки и основного инструмента интеллектуального террора. Но если их страхи и мотивы действительно таковы, они уже давно должны были бы стать убеждёнными адвокатами разума: ведь они должны понимать, что водородная бомба не упадёт на город сама по себе, и поэтому иррациональность сегодня совершенно неприемлема для человечества. Но их страхи и мотивы совсем иные.

> «Возможно, — продолжает *Time*, — что хиппи — это первые представители, по крайней мере по духу, людей, которые будут жить и мыслить [?] в следующем десятилетии… Индивидуалистические тенденции, вероятно, продолжат ослабевать по мере того, как люди станут искать самоидентификацию через групповую принадлежность… Маршалл Маклюэн предрекает с полной уверенностью: "Нам предстоит снова пройти через период племенного строя, только на этот раз в полном сознании"».

Как можно быть «в полном сознании», если разум отвергается, и как можно применять такое определение к исключительно рассеянному, зомбированному состоянию транса, характерного и необходимого для племенной ментальности, *Time* не объясняет. Объяснений всегда требуют только аполлонийцы, а не дионисийцы.

«При том, что промышленные технологии продолжат создавать самые разнообразные приспособления, от видеотелефонов до домашних компьютеров, их приобретение уже не будет основной целью для граждан. "Вместо того чтобы покупать товары при возникновении потребности в них, — говорит Бакминстер Фуллер [бодрый молодой человек 75 лет], — все больше и больше людей будут брать их напрокат. Понятие собственности устаревает"».

Еще один молодежный авторитет, гарвардский социолог Питирим Сорокин, предсказывает, согласно *Time*, что «США станут "обществом развитой чувственности"… Под этим он подразумевает превознесение удовольствий над пуританским долгом и праздного времяпрепровождения над работой». Мистер Сорокин, до мозга костей русский мистик-альтруист, родился в 1889 году. Самому молодому из этих бунтарей, Маршаллу Маклюэну, 59 лет. Я подозреваю, что журналу, который в своих материалах обращается за поддержкой к астрологии, не приходится быть слишком разборчивым в том, кого из авторитетов цитировать. Но хиппи должны обратить внимание на то, *кто* занимается формированием их податливых мыслей и пластичных душ и насколько новы и оригинальны побитые молью идеи, которыми им забивают головы.

«Образование, получаемое с целью обогащения и развлечения, — продолжает свой марш *Time*, — а не ради приобретения профессиональных навыков, станет процессом, продолжающимся всю жизнь… Фактически, говорит Маршалл Маклюэн, пожилым людям придется возвращаться в школу, чтобы получить начальное образование. Молодежь, утверждает он, не интересуется скучными знаниями, нужными для функционирования технологической цивилизации; если старшее поколение хочет, чтобы эта цивилизация продолжала существовать, ему придется овладевать этими знаниями самим».

А почему старшее поколение должно этого хотеть? А что, если оно решит, что ему наплевать? Никаких ответов *Time* не дает. Однако будущее этого мира *Time* волнует.

«Все это [дионисийская утопия будущего], — заявлено в статье, — будет зависеть от роста экономики Соединенных Штатов, который, по мнению подавляющего большинства экспертов, неизбежен… Бизнес придется вести в новых, вероятно, более жестких условиях. Хотя прибыль будет оставаться основным движущим мотивом, часть капитала акционеров придется тратить на нужды общества и контроль над загрязнением окружающей среды».

Далее в эйфорическом пророчестве все же проскальзывает нотка беспокойства:

«Не исключено, что в начале 1970-х наступит период репрессивной реакции на дионисийские тенденции в молодежной среде... Также возможно, что упадок трудовой этики или снижение потребительского спроса на товары способны подорвать экономический фундамент гедонистической цивилизации».

Поразмышляв на эту тему на протяжении двух абзацев, *Time* заключает:

«Возможно, но маловероятно — по крайней мере на протяжении большей части десятилетия». Обратите внимание на период времени, который рассматривают эти якобы серьезные и думающие об общественном благе комментаторы. А что произойдет *после* этого десятилетия? Но заглядывать так далеко дионисийцы не хотят и не могут, это прерогатива аполлонийцев.

А вот еще предсказания:

«Наиболее важной тенденцией 1970-х вполне может стать религиозное возрождение... В ответ на тенденцию к секуляризации общества [то есть к рациональности] вполне может начаться процесс возвращения к фундаментализму, особенно фанатичного пятидесятнического толка... Многие люди откажутся от традиционных западных религий, найдя вдохновение и утешение в мистических восточных культах или эклектичных духовных практиках собственного изобретения... Для многих астрология, нумерология и френология перестанут быть бреднями и превратятся в образ жизни».

Про искусство:

«Меняющаяся атмосфера повлияет и на искусство, которое может стать эфемерным, преходящим, прихотливым и в конечном счете одноразовым».

Здесь предсказатель выдает свое отношение к сегодняшнему искусству, распространяя его и в будущее. За исключением неверного употребления времени, эта оценка верна. «Эфемерное, преходящее и в конечном счете одноразовое» — эвфемизм для мусора, о котором уже завтра все забудут, который никому не нужен, никем не ценится, кроме ангажированных журналистов.

Это доказывает метафизическую природу искусства: варвары-дионисийцы, отвергающие разум и живущие под влиянием сиюминутных ощущений, не имеют метафизического взгляда на жизнь и не нуждаются в искусстве более сложном, чем хеллоуиновские маски и новогодние шляпы, которым суждено на следующее утро быть выброшенными усталой горничной истории.

Большой раздел статьи в *Time* с подзаголовком «Человек и окружающая среда» посвящен проблеме загрязнения.

> «Правительство и бизнесмены будут вынуждены тратить все больше и больше средств — возможно, от $10 млрд до $20 млрд в год, по оценке Германа Кана, — на контроль загрязнения атмосферы и вод и *на защиту природной красоты от уничтожения*». (Курсив мой. — А. Р.)
> И далее: «В следующие несколько лет… люди осознают, что нарушение ландшафтов в результате строительства торговых центров или дорог так же сложно обратить вспять, как и любые другие формы загрязнения среды».

Термин «загрязнение» предполагает опасность для здоровья человека, например смог или плохое качество воды. Но не об этом преимущественно беспокоятся авторы статьи; обратите внимание, что они сваливают в одну кучу и «природную красоту», и идею о том, что нам угрожают такие факторы загрязнения, как *торговые центры* и *дороги*.

Молодые люди, над которыми висит постоянная угроза военного призыва, также должны заметить, что эти люди, намеревающиеся тратить от $10 млрд до $20 млрд в год на сохранение «природной красоты», считают сумму в $4 млрд в год, необходимую для создания и содержания контрактной армии, чрезмерной.

Подлинный мотив, стоящий за кампанией против загрязнения окружающей среды, утверждается почти открыто:

> «В течение следующего десятилетия станет совершенно ясно, что если старания экологов увенчаются успехом, от большинства существующих сегодня технологий придется отказаться и заменить их чем-то новым… Станет очевидным, что любой вид общественного транспорта, какие бы источники энергии в нем ни использовались, эффективнее, чем личные авто… Гораздо больше внимания будет уделяться планированию».

А вот и мотив, стоящий за этим мотивом:

> «Характерная для сегодняшнего мировоззрения вера в то, что все технологии по определению полезны, подвергнется радикальной

переоценке. "Наше общество привыкло воспринимать любые технологии как признак прогресса или как нечто неизбежное, — говорит нобелевский лауреат Джордж Уолд, биолог из Гарварда. — Должен ли каждый делать все, что может делать? Обычно отвечают — конечно, но правильный ответ — конечно же, нет"».

Бертран де Ювеналь добавляет: "Западный человек никогда не жил в своей естественной среде. Он только подчинял ее себе"».

Благодаря Аристотелю, Галилею, Пастеру, Эдисону и другим ученым, часто становившимся мучениками, западный человек действительно не жил в своей естественной среде в том смысле, который заключен в этой цитате. Но остальное человечество жило и продолжает жить в ней.

Азиатский крестьянин, работающий от зари до зари с инструментами, изготовленными в библейские времена, южноамериканский индеец, пожираемый пираньями в реке среди джунглей, африканец, которого кусают мухи цеце, араб с позеленевшими сгнившими зубами — все они живут в своей «естественной среде», но вряд ли способны оценить ее красоту. Попробуйте сказать китаянке, чей ребенок умирает от холеры: «Должен ли каждый делать все, что он может делать? Конечно же, нет». Попробуйте сказать русской женщине, отправляющейся по морозу за несколько километров в государственный магазин, чтобы выстоять там длинную очередь за продовольственным пайком, что Америку разрушают торговые центры, шоссейные дороги и личные автомобили.

Естественно, рыцари крестового похода против загрязнения — то есть *против технологий* — осведомлены об условиях, в которых живут люди среди *неподчиненной* природы. И кажется невероятным, что, зная об этом, они призывают вернуться к ней. Однако вот он, этот призыв, раздающийся из их уст.

Делать публичные заявления, которые заставили бы людей, в них поверивших, бежать прочь, как от чумы, возможно благодаря тому, что в эти заявления никто не верит. Большинство людей с детства приучили воспринимать широкие обобщения, абстрактные идеи, фундаментальные принципы и логические построения как нечто несуществующее, неважное, неверное или бессмысленное. «О, на самом деле они вовсе не это имеют в виду, они не собираются заходить настолько далеко. Они просто хотят избавиться от смога и сточных вод» — так обычно относятся люди к борцам с технологиями. Что ж, Гитлер тоже открыто сформулировал свои принципы и цели, прежде чем приступить к их осуществлению, и современные ему прагматики отреагировали на это примерно так же. Советы открыто проповедуют завоевание мира на протяжении вот уже полусотни лет и уже подчинили своей власти треть мирового населения, однако некоторые так до сих пор и не верят, что они именно это имели в виду.

(Если говорить о настоящей проблеме загрязнения, надо понимать, что это вопрос не политический, а преимущественно научный. Единственный политический принцип, имеющий к этому отношение, состоит в следующем: если кто-то создает физическую угрозу жизни и здоровью других людей или условия, которые могут оказаться для них неблагоприятными, например антисанитарные условия, и если это будет *доказано*, он может и должен нести ответственность за это перед законом. Если такие неблагоприятные для людей условия созданы коллективно — например, в перенаселенном городе, — должны быть приняты соответствующие адекватные и *объективные* законы, направленные на защиту прав всех заинтересованных лиц, как это уже сделано в отношении добычи нефти, использования воздушного пространства и т. д. Но такие законы не должны требовать невозможного, не должны быть направлены против одного козла отпущения, то есть промышленников, и должны принимать во внимание всю полноту проблемы, то есть необходимость развития промышленности, если в качестве определяющего стандарта берется сохранение человеческой жизни.)

В прессе много раз говорилось о том, что загрязнение окружающей среды будет целью следующего великого крестового похода активистов нового левого движения, после того как война во Вьетнаме потеряет свою актуальность. При этом цель такого похода — отнюдь не чистый воздух, точно так же, как установление мира не было целью и мотивом предыдущего.

В сегодняшней леволиберальной идеологии произошла серьезная перемена, определившая отличие новых левых от старых: это отличие заключается не в главных целях или фундаментальных мотивах, а в форме, которую они принимают; и статья в *Time* служит излишне красноречивой демонстрацией этого.

В некотором смысле линия поведения новых левых более жесткая и честная — честная не в благородном смысле этого слова, а в смысле сочетания наглости и отчаяния, порожденного верой или надеждой на то, что это сойдет им с рук. Это напоминает поведение пьяницы (или наркомана), который может неожиданно выпалить часть правды, которую он много лет пытался скрыть. Социальная маска коллективистов трещит по швам, и их психологическая мотивация лезет наружу.

Старые левые потратили годы усилий, тонны типографской краски, миллиарды долларов и реки крови на то, чтобы сохранить аполлонийскую маску. Марксисты старого образца объявляли себя сторонниками *разума*, утверждали, что социализм и коммунизм — *научно обоснованный* общественный строй, что продвинутые технологии невозможно использовать в капиталистическом обществе, потому что для того, чтобы они приносили максимальную пользу людям и обеспечивали материальный комфорт и повышение уровня жизни, требуется наличие научно спланированного и организованного общества. Они предсказывали, что советские технологии превзойдут американские. Они обвиняли капиталистические государства в обмане народа при помощи так называемой «политики Царствия Небесного», то есть обещаний духовного вознаграждения тем, кто страдал от материальной нищеты. Коммунистические агитаторы даже обвиняли некоторые правительства — в частности, бывших руководителей Китая и британских колонизаторов Индии — в намеренном поощрении наркоторговли с целью достижения пассивности, податливости, безразличия и бессилия народных масс.

Маска рассыпалась после Второй мировой войны.

Видя во всей полноте судьбу промышленности и уровень жизни в Советской России, социалистической Британии и коммунистических странах Европы, никто не может уверенно или убедительно доказывать технологическое превосходство социализма над капитализмом. Старая мысль о том, что капитализм был необходим для создания индустриальной цивилизации, но не для поддержания ее существования, теперь не слишком популярна. Социалистические обещания изобилия звучат не слишком убедительно в мире, где бóльшая часть рабочей молодежи боготворит американские товары и изобретения и готова, появись такая возможность, вплавь преодолеть океан, чтобы попасть в Америку; а обещания свободы мысли при социализме представляются пустым звоном в мире, испытывающем все большее беспокойство по поводу утечки своих лучших мозгов.

Когда-то необходимость индустриализации была главным лозунгом западных либералов, которым они оправдывали любые проявления жестокости, в том числе жуткую бойню в Советской России. Теперь этот лозунг не увидишь и не услышишь нигде. Оказавшись перед выбором между индустриальной цивилизацией и коллективизмом, либералы предпочли отречься от индустриальной цивилизации; оказавшись перед выбором между технологиями и диктатурой, они предпочли отречься от технологий; оказавшись перед выбором между разумом и прихотью, они предпочли отречься от разума.

Таким образом, сегодня мы можем наблюдать старых марксистов, которые прославляют и поддерживают молодых отморозков (своих же собственных отпрысков и наследников), провозглашающих превосходство чувств над разумом, веры над знанием, отдыха над производством, духовных исканий над материальными удобствами, первобытной природы над технологией, астрологии над наукой, наркотиков над сознанием.

Марксисты старой школы привыкли утверждать, что одна-единственная современная фабрика способна обеспечить обувью все население земли и мешает этому только капитализм. Когда они разглядели реальные факторы, имеющие к этому отношение, они объявили, что лучше ходить босиком, чем носить обувь.

Вот вам и забота о бедных и об улучшении человеческого существования на земле.

На первый (*очень* поверхностный) взгляд непритязательная мораль может найти в идее порабощения и пожертвования поколений ради установления постоянного и всеобщего материального благополучия для всех определенную привлекательность. Но делать это ради сохранения «природной красоты»? Заменить союз кровожадных головорезов и высоколобых интеллектуалов, который и так малоприятен, союзом кровожадных головорезов и дамских садовых клубов?

Если не по содержанию, то по форме марксисты старой школы были порядочнее.

Однако содержание леволиберальных идей — основополагающие принципы, психологические мотивы, конечная цель — осталось прежним. Главное в нем — ненависть к разуму, прикрывается ли она костюмом «мускулистого героя» или, скинув маску, обращается к «духовности» джунглей, проповедует ли диалектический материализм или заменяет его доктринами равной научной ценности: астрологией, нумерологией, френологией.

Формы могут различаться, лозунги — меняться, все что угодно может быть, однако в неприкосновенности остаются три кита: мистицизм — альтруизм — коллективизм. И вместе с ними остается неизменным и их психологическое воплощение — жажда власти, то есть жажда разрушения.

Активисты новых левых стали ближе к раскрытию своих подлинных мотивов: они не стремятся взять заводы в свои руки, они стремятся полностью уничтожить технологии.

Комментаторы, подобные провидцу (или провидцам) из *Time*, возможно, и не понимают философской сущности и последствий своих заявлений: они подверглись той же самой вакцинации прагматизмом в тех же самых колледжах, что и их жертвы. Среднестатистический современный интеллектуал не стремится сознательно к уничтожению технократического общества или последних остатков капитализма в обществе со смешанной экономикой. Он просто плывет по течению и хочет создать «более жесткие условия» для бизнесменов, при этом не сомневаясь в том, что они все равно будут обеспечивать его всеми необходимыми товарами и всем прочим.

Но самое мерзкое в культурном отношении и самое главное в статье *Time* состоит в том, что жертвы все это терпят, что выступления в защиту дикой природы и астрологии не встречают никакого заметного протеста. Это свидетельствует об уровне современного презрения к интеллекту. Это демонстрация несостоятельности левых и пустоты культуры, в которой уважение к разуму было уничтожено поколениями кантианско-прагматистского философствования.

Новая линия поведения левых — гротескная карикатура на старую и, как многие карикатуры, многое открывает. Ненависть к разуму ведет к страху перед реальностью; поскольку страх всегда был самой яркой стимулирующей эмоцией для левых, именно его они чаще всего используют как основной психологический инструмент пропаганды, будучи уверены в том, что он имеет такую же абсолютную власть над сознанием всех прочих, как и над их собственным.

Поставив себе конечной целью уничтожение капитализма, они вначале пытались возбудить в обществе экономический страх — распространяя идею о том, что капитализм ведет к общему обнищанию и концентрации богатства в руках все меньшего и меньшего числа людей. В Европе эта стратегия имела определенный успех, но для США оказалась неудачной, так как здесь слишком очевидны факты, свидетельствующие об обратном.

Следующей попыткой левых была ставка на страх перед атомной бомбой, сопровождаемая предположением, что мы должны сдаться без боя коммунистам, чтобы предотвратить уничтожение всего живого. Помните лозунг: «Лучше быть красным, чем мертвым»? Однако и это не прошло.

Если кроме утверждений, подобных таким, как «Капитализм приведет вас в работный дом» и «Капитализм приведет вас к войне», у новых левых не остается ничего лучше, чем «Капитализм разрушит красоту вашей сельской местности», то любой может справедливо заключить, что как интеллектуальная сила коллективизм себя изжил.

Но возможно, у левых еще есть шанс добиться успеха — по умолчанию. Общество не может долгое время существовать в интеллектуальном вакууме. Наша культура достигла такой стадии, когда любой может оказаться лидером, главное, чтобы его идеи были достаточно иррациональны. В культурном вакууме возникают свои любители ловить рыбку в мутной воде — и при таких условиях побеждает тот, кто лучше всех мутит воду.

В статье «Выгодное дело: студенческие волнения» (глава 1), посвященной студенческому бунту в Беркли, я писала: «Для пестрой левацкой верхушки студенческие беспорядки — это пробный шар, своего рода измерение культурной температуры общества. Это проверка пределов, до которых они могут безнаказанно дойти, и сил противника, с которыми им придется столкнуться». Также я говорила о том, что основная идеологическая цель лидеров беспорядков состояла в том, чтобы «подготовить страну к признанию силы как метода разрешения политических противоречий».

Обратите внимание на распространение насилия, случившееся за прошедшее с того момента время, и на соглашательское, извиняющее и поддерживающее отношение к насилию со стороны публичных деятелей сегодня.

Статьи, подобные пророчеству *Time*, — пробный шар того же рода, что и все хулиганские методы новых левых: это часть проверки, направленной на выяснение того, насколько далеко зашло уничтожение разума.

Я спрашивала у моей знакомой, интеллигентной молодой девушки, как студенты колледжей могут читать без возмущения подобные статьи. «Да они их не читают, — ответила она. — Они не читают ничего, кроме новостей. Как правило, они пролистывают редакционные статьи, только мельком оценивая их содержание». То же самое, естественно, можно сказать и про бизнесменов.

И как раз в *этом* кроется основная опасность статей подобного рода: не в том, что читатель будет с ними согласен — на это никто не рассчитывает, — а в том, что его безразличие к идеям, интеллектуальным проблемам и прогнозам на будущее будет подкреплено, усилено и в конце концов превращено в умственную атрофию.

Если бы Эллсворт Тухи выступал сегодня, он бы мог сказать Питеру Китингу: «Пусть себе приходят и уходят. Те, кто верит в астрологию, будут нашей паствой: никто, кроме нас, не защитит их с их чувством вины и слабостью. Те, кто не верит, будут испытывать такое отвращение, презрение и разочарование, что все равно отступятся от сферы идей и разума. Интеллектуальный паралич, Питер. Неважно, чем он вызван — наркотиками, горьким скептицизмом или невыносимым отвращением, главное, чтобы они перестали думать и сдавались, сдавались, сдавались...»

Если бизнесмены готовы игнорировать заявления новых левых и служить дойными коровами для наглых, любящих природу отморозков, значит, они заслужили то, что получат.

Но молодежь этого не заслуживает — по крайней мере те из молодых людей, кто задыхается в сегодняшней атмосфере и слепо тянется хоть к какому-то проблеску разумности. Именно они должны бороться за свою хрупкую твердыню разума, которая сегодня подвергается систематическому подрыву.

Первый шаг в этой схватке — понять, что их враг — это не писклявые марионетки-хиппи, а те умеренные и уважаемые граждане, которые мягко внушают им в школьных кабинетах, что слова, идеи и философия не имеют значения и что Аттила вовсе не это имел в виду.

Февраль 1970 г.

8

Для журнала[1]

◆

Айн Рэнд

Новые левые не стремятся устроить революцию, несмотря на то что об этом объявляют их пресс-агенты. Они стремятся устроить *путч*. Революция — это конечный результат длинного философского пути и выражение огромного недовольства народа; *путч* — это захват власти меньшинством. Целью революции всегда бывает свержение тирании; целью *путча* — ее установление.

Тирания — это любая политическая система (абсолютная монархия, фашизм или коммунизм), не признающая права личности (которые обязательно включают права собственности). Свержение существующего строя насильственным путем оправданно только в том случае, если это свержение тирании: это акт самозащиты против того, кто правит с помощью насилия. К примеру, американская революция. Применение силы не для защиты, а для нарушения прав личности не может иметь никакого морального оправдания; это уже не революция, а бандитские разборки.

Во главе революции не могут стоять трясущиеся и подвывающие наркоманы, гордящиеся своей иррациональностью, не имеющие никакой программы, но при этом намеревающиеся управлять двухсотмиллионной нацией и проводящие время, изобретая поводы для обиды, потому что не могут воспользоваться ни одним настоящим источником народного недовольства.

---

[1] Статья была опубликована в *The New York Times Magazine* 17 мая 1970 года как часть обсуждения на тему «Происходит ли в настоящее время "Вторая американская революция"?».

Материальное положение Америки нельзя назвать отчаянным, однако интеллектуальное и культурное — можно и нужно. Новые левые — продукт культурного разложения; они выводятся не в трущобах, а в университетах; они представляют собой не авангард будущего, а последнюю стадию прошлого.

Интеллектуально активисты нового левого движения — самые покорные конформисты. Они принимают как догму все философские убеждения предков: что вера и чувства превыше разума, что забота о материальном достатке — зло, что любовь побеждает все, что самый благородный способ существования — слияние с родом или обществом. Нет ни одного основополагающего принципа сегодняшнего истеблишмента, который бы они ни разделяли. Вовсе не являясь бунтовщиками, они воплощают в себе тенденцию развития философии за последние 200, а то и больше лет: ось мистицизма — альтруизма — коллективизма, которая доминирует в западной философии, начиная с Канта, продолжаясь Гегелем, Джеймсом и т. д.

Но эта философская традиция несостоятельна. Она рассыпалась в прах после Второй мировой войны. Разочаровавшись в своих коллективистских идеалах, американские интеллектуалы отреклись от интеллекта. Политическая система, которую мы имеем сейчас, не капитализм, а смешанная экономика, взрывоопасная смесь свободы и контроля — это их наследие. Несправедливость, неуверенность, замешательство, война групп влияния, которую ведут все против всех, безнравственность и пустота случайных, прагматических, сиюминутных политических решений — совместное произведение смешанной экономики и философского вакуума.

В обществе действительно *существует* огромное недовольство, но новые левые не являются его рупором; многие испытывают чувство горечи, непонимания и бессильного негодования, величайшее беспокойство за морально-интеллектуальное состояние страны, отчаянную потребность в философском руководстве, которое ориентированные на церковь и традицию консерваторы никогда не могли предоставить народу и от которого отказались либералы.

Не имея противников, новые левые выползают из-под интеллектуальных руин. Они устраивают антииндустриальную революцию, бунт первобытной дикости — нет, не против капитализма, но против его корней, против разума, прогресса, технологий, достижений, реальности.

Чего хотят эти активисты? Ничего. Их не влечет какая-либо цель, а толкает панический безумный ужас. Жестокость, ненависть, разрушение ради разрушения — их способы сиюминутного спасения. Это отчаявшееся стадо, жаждущее фюрера.

Они не стремятся к установлению какой-то конкретной политической системы, потому что не могут заглянуть за пределы «сейчас». Но в головах у разного рода мелких фюреров, использующих их в качестве пушечного мяса, имеется определенная система: тоталитаризм с коммунистическими лозунгами и фашистской политикой. Это их последняя лихорадочная попытка выиграть, сыграв на интеллектуальном вакууме.

Есть ли у них шанс на победу? Нет. Но они могут ввергнуть страну в слепую, безнадежную гражданскую войну, и никто не будет противостоять им, кроме продуктов той же антирациональности вроде Джорджа Уоллеса.

Можно ли это предотвратить? Да. Самое разрушительное влияние на мораль нации оказывают не юные головорезы, а цинизм публикаций в уважаемых изданиях, где этих головорезов называют идеалистами. Иррациональность — это не идеализм; наркомания — это не идеализм; теракты в общественных местах — это не идеализм.

Стране необходима *философская* революция, бунт против кантианской традиции во имя самого первого из наших отцов-основателей — Аристотеля. Это подразумевает восстановление превосходства разума и всего, что из этого следует: индивидуализма, свободы, прогресса, цивилизации. Какой же общественный строй должен быть установлен в результате? Тот, которого еще не было: подлинный *laissez-fair*-капитализм. Но для этого потребуется нечто большее, чем борода и гитара.

9

«Политические» преступления

◆

Айн Рэнд

Сегодня в нашу культуру проникает одна очень вредная идея. Первоначально она была представлена как собственная противоположность, в форме, казавшейся обратной ее истинному значению и логическим последствиям. Эта форма — симпатия к преступникам, которые объявляют мотивы своих действий политическими; сама идея — законодательно утвержденная категория «политических преступлений».

При американской законодательной системе не может быть никаких *политических* преступлений. Так как у каждого гражданина есть право иметь и проповедовать любые идеи по своему выбору (в том числе, естественно, и политические), правительство не может вмешиваться в это; оно не может ни наказывать, не поощрять его за идеи; никакая идеология не может стать причиной юридического разбирательства.

Исходя из того же принципа, правительство не может как-то по-особому относиться к человеку, совершившему преступление, руководствуясь некой идеей.

Преступление — это насильственное (или мошенническое) нарушение прав других людей. В свободном обществе преступлением может считаться только применение физической силы в отношении других людей, если оно не является самообороной (в этом отличие уголовного преступления от административного нарушения). В свободном обществе никакие идеи не могут считаться преступлением, равно как и не могут служить оправданием совершенному преступлению.

Если ясно представлять себе нравственно-юридический контекст (и иерархическое происхождение) любого политического принципа, то очень легко применить его к любому конкретному случаю. Например, американские граждане имеют право на свободу вероисповедания; однако, если некая секта начнет исповедовать верования и приносить человеческие жертвы, это будет считаться убийством. Совершенно ясно, что это не является вмешательством в религиозные установки членов секты; это адекватное применение принципа, согласно которому первичным является право на жизнь, и нарушающие его не могут требовать защиты своих интересов, то есть права на нарушение права.

Совершенно аналогичным образом и по тем же самым причинам отвратительные мелкие обдолбанные чудовища, прибегающие к насилию и перешедшие, не встречая практически никакого сопротивления, от студенческих сидячих забастовок к поджогам и терроризму, должны по закону считаться преступниками, а *не* политическими недовольными.

С моральной точки зрения они хуже, чем обычные уголовники: те по крайней мере не вторгаются в сферу идей и не выставляют себя защитниками прав, закона и свободы. Но закон должен быть одинаков и для тех и для других. Там, где в дело вступает оружие, идеям места нет.

Моральное банкротство сегодняшней либеральной верхушки (в том числе и его прямое следствие — разрушение концепции личных прав) — это основная причина поступков, совершаемых малолетними бандитами. Они становятся все более активными потому, что их называют «диссидентами» и «идеалистами». Экономическое оправдание, которое они находят для своих насильственных действий, — бедность — могло бы быть непростительным злом, если бы было правдой; но в свете растущего количества свидетельств того, что у этих юнцов в основном совершенно благополучные в материальном плане семьи, оно выглядит просто нелепым.

Продолжение всего этого возможно только при принятии доктрины альтруизма. Я уже говорила, что фактически альтруизм есть отрицание морали.

Сегодня вы видите этот принцип в действии. Если терроризм считается примером «святого идеализма» благодаря тому, что те, кто его практикует, утверждают, что действуют «на благо людей», а либеральные журналисты, распространяющие такую точку зрения, не лишаются своих мест, значит, сегодняшняя культура потеряла последние остатки и даже претензии на мораль.

Подлинные мотивы тех, кто манипулирует мнением запутавшихся и перепуганных либералов, совершенно очевидны: возбуждая симпатии к «политическим» преступникам, устраивая акции протеста и требуя снисхождения от судов — якобы во имя политической свободы, сторонники тоталитаризма устанавливают прецедент *политических процессов*. Если предметом рассмотрения в суде становится идеология, тем самым утверждается следующий принцип: государство должно выступать в суде как арбитр идей. Если государство берет на себя власть освобождать человека от юридического преследования на основании его политических взглядов, из этого автоматически следует и возможность наказывать его на тех же самых основаниях.

Законодательное различие между политическими и неполитическими преступлениями было принято в Европе при деспотизме абсолютных монархий. Первая категория определялась не как акты насилия, а как акты публичного выражения идей, неугодных правительству. А при растущем стремлении к политической свободе общественное мнение становилось на сторону таких преступников: они боролись за права личности, против правления силы.

Если в свободной стране общественное мнение начинает проводить границу между политическими и неполитическими преступниками, оно признает категорию политического преступления и поддерживает использование силы для нарушения прав, и политическое развитие обращается вспять: страна переходит черту, за которой начинается политический деспотизм.

Май 1970 г.

10
Расизм

◆

Айн Рэнд

Расизм — самая низшая, откровенно жестокая и примитивная форма коллективизма. Его суть — в придании нравственной, общественной или политической значимости набору человеческих генов; в идее о том, что интеллект и характер человека являются производными биохимии его организма и наследуются в таком качестве. На практике это означает, что человека нужно судить не по проявлениям его собственного характера и не по его собственным действиям, а по проявлениям характера и действиям группы его предков.

Согласно доктрине расизма, содержимое человеческого разума (не сам мыслительный аппарат, а его *содержимое*) передается по наследству; убеждения, ценности и личные черты человека предопределены еще до его рождения физическими факторами, на которые он никак не может влиять. Это пещерная версия учения о врожденных идеях — или о генетической памяти, — которое на сегодняшний день полностью опровергнуто философией и биологией. Расизм — это доктрина, придуманная дикарями и для дикарей. Это коллективизм животноводческой фермы или скотного двора, подходящий для интеллекта, который видит разницу между животными разных пород, но не между животными и человеком.

Как и любая другая форма детерминизма, расизм отрицает значение уникального признака, выделяющего человека из остального животного царства, — его способности к мышлению. Расизм не признает двух аспектов человеческого существования: мышления и свободы выбора, то есть разума и морали, заменяя их химической предопределенностью.

Уважаемое семейство, которое оказывает поддержку никчемным родичам или покрывает их преступления, чтобы «защитить доброе родовое имя» (как будто моральный облик одного человека может быть испорчен действиями другого); бродяга, который кичится тем, что его далекий предок строил империю, или старая дева из провинциального городишки, задирающая нос потому, что ее двоюродный дед был сенатором, а четвероюродная сестра выступала в Карнеги-холле (как будто человек может перестать быть посредственностью благодаря достижениям других); родители, тщательно штудирующие генеалогические древа с целью оценить потенциального зятя; знаменитость, начинающая автобиографию с подробного изложения фамильной истории, — все это примеры расизма, атавистические проявления доктрины, полное воплощение которой можно обнаружить в бесконечных племенных войнах доисторических дикарей, в истреблении миллионов нацистами, в сегодняшних зверствах, творящихся на территориях так называемых «молодых развивающихся государств».

Теория, которая представляет «хорошую кровь» или «дурную кровь» как нравственно-интеллектуальный критерий, на практике не может вести ни к чему, кроме рек крови. Для людей, считающих себя лишенными разума наборами химикалий, единственная возможная линия поведения — физическое насилие.

Современные расисты пытаются доказать превосходство или неполноценность какой-либо расы на основании исторических достижений ряда ее представителей. В истории нередко можно было наблюдать, как великий изобретатель, которого всю его жизнь его же соотечественники подвергали осмеянию, нападкам, презрению и гонениям, затем, через несколько лет после смерти, удостаивался национального монумента и провозглашался доказательством величия германской (или французской, или итальянской, или камбоджийской) расы: это зрелище коллективистской экспроприации, осуществленной расистами, столь же омерзительно, как любая экспроприация материальных ценностей, осуществляемая коммунистами.

Как не существует такой вещи, как коллективное или расовое сознание, так не существует и такой вещи, как коллективные или расовые достижения. Есть лишь индивидуальное сознание и индивидуальные достижения, и *культура* — не анонимный продукт, порожденный недифференцированной массой, а сумма интеллектуальных достижений отдельных личностей.

Даже если бы было доказано — а это не доказано, — что частота встречаемости потенциально более высокого интеллекта выше среди представителей какой-либо расы, это все равно не сказало бы нам ничего о любом конкретном человеке и было бы совершенно неважно для суждения о нем. Гений есть гений, неважно, сколько тупиц принадлежит к той же расе, что и он, а тупица есть тупица, неважно, сколько гениев насчитывается среди представителей одной с ним расы. Трудно сказать даже, что является более кричащей несправедливостью: заявление южан-расистов о том, что с гением-негром нужно обращаться как с низшим существом, потому что его раса «породила» некоторое количество жестоких ублюдков, или претензия немецкого ублюдка на статус высшего существа на основании того, что его раса «породила» Гете, Шиллера и Брамса.

Само собой, это не два различных убеждения, а два практических приложения одного и того же базового принципа. Неважно, приписывается ли кем-то определенной расе низший или высший статус: психологический корень расизма во всех случаях один и тот же — чувство собственной неполноценности самого расиста.

Подобно всем прочим формам коллективизма, расизм — это стремление получить незаработанное. Это стремление обрести знание автоматически: всегда иметь в своем распоряжении автоматическую оценку качеств любого человека, тем самым уклоняясь от ответственности, связанной с вынесением рациональных или моральных суждений; а главное — это стремление к *автоматической самооценке* (или псевдосамооценке).

Приписывать достоинства, которыми может обладать человек, его расовому происхождению — значит признавать, что ему самому ничего не известно о том, как можно обрести эти достоинства, а чаще — что ему не удалось их обрести. Подавляющее большинство расистов — это люди, которые не сделали ничего, чтобы обрести самоидентичность, которые не могут похвастаться никакими личными достижениями или выдающимися качествами и которые пытаются заменить все это иллюзией «племенной самооценки», объявляя какое-то другое племя менее развитым. Вспомните об истерическом упорстве расистов-южан; а кроме того, вспомните, что расизм гораздо шире распространен среди белой необразованной бедноты, чем среди тех, чей интеллектуальный уровень выше.

Исторически расизм всегда усиливал или ослаблял свои позиции с усилением или ослаблением коллективизма. Согласно коллективистской доктрине, индивидуум не имеет никаких прав, его жизнь и труд принадлежат группе (обществу, племени, государству, народу), и группа имеет право пожертвовать им по собственной воле ради своих интересов. Единственный способ воплощения такой доктрины в жизнь — при помощи физического насилия; а *тоталитаризм* всегда был политическим следствием коллективизма и остался им.

Тоталитарное государство — это всего лишь официально утвержденная форма криминальной бандитской власти, неважно, какая именно банда в данный момент доминирует. И, поскольку не существует рационального оправдания такому правлению, мистика расизма оказывается важным элементом любой тоталитарной системы. Они взаимозависимы: тоталитаризм был порожден доисторическими племенными войнами, когда члены одного племени представляли собой естественную добычу для членов другого; затем тоталитаризм стал источником собственных внутренних подкатегорий расизма: системы каст, объединявших людей по рождению, — например, наследственное дворянство или наследственное рабство.

Расизм нацистской Германии — где люди должны были заполнять анкеты о многих поколениях своих предков, чтобы доказать свое *арийское* происхождение, имел аналог в Советской России, где люди тоже заполняли схожие анкеты, в которых для доказательства *пролетарского* происхождения нужно было показать, что их предки не владели собственностью. Советская идеология основана на идее, что человеку можно привить коммунизм *генетически*, то есть что несколько поколений, проживших свои жизни при тоталитаризме, передадут коммунистическую идеологию своим потомкам, которые станут коммунистами *от рождения*. Преследования национальных меньшинств в Советской России, на основании их расовой принадлежности и по прихоти любого комиссара, зафиксированы документально; особенно распространен антисемитизм — только официальные погромы теперь носят название «политических чисток».

Есть только один антидот против расизма: философия индивидуализма и ее политико-экономическое следствие — капитализм с неограниченной свободой предпринимательства.

Индивидуализм рассматривает человека — каждого — как независимую, самостоятельную сущность, обладающую неотъемлемым правом на собственную жизнь, правом, основывающимся на природе человека как разумного существа. Согласно принципам индивидуализма, цивилизованное общество или любую другую форму объединения, кооперации или мирного совместного существования людей можно построить только на основе признания индивидуальных прав; группа же как таковая не имеет иных прав, кроме индивидуальных прав своих членов (см. главы 12, 13).

На свободном рынке ценятся не предки, не родственники, не гены и не биохимия организма человека, а только его способность к продуктивной деятельности. Капитализм оценивает человека исключительно по его индивидуальным способностям и усилиям и вознаграждает его в соответствии с ними.

Ни одна политическая система не может провозгласить всеобщую рациональность законодательно (или установить силой). Однако капитализм — единственная система, действующая таким образом, что рациональность вознаграждается, а все формы иррациональности, в том числе и расизм, порицаются.

Полностью свободное капиталистическое общество до сих пор нигде построено не было. Но крайне важное значение имеет связь расизма и политического контроля в полусвободных экономических системах XIX века. Степень преследования меньшинств по расовому и/или религиозному признаку была обратно пропорциональна степени свободы в государстве. Наиболее силен был расизм в обществах с наибольшей долей государственного контроля в экономике, таких как Россия и Германия, а в наименьшей степени был выражен в Англии, которая тогда была самой свободной из европейских наций.

Именно капитализм дал человечеству возможность сделать первые шаги к свободе и рациональному образу жизни. Именно капитализм с помощью свободной торговли разрушил межнациональные и межрасовые барьеры. Именно капитализм запретил крепостничество и рабство во всех цивилизованных государствах мира. В Соединенных Штатах именно капиталистический Север уничтожил рабство на аграрно-феодальном Юге.

Таков был путь человечества на протяжении краткого периода примерно в полторы сотни лет. Поразительные результаты, достигнутые на этом пути, не имеет смысла перечислять здесь снова.

С появлением коллективизма началось движение вспять.

Когда людям вновь начали внушать, что отдельный человек не имеет никаких прав, что верховная власть, моральное руководство и вся сила принадлежат группе и что человек вне группы не имеет никакого значения, это неизбежно повлекло за собой всеобщую тенденцию к присоединению людей к каким-либо группам. Самый простой вариант коллектива, к которому можно присоединиться, который проще всего распознать — особенно человеку с ограниченными умственными способностями, — меньше всего требующая от человека форма «принадлежности» и «объединения» — это *раса*.

Именно таким образом теоретики коллективизма, «гуманистические» сторонники «добровольного» тоталитаризма, обеспечили возрождение расизма в XX веке в новой, куда более заразной форме.

В великую капиталистическую эру Соединенные Штаты были самой свободной страной на земле и самым лучшим опровержением расистских теорий. Сюда прибывали люди со всего света, некоторые — из сумрачных, культурно ничем не выдающихся государств, и достигали таких высот, которые ни за что не могли бы быть достигнуты в их родных, стонущих под государственным контролем странах. Люди разных рас, на протяжении столетий убивавшие друг друга, научились жить вместе, в гармонии и мирном сотрудничестве. Америка была названа «плавильным чаном» вполне заслуженно. Но мало кто понимал, что Америка переплавляла людей не в серую массу: она объединяла их, защищая их права на индивидуальность.

Главными жертвами тех расовых предубеждений, которые существовали в Америке, были негры. Эта проблема зародилась и была наиболее стойкой на некапиталистическом Юге, хотя и не ограничивалась его пределами. Преследования негров на Юге были и остаются по-настоящему отвратительными. Но в остальной части страны, пока люди оставались свободными, даже эта проблема постепенно отступала под воздействием просвещения и экономических интересов белых людей.

Сегодня эта проблема вновь обостряется — так же, как и все остальные формы расизма. Америка вновь обратилась к расизму в манере, отсылающей к худшим дням в наиболее отсталых странах Европы XIX века. Причина та же самая: рост популярности коллективизма и тоталитаризма.

Несмотря на пропаганду расового равенства, которая ведется «либералами» в последние десятилетия, Бюро переписей недавно сообщило, что «экономическое положение [негров] по сравнению с белыми не улучшилось за последние двадцать лет». Оно улучшалось в более свободные годы нашей «смешанной экономики», но стало ухудшаться с разрастанием «либерального» государства всеобщего благосостояния.

Возрождение расизма при «смешанной экономике» идет в ногу с усилением государственного контроля. «Смешанная экономика» ввергает страну в официальную гражданскую войну между группами влияния, каждая из которых борется за получение различных привилегий за счет друг друга.

Существование таких групп влияния и их политических лобби сегодня откровенно и цинично признано. Они практически перестали делать вид, что у них существует какая-либо политическая философия, какие-либо принципы, идеалы или долгосрочные цели; и уже практически все признают, что наша страна движется куда-то безо всякого направления, по воле слепой власти быстро сменяющих друг друга тоталитарных шаек, каждая из которых стремится удержать в руках законодательное оружие, чтобы выиграть максимум преимуществ в данный конкретный момент.

В отсутствие какой-либо приемлемой политической философии каждая экономическая группировка действует во вред сама себе, продавая собственное будущее ради сегодняшних привилегий. В этом отношении политика бизнесменов в течение некоторого времени была наиболее самоубийственной. Но нынешняя политика негритянских лидеров переплюнула даже ее.

Пока они боролись против одобряемой государством дискриминации, права, справедливость и мораль были на их стороне. Но они больше не борются против этого. Путаница и противоречия, окутавшие расовый вопрос, на сегодняшний день достигли невероятной критической отметки.

Пришла пора разобраться с принципиальными аспектами.

Политика южных штатов по отношению к неграм была и остается постыдным нарушением основных принципов нашего государства. Расовая дискриминация, установленная и поддерживаемая законом, является настолько непростительным попранием прав личности, что расистские нормы Юга должны были быть признаны неконституционными давным-давно.

Ссылаясь на «права штатов», расисты Юга вступают в терминологическое противоречие: не может быть такой вещи, как «право» одних людей на нарушение прав других. Конституционное положение о «правах штатов» имеет отношение лишь к разделению власти между местными и государственными органами управления и служит для защиты отдельных штатов от федерального правительства; оно не дает властям штатов неограниченной, произвольной власти над своими гражданами или привилегии игнорировать их индивидуальные права.

Федеральное правительство действительно использовало расовый вопрос для того, чтобы расширить свою власть и создать прецедент для ограничения законных прав штатов бессмысленным и неконституционным образом. Но это значит лишь то, что все власти были неправы; это не оправдывает политики расистов Юга.

Одно из худших противоречий в этом контексте — позиция многих так называемых «консерваторов» (не только с Юга), которые называют себя защитниками свободы, капитализма, прав собственности и Конституции, но при этом оправдывают расизм.

Кажется, они не слишком дружат с принципами, чтобы понять, что рубят сук, на котором сами же сидят. Люди, отрицающие права личности, не могут претендовать вообще ни на какие права, защищать или провозглашать их. Такие «защитники» капитализма на самом деле помогают дискредитировать и разрушать его.

«Либералы» повинны в том же самом противоречии, но в иной форме. Они выступают за жертву личными правами в пользу неограниченной власти большинства, в то же самое время заявляя, что защищают права меньшинств. Но самое малое меньшинство на земле — это личность. Те, кто отрицает права личности, не могут претендовать на защиту прав меньшинств.

Это накопление противоречий, близорукого прагматизма, циничного презрения к принципам, откровенной иррациональности в настоящее время достигло максимума в новых требованиях негритянских лидеров.

Вместо того чтобы бороться с расовой дискриминацией, они требуют, чтобы расовая дискриминация была узаконена и подкреплена. Вместо того чтобы бороться с расизмом, они требуют установления расовых квот. Вместо того чтобы бороться за «цветовую слепоту» в социальных и экономических вопросах, они заявляют, что «цветовая слепота» — это зло и что «цвет» должен приниматься во внимание в первую очередь. Вместо того чтобы бороться за равноправие, они требуют особых расовых привилегий.

Они требуют, чтобы на рабочих местах были установлены расовые квоты и чтобы эти места распределялись на расовой основе, пропорционально процентному соотношению представителей разных рас в местном населении. Например, если негры составляют 25% населения Нью-Йорка, им следует отвести 25% рабочих мест в этом городе.

Расовые квоты были одним из худших зол при любом расистском режиме. Они существовали в университетах царской России, среди населения крупнейших российских городов и т.д. Одним из обвинений в адрес расизма в Штатах была существовавшая в некоторых школах практика тайной системы расовых квот. Когда в анкетах при приеме на работу перестала существовать графа о расовой и религиозной принадлежности, это провозглашалось как триумф правосудия.

Сегодня не угнетатели, а угнетенное меньшинство требует установления расовых квот (!). Это конкретное требование оказалось чрезмерным даже для «либералов». Многие из них выступили против него — справедливо — с отвращением.

The New York Times (23 июля 1963 года) писала: «Демонстранты следуют мерзкому принципу в игре "в цифры". Требование 25-процентной (или любой другой) квоты на рабочие места для негров (или любой другой группы) неверно по одной основной причине: это требование введения "системы квот", которая сама по себе является дискриминирующей... Наша газета долго боролась против религиозных квот в судах; мы точно так же выступаем против расовых квот на рабочие места, от наиболее престижных до самых незначительных».

Как будто откровенного расизма подобного требования было недостаточно, ряд негритянских лидеров пошли еще дальше. Уитни Янг, генеральный директор Национальной городской лиги (NUL), сделал следующее заявление (*The New York Times*, 1 августа):

> «Белые лидеры должны быть достаточно честными, чтобы признать, что на протяжении всей нашей истории существовал особый привилегированный класс, пользовавшийся особыми правами. Это были белые. Теперь мы говорим так: если два человека, один негр и один белый, имеют равную квалификацию для какой-либо работы, наймите негра».

Задумайтесь о смысле этого заявления. Это не просто требование особых привилегий на расовой основе — это требование наказания для белых людей *за грехи их предков*. Это требование отказа в работе для белого человека на основании того, что его дед, возможно, практиковал расовую дискриминацию. Но может быть, его дед и *не* был виновен в дискриминации. А может, его дед вовсе жил в другой стране. Так как эти вопросы во внимание не принимаются, значит, этот белый рабочий обвиняется в *коллективном расовом преступлении*, состав которого заключается исключительно в цвете его кожи.

Но именно *этим* принципом руководствовались худшие из расистов-южан, вынося всем неграм коллективное обвинение за любое преступление, совершенное отдельным негром, и относясь к ним как к низшей расе на том основании, что их предки были дикарями.

Такие требования можно прокомментировать только вопросами: «По какому праву? По какому закону? По каким стандартам?»

Эта абсурдная греховная политика разрушает нравственное основание негритянской борьбы. Их дело основано на принципе индивидуальных прав. Если они требуют нарушения прав других людей, они отрицают и нарушают собственные права. В таком случае им можно ответить так же, как расистам-южанам: не может быть такой вещи, как «право» одних людей нарушать права других.

Однако вся политика негритянских лидеров в настоящее время приобрела именно такую направленность. Таково, например, требование введения расовых квот в школах, в связи с чем сотни детей, и белых, и черных, будут вынуждены ходить в школы, расположенные довольно далеко от мест их жительства, — ради сохранения «расовых соотношений». Это опять же чистейшей воды расизм. Как замечают противники этого требования, обязывать детей посещать определенную школу в зависимости от их расы одинаково неправильно, по какой бы причине это ни делалось — ради сегрегации или ради интеграции. А идея использовать детей в качестве пешек в политической игре сама по себе должна вызывать отвращение у любых родителей — любой расы, вероисповедания и цвета кожи.

Законопроект о «гражданских правах», сейчас находящийся на рассмотрении в конгрессе, — еще один пример откровенного посягательства на индивидуальные права. Запрет на любые проявления дискриминации в государственных учреждениях и на предприятиях абсолютно справедлив: правительство не имеет права ущемлять интересы любой группы или отдельных граждан. Но согласно тому же принципу, у него нет права и ставить определенную группу или отдельных граждан в *привилегированное положение* за счет ущемления прав других. Кроме того, у него нет права нарушать право частной собственности, запрещая проявления дискриминации на предприятиях, находящихся в частном владении.

Никто, ни негр, ни белый, не может иметь никаких притязаний на собственность другого гражданина. Отказываясь иметь дело с подобным нарушителем права собственности, ее владелец сам не нарушает прав человека. Расизм — отвратительная, иррациональная и аморальная доктрина, но доктрина не может быть запрещена или, наоборот, предписана законодательно. Мы должны защищать право коммунистов свободно высказываться, невзирая на то, что их доктрина также дурна; точно так же мы должны защищать право расистов свободно распоряжаться той собственностью, которой они владеют. Личный расизм — это не юридическая, а нравственная проблема, и решать ее можно исключительно с личных позиций, например с помощью экономического бойкота или социального остракизма.

Нет нужды говорить, что, если закон о «гражданских правах» будет принят, это станет самым серьезным нарушением прав собственности за всю печальную историю данного вопроса в американской государственности.

То, что сейчас те люди, которые более всего нуждаются в защите индивидуальных прав, — негры — сами оказались в первых рядах разрушителей этих прав, с горькой иронией демонстрирует философское безумие и связанные с ним самоубийственные тенденции нашего времени.

Хотелось бы предупредить каждого из вас: не становитесь жертвами расистов, поддаваясь расизму; не обвиняйте всех негров поголовно за позорно неразумное поведение некоторых их лидеров.

В заключение позвольте процитировать поразительную редакционную статью, опубликованную в The New York Times, — поразительную потому, что подобные идеи вовсе не типичны для нашего времени:

«Вопрос следует ставить не о том, должна ли какая-либо группа граждан, отличающаяся по цвету кожи, чертам лица или культуре, пользоваться определенными правами как группа. Нет, речь идет о том, чтобы не нарушались права любого из американских граждан, вне зависимости от цвета его кожи, черт лица и культуры. Если гражданин владеет всеми правами и привилегиями, данными ему законами и Конституцией страны, о группах волноваться не стоит: на самом деле группы — это не более чем фигура речи».

Сентябрь 1963 г.

11
Глобальная балканизация

◆

Айн Рэнд

Вы когда-нибудь задумывались о процессе краха цивилизации? Не о *причине* — она всегда лежит в области философии, — а о *процессе*, специфических путях, по которым знания и достижения, накопленные за века, исчезают с лица земли?

Сложно представить или поверить в возможность краха западной цивилизации. Большинство людей по-настоящему в него не верят, невзирая на множество фильмов ужасов о конце света в результате ядерной катастрофы. Но естественно, мир может быть уничтожен внезапной катастрофой. Антропогенные катастрофы такого масштаба не бывают внезапными, это результат долгого, поступательного процесса, развитие которого можно прогнозировать.

Позвольте напомнить, что не существует никакой исторической предопределенности. Мир не обязан продолжать движение к краху. Но если люди не изменят своих философских установок — а у них еще есть на это время, — он настанет. И если вам интересно, как именно это произойдет, вы можете наблюдать за этим процессом — началом конца — уже сегодня.

В The New York Times от 18 января 1976 года в заметке под заголовком «Беспокойные европейские племена» (Europe's Restive Tribes) колумнист К. Л. Шульцбергер с тревожным недоумением распространяется о явлении, которого не может понять:

«Становится не по себе, когда, возвращаясь из Африки, обнаруживаешь на давно освоенном Европейском континенте возрождение некой формы племенных отношений, в то время как правительства новых африканских стран прилагают серьезные усилия к ограничению влияния племен и подчинению их идее национального государства».

Под «племенными отношениями» мистер Шульцбергер подразумевает сепаратистские движения, активизирующиеся в Европе.

«Действительно, — говорит он, — это примечательное современное явление — что многие регионы, ранее бывшие сильными и важными, теперь как будто намеренно пытаются избавиться от своей собственной силы... *Нет никакой логики* в том, что Шотландия, которая гордилась тем, что является частью Британской империи во времена, когда над ней никогда не заходило солнце — от Калькутты до Кейптауна, — теперь все сильнее стремится расстаться с тем, что осталось от этой великой традиции на окраинном островке Европы» (Курсив мой. — *А. Р.*).

О, у распада Великобритании *есть* вполне логичная причина — но мистер Шульцбергер ее не видит, так же, как он не видит, что именно великого было в древней традиции. Он — автор *Times*, специализирующийся на европейской тематике, и его как добросовестного репортера тревожит нечто, кажущееся ему категорически неправильным, но его склонность к либеральным взглядам не позволяет ему найти этому объяснение.

Он вновь и вновь возвращается к этой теме. 3 июля 1976 года в заметке под названием «Синдром расщепления национальностей» (The Split Nationality Syndrome) он пишет:

«Самая парадоксальная особенность нашей эпохи — это конфликт между движениями, стремящимися объединять крупные географические регионы в федерации или конфедерации, и движениями, стремящимися поделить на еще более мелкие кусочки существующие национальные образования».

Он приводит внушительный перечень примеров. Во Франции существует движение за корсиканскую автономию и подобные же движения французских басков, французских бретонцев и т. д.

«Британия в настоящий момент охвачена процессом, имеющим странное название "децентрализация". Это означает разбавленную автономию и служит для того, чтобы удовлетворить уэльских, а особенно шотландских националистов. Бельгия остается разделенной «кажущимся неразрешимым спором между франкоговорящими валлонцами и голландскоговорящими фламандцами. Испания столкнулась с требованиями местного самоуправления в Каталонии и северной Стране Басков... Немецкоговорящие жители итальянского Южного Тироля жаждут покинуть Рим и присоединиться к Вене. Существует незначительный британско-датский спор по поводу статуса Фарерских островов... В Югославии не прекращаются столкновения между сербами и хорватами... Продолжается брожение и среди македонцев, часть из которых время от времени вспоминает о древней мечте о своем собственном государстве, включающем греческие Салоники и часть Болгарии».

Заметьте, что все эти народы и народности, о которых в мире мало кто слышал, потому что они не сделали ничего такого, о чем стоило бы слышать, борются за отделение от любой страны, в составе которой находится их территория.

Нет, стоит сделать одну поправку. Эти народности обладают одной чертой, выделяющей их из прочих: историей бесконечных кровавых военных конфликтов.

Вернемся к мистеру Шульцбергеру: Африка, отмечает он, растерзана племенными конфликтами (невзирая на старания местных правительств), и большинство войн, происходивших там за последнее время, возникали из-за такого рода конфликтов. В заключение он пишет:

«Шизофренические импульсы, раскалывающие Европу, Африку могут просто разложить на атомы — и все во имя прогресса и единства».

В статье под названием «Западная шизофрения» (Western Schizophrenia от 22 декабря 1976 года) Шульцбергер восклицает:

«Запад не объединяется, он рвется на части. В Северной Америке этот процесс менее очевиден, однако, возможно, внушает больше тревоги, чем происходящее в Европе».

Я бы добавила к этому: и более отвращения.

Шульцбергер продолжает:

«Канада, по всей видимости, готова к расколу по причинам эмоционального, пусть и нелогичного, характера, которые напоминают тот языковой конфликт, который уже долгое время терзает Бельгию, только в более крупном масштабе...»

Он предполагает вероятность официального отделения франкоговорящего Квебека от остальной Канады и печально и беспомощно замечает: «Что бы ни случилось, трудно представить, что Запад ожидает светлое будущее». Что действительно так.

Так какова же природа и причины современных племенных распрей?

С философской точки зрения родоплеменной строй — продукт иррационализма и коллективизма. Это логическое следствие современной философии. Если люди соглашаются с отрицанием ценности разума, то что должно ими руководить и как они должны жить? Очевидно, что они будут стремиться присоединиться к какой-либо — любой — группе, которая заявит о готовности руководить их действиями и обеспечивать некие знания, добытые некими неопределенными методами. Если человек убежден в интеллектуальной и нравственной беспомощности отдельной личности, в том, что у нее нет собственного мышления и прав, что она не значит ничего, а группа — все, и единственное, что имеет для человека моральную значимость, — это бескорыстное служение группе, то он с готовностью присоединяется к коллективу. Но к какому именно? Если вы верите в то, что у вас нет собственного мышления и моральных стандартов, вы не обладаете уверенностью, необходимой для того, чтобы сделать выбор, поэтому единственное, что вам остается, — присоединиться к коллективу, не выбирая его: к тому, к которому вы принадлежите по рождению, к которому вы обречены принадлежать вследствие всемогущей биохимии.

Это, естественно, расизм. Но если ваша группа достаточно мала, это не назовут расизмом: это будет называться *этничностью*.

Вот уже больше полувека современные либералы смотрят, как их идеи приводят к результату, противоположному заявленным ими целям. Коммунизм вместо «освобождения» привел к кровавой диктатуре в Советской России; социализм вместо процветания привел к голоду в Китае, на Кубе и в Индии (и в России); государство всеобщего благополучия вместо «братства» привело к застою, жестокой борьбе за власть между представителями «элиты» в Великобритании и Швеции и ко многим другим, не столь очевидным жертвам. Интернациональное распространение альтруизма вместо «мира» привело к двум мировым войнам, нескончаемым локальным конфликтам и атомной угрозе, нависшей над человечеством. И несмотря на все это, либералы не спешат пересматривать свои взгляды или обратить внимание на то, чего смогла достичь общественная система, остатки которой они так яростно стараются уничтожить.

Сегодня мы получили возможность увидеть и другое доказательство того, что заявляемые ими цели отнюдь не являются истинным мотивом современных либералов. Мы можем наблюдать интеллектуальную маскировку совершенно особого рода — настолько грязную и подлую, что по сравнению с ней Уотергейт покажется детской шалостью.

Обратите внимание, что после Второй мировой войны расизм стал восприниматься всеми как отвратительно лживая и преступная доктрина, чем он и является в действительности. Не в расизме причина всех социальных бед, истинная причина — коллективизм, однако, как я уже писала ранее (в книге «Добродетель эгоизма»[1]), «Расизм — самая низшая, откровенно жестокая и примитивная форма коллективизма». Может показаться, что Гитлер достаточно убедительно продемонстрировал зло расизма. Однако сегодняшние интеллектуалы, а либералы в особенности, поддерживают и пропагандируют самую заразную форму расизма — трибализм, или племенное обособление.

Это стало возможным благодаря маскировке, выражающейся одним словом: *этничность*.

Этничность — это антиидея, применяемая для маскировки понятия «расизм», и ясно определяемого значения этот термин не имеет. Но если вы поработаете со словарем, вы можете нащупать путь к его смыслу. Вот что удалось найти мне в The Random House College Dictionary (1960) — издании, рассчитанном на молодых людей.

Термина «этничность» в этом словаре нет. Зато есть понятие «этнический», которому дано следующее определение: «характерный преимущественно или исключительно для группы населения, особенно выделяемой по языку, в широком смысле также может употребляться в отношении расы». Словосочетание «этническая группа» в качестве социологического термина определяется как:

> «группа людей, объединенная расово или исторически, с общей характерной для этой группы культурой, например итальянская или китайская община в крупном американском городе».

---

[1] Рэнд А. Добродетель эгоизма. — М.: Альпина Паблишерз, 2011.

Тогда я посмотрела определение слова «культура». Опять же в социологии оно означает «всю совокупность черт образа жизни, присущего группе людей, которая передается из поколения в поколение». Еще я решила узнать значение слова «племя». Оно оказалось таким: «1. Любая совокупность людей, имеющих общее происхождение, обычаи и традиции, подчиняющихся одним и тем же вождям и т. д. 2. Локальное сообщество людей у первобытных и варварских народов».

Если обобщить все эти определения, становится совершенно ясно, что термин «этничность» подчеркивает в первую очередь не биологические, а традиционные характеристики группы, например общность языка; однако и биологические (т. е. *расовые*) признаки также включены во все определения, кроме одного. Следовательно, поддержка «этничности» означает *расизм и традицию*, то есть расизм и конформизм, или, если хотите, расизм и застой.

Признание достижений личности другими личностями не является этничностью: это признак культурного разделения труда на свободном рынке, сознательный личный выбор каждого из заинтересованных лиц; достижения, о которых идет речь, могут быть научными, технологическими, промышленными, интеллектуальными или эстетическими, и совокупность этих достижений составляет *культуру* свободного цивилизованного народа. Традиция не имеет к этому ни малейшего отношения; в свободном цивилизованном обществе традиция подрывается и подавляется: в таком обществе граждане признают идеи и вещи *не* на основании их древности *или* признания предками, а на основании их истинности и/или качественности. В таком обществе конкретные предпочтения и проявления постоянно меняются, но при этом абсолютно неизменными — не по традиции, а по личным убеждениям — остаются те философские принципы, которые согласуются с реальностью, то есть с истиной.

«Древний» и «предковый» — это стандарты *традиции*, превосходящие реальность, ценностные стандарты для тех, кто принимает и применяет на практике «этничность». Культура, с точки зрения современных социологов, это не совокупность достижений, а «совокупность черт образа жизни... передающаяся из поколения в поколение». Это значит: неизменный, строго определенный образ жизни. Можете ли вы — дети Соединенных Штатов Америки — вообразить весь ужас жизни, которая не меняется из поколения в поколение? Но именно это проповедуют защитники этничности.

Совместима ли такая жизнь с разумом? Нет. С независимостью и индивидуальностью? Нет. Совместима ли она с прогрессом? Очевидно, что нет. С капитализмом? Это просто смешно. О каком веке идет речь? Мы имеем дело с явлением из доисторических времен.

Где-то под поверхностью цивилизации всегда существовали обрывки и отголоски старых времен, особенно в Европе, среди старых, усталых, покорных и тех, кто сдался без боя. Эти люди и являются носителями этничности. Образ жизни, который они передают из поколения в поколение, состоит из народных песен, народных танцев, специфической кухни, традиционных костюмов и фолк-фестивалей. Хотя профессиональные «этнофилы» всегда готовы с боем доказывать отличие *своих* песен от песен их соседей (и с удовольствием этим занимаются), на самом деле между ними нет никакой существенной разницы; все народное искусство вынужденно одинаковое и невыносимо скучное: если вы видели одну группу людей, хлопающих в ладоши и подпрыгивающих, можете считать, что вы видели их все.

А теперь давайте взглянем на природу этих традиционных этнических «достижений»: все они относятся к *перцептивному уровню человеческого сознания*. Все они привязаны к чему-то конкретному, сиюминутно данному и непосредственно воспринимаемому. Все это проявления *доконцептуальной* стадии развития человека.

Процитирую одну из моих статей:

> «Конкретное, антиконцептуальное мышление может взаимодействовать только с людьми, привязанными к той же самой конкретной данности, к тому же самому "конечному" миру. Для подобного менталитета это означает мир, где человеку не нужно иметь дела с абстрактными принципами: они заменяются заученными правилами поведения, которые принимаются как данность, безоговорочно. "Конечность" мира означает в данном случае не его протяженность, а уровень мыслительных усилий, требующийся для его обитателей. Говоря о "конечности" мира, они имеют в виду его "ощущаемость". (Из статьи «Недостающее звено» (The Missing Link) из сборника «Философия: кому она нужна» (Philosophy: Who Needs It).)

В той же самой статье я писала:

«Теория прогрессивного образования Джона Дьюи (преобладающая в школах вот уже почти полвека) устанавливает метод подавления концептуальных способностей ребенка и заменяет познание "социальной адаптацией". Это систематические усилия по внедрению племенного менталитета».

Симптомом характерного для такого менталитета ограниченного, перцептивного уровня развития является позиция трибалистов в отношении *языка*.

Язык — это концептуальный инструмент, набор визуально-слуховых символов, соответствующих определенным идеям. Для человека, понимающего назначение языка, неважно, какие звуки служат для наименования объектов, главное — чтобы они обозначали четко определенные аспекты реальности. Но для трибалиста язык — мистическое наследие, звуковая нить, протянувшаяся от предков, заученная, но не понятая. Для него самое главное — конкретный образ, *звучание* слова, а не его значение. Он готов убить и погибнуть сам за привилегию печатать на каждой почтовой марке для англоговорящих граждан Канады слово «postage», а для франкоговорящих — «postes». Поскольку большинство этнических наречий являются не полноценными самостоятельными языками, а всего лишь диалектами или местными искажениями государственного языка, то получается, что трибалисты готовы драться по еще менее значимым поводам.

Но конечно же, трибалисты дерутся вовсе не за язык: они пытаются отстоять свой уровень восприятия мира, свою мыслительную пассивность, свою преданность племени и свою мечту жить в совершенно замкнутом мире, полностью игнорируя существование остального человечества.

Изучение других языков расширяет абстрактные способности и видение человека. Лично я знаю три — или, скорее, три с половиной — языка: английский, французский, русский и наполовину немецкий, на котором я могу читать, но не разговаривать. Я осознала невероятную полезность этих знаний, когда начала писать: они предоставляют мне возможность более широкого выбора идей, разнообразные выразительные средства, а также позволяют проникнуть в природу языков как таковых, вне зависимости от конкретной формы.

(Если уж говорить о конкретной форме, то я сказала бы, что любой язык цивилизованного народа обладает собственной неповторимой силой и красотой, но я больше всего люблю английский — этот язык я считаю своим по сознательному выбору, а не по рождению. Английский — самый выразительный, самый точный, самый емкий и, следовательно, самый мощный из всех языков. Он больше всего подходит мне — хотя я могла бы выразить *себя* на любом из западных языков.)

Трибалисты вопят о том, что их язык обеспечивает сохранность их «этнической идентичности». Но такой вещи просто не существует. Слепая приверженность расистской традиции не может составлять человеческой идентичности. Расизм обеспечивает псевдосамооценку тем людям, которые не заслужили подлинной, и истеричная преданность своему диалекту играет ту же роль: она создает видимость «коллективной самооценки», иллюзию безопасности для спутанного, испуганного, непрочного состояния застывшего сознания трибалиста.

Если кто-то заявляет, что мечтает сохранить свой родной язык и его литературные памятники, он делает это исключительно ради маскировки. В свободном и даже полусвободном обществе никому не запрещено говорить на каком бы то ни было языке с теми, кто также захочет на нем говорить. Но *насильно* навязывать свой язык другим нельзя. Страна должна иметь только *один* государственный язык, если ее жители хотят понимать друг друга, и совершенно неважно, какой именно это будет язык, так как люди руководствуются *смыслом*, а не звучанием слов. Совершенно справедливо, что государственным языком в стране должен быть язык большинства населения. А что касается сохранения литературных памятников, то оно никак не зависит от государственной политики.

Но для трибалистов язык — это не орудие мышления и общения. Для них язык — символ племенного статуса и власти, проявляющейся в *навязывании* своего диалекта другим племенам. Не только вожди племен жаждут таким образом доказать свое могущество; это так же льстит больному, хрупкому самолюбию прочих членов племени.

В связи с этим мне хотелось бы упомянуть о возникшей у меня гипотезе; это действительно не более чем гипотеза, потому что я не проводила никаких специальных исследований по вопросу двуязычных стран, то есть стран с двумя государственными языками. Но по моим наблюдениям, двуязычные страны кажутся культурно угнетенными в сравнении с теми, где государственным является один из этих двух языков. Двуязычные страны редко отличаются великими, исключительными достижениями в любой интеллектуальной сфере, будь то наука, философия, литература или искусство. Сравните достижения Бельгии (частично франкоговорящей страны) с достижениями Франции, или достижения Швейцарии (где государственных языков целых три) с достижениями Франции, Германии и Италии, или достижения Канады с достижениями Соединенных Штатов.

Причиной малого количества достижений может быть меньшая территория этих стран, но это не относится к случаю США и Канады. Возможно также, что причина в том, что самые лучшие, самые талантливые граждане двуязычных стран стремятся эмигрировать в те, где государственный язык один, но тогда все равно остается вопрос: почему они это делают?

Моя гипотеза такова: политика двуязычия (позволяющая части граждан не учить дополнительный язык) — это уступка и гарантия развития в стране сильного этноплеменного элемента. А это элемент антиинтеллектуальности, конформизма и застоя. Лучшие умы должны стремиться сбежать из такой страны: они должны чувствовать, хотя бы на подсознательном уровне, что трибализм не оставляет им шансов.

Но если даже моя гипотеза неверна, нет никаких сомнений в том, что трибализм крайне антиинтеллектуален и вреден. Если, как я уже говорила, некоторые элементы этничности веками скрывались под поверхностью цивилизации, не причиняя особого вреда, почему теперь случилось их внезапное повсеместное возрождение? Иррационализм и коллективизм — философские идеи доисторической эры — должны быть применены на практике, в *политике*, прежде чем они смогут поглотить высочайшие научно-технические достижения человечества. Политическая причина возрождения племенных отношений — *смешанная экономика*, переходный этап на пути ранее цивилизованных стран Запада к тому политическому уровню, выше которого остальной мир так и не поднялся, — уровню постоянных племенных междоусобиц.

Как я писала в статье «Расизм»[1] (в книге «Добродетель эгоизма»):

«Возрождение расизма при "смешанной экономике" идет в ногу с усилением государственного контроля. "Смешанная экономика" ввергает страну в официальную гражданскую войну между группами влияния, каждая из которых борется за получение различных привилегий за счет друг друга».

Когда государство начинает использовать формулировки типа «получить больший кусок пирога», значит, оно принимает догмат чистого коллективизма: идею о том, что товары, произведенные в стране, принадлежат не производителям, а всем, а распространять их должно государство. Если так, то какие у отдельного гражданина шансы на получение куска от пирога? Вообще никаких, даже крошек. Отдельный гражданин становится «честной добычей» для организованного хищника любого сорта. Таким образом, люди вынуждены жертвовать своей независимостью ради получения защиты со стороны племени.

При смешанной экономической системе правительство само *создает* группы влияния — и в частности, *создает* «этничность». Выгоду от этого имеют лидеры групп, которые неожиданно обнаруживают, что могут использовать беспомощность, страх и разочарование своих «этнических» братьев, объединить их в группу, выдвинуть требования к правительству и обеспечить голоса избирателей. В результате *лидеры* этнических группировок получают политические посты, средства, влияние и престиж.

Однако это никак не улучшает жизнь прочих членов такой этнической группы. Для безработного любой расы и цвета кожи не имеет никакого значения, какие рабочие, студенческие и правительственные квоты предоставлены политическим кукловодам, принадлежащим к его расе. Но отвратительный фарс продолжается при помощи и с одобрения интеллектуалов, которые пишут о «победах меньшинств».

Вот пример целей таких побед. В The New York Times от 17 января 1977 года появилась статья со следующим заголовком: «Ис-

---

[1] См. главу 10 настоящего издания. — *Прим. ред.*

паноязычные артисты говорят, что средства на поддержку искусства распределяются несправедливо». На слушании по этому делу Роберт Гарсия, сенатор от штата Нью-Йорк, заявил:

«Вопрос заключается в том, получаем ли мы справедливую долю при распределении доходов штата». Государственные деньги требуются «на развитие "немассовых форм искусства"». Иными словами, тех форм, на которые не желают смотреть и которые не желают поддерживать люди. На слушаниях были сформулированы рекомендации, включившие в том числе и требование «отдавать не менее 25% средств на поддержку испанского искусства».

Вот так, дамы и господа, тратятся ваши налоги: те, кто сейчас получает выгоду от альтруизма, — не нищие, больные или безработные, а женщины из этнического движения, трясущие юбками в старинных испанских танцах, которые не были очень хороши, даже когда были новыми.

Это типичный пример мотивов и личной заинтересованности, стоящих за ростом, пропагандой и навязыванием обществу этничности.

В британском журнале *Encounter* (февраль 1975 года) вышла интересная статья. Называется она «Универсализация этничности» (The Universalisation of Ethnicity), а ее автор — Натан Глейзер, известный американский социолог. В этой статье прекрасно раскрывается отношение современной интеллигенции к распространению этничности — причем более ясно в том, о чем мистер Глейзер *умолчал*, чем в том, что он сказал.

Он отмечает:

«Подавляющее большинство людей… выбирают себе религию не сознательно, а по рождению, точно так же, как национальность. В этом отношении то и другое очень похоже. Как в религиозную, так и в этническую группу человек попадает не благодаря каким-то достижениям, а просто по праву рождения. Это группы, члены которых получают статус автоматически, только появившись на свет, а не за счет какой-то деятельности».

Это абсолютно — и ужасающе — верно. Можно долго говорить о пугающей перспективе жить в мире, в котором будут править люди, предпочитающие право рождения достижениям и желающие иметь биологически обусловленный, данный автоматически статус, а не тот, который нужно заслужить. Мистер Глейзер не рассуждает об этом, он просто констатирует факты.

Его волнует отношение «этнических групп» к «*кастам*», но только как проблема определения терминов. Однако, естественно, касты — неотъемлемая часть этнической идеи; касты высших и низших существ, определяемые по рождению, защищаемые и поддерживаемые законом, разделяющие людей на «аристократов», «простолюдинов» и так далее, вплоть до «неприкасаемых».

Мистер Глейзер делает верное и крайне важное заявление:

> «Соединенные Штаты, вероятно, единственное государство в мире, где термин "народ" употребляется в отношении не этнической группы, а всех людей, которые захотели быть американцами».

Однако он не делает из этого никаких выводов. Тем не менее очень важно, что Соединенные Штаты стали главными врагами и разрушителями этничности, что они запретили кастовую систему и любые наследственные титулы, что они отказались от признания групп как таковых, а признавали лишь право личности на *выбор* коллектива, к которому она хочет присоединиться. Свобода объединений — противоположность этничности.

Мистер Глейзер не поднимает вопроса об оригинальной американской философии и о связи между ее уничтожением и подъемом этнических настроений. Его интересы лежат в другой плоскости. Он пишет:

> «Надежде социалистов на интернациональную классовую борьбу, основанной на классовой идентификации, не суждено сбыться. Ее место займут национальные и этнические конфликты. В большинстве стран национальные интересы, по-видимому, доминируют над классовыми».

Мистер Глейзер озадачен таким развитием событий. Он предлагает кое-какие осторожные объяснения, которые, кажется, не удовлетворяют и его самого:

> «Тенденции модернизации, разрушая некоторые основы самобытных культур и самоопределения, в то же время создают потребность в *самоопределении нового типа*, родственного древнему, сакральному типу деревни или племенного объединения».

Современное технологичное общество, с ядерным оружием и космическими путешествиями, должно управляться деревнями или племенными объединениями?

Мистер Глейзер и сам склонен не доверять подобным теориям, но признает, что не может найти адекватного объяснения.

> «Это сердце тьмы. Почему главными общественными конфликтами стали *не классовые, а этнические*?.. В большинстве развивающихся стран марксизм остается идеологией студентов и нередко — правящей группы, однако *этничность* — центр, вокруг которого формируется единство и лояльность».

Мистер Глейзер подходит к ответу ближе, когда замечает «иррациональную притягательность» этничности, но дальше в своих рассуждениях не идет. Вместо этого он пишет:

> «Кажется, громкие призывы, обращенные к классам, в последние десятилетия стали не столь мощными, как крики, обращенные к расам, племенам, религиозным и языковым объединениям — словом, к этническим группам. Возможно, эпидемия этнических конфликтов отражает тот факт, что лидеры и организаторы верят, что их скорее ждет удача, если они будут обращаться не к классовым интересам, а к *этничности*».

И действительно, лидеры и организаторы в это верят, но почему? Ответ на вопросы мистера Глейзера содержится в том факте, что марксизм — это *интеллектуальное* построение; пусть эта теория ложна, однако она *абстрактна*, — *слишком абстрактна для конкретной перцептивной ментальности трибалистов*. Чтобы уловить суть понятия «*интернационального* рабочего класса», требуется очень высокий уровень абстрагирования, уровень, недоступный сознанию, осознающему реальность собственной деревни, однако с трудом представляющего реальность соседнего города. Нет, уровень человеческого интеллекта не падает в результате естественных причин; его подавляют, тормозят, притупляют современная антиинтеллектуальная система образования и современная иррациональная философия.

Мистер Глейзер не обращает внимания на эти доводы. Очевидно, что его беспокоит распространение этничности, но он пытается надеяться на лучшее — и это в конце концов приводит его к совершенно невероятному заключению. После предложения некоторых вариантов решения проблемы, вроде «либо гарантировать определенную долю во всех сферах каждой группе, либо гарантировать права каждому гражданину и каждой группе», он продолжает:

> «Соединенные Штаты в прошлом, кажется, сочли подход, основанный на "гарантии прав", более приемлемым, чем основанный на гарантии долей; но в последнее время американцы начали менее серьезно относиться к правам личности и более серьезно к групповой доле».

Справившись с тошнотворным ощущением в желудке, я спросила себя: о каких американцах говорит мистер Глейзер? Я не знаю, но его утверждение — клевета на всю нацию. Оно означает, что американцы готовы продать свои права за деньги — за «кусок пирога».

В последнем абзаце мистер Глейзер замечает, что было время, когда:

> «к проблеме этничности как источнику конфликта внутри нации и между нациями относились преимущественно просто как к пережиткам и рудиментам прошлого. Я убежден, что сегодня требуется поставить эту проблему в центр нашего внимания к человеческой природе».

Его опасения совершенно справедливы.

Нет более простого способа заразить человечество ненавистью — дикой, слепой, распространяющейся как пожар ненавистью, — чем разделить его на этнические группы или племена. Если человек верит в то, что его качества предопределены неким неизвестным, непознаваемым образом при рождении и таким же образом предопределены качества всех прочих людей, то между ними невозможно никакое общение, никакое понимание, никакие договоренности, а может существовать лишь взаимный страх, подозрения и ненависть. Племенное или этническое общественное устройство существовало в какой-то период в любом регионе мира, а в некоторых странах — на протяжении всех периодов истории. И свидетельства характерной для него жестокости везде и всегда одинаковы. Самые страшные зверства происходили во время этнических (в том числе и религиозных) войн. Последний масштабный пример — фашистская Германия.

Междоусобицы — постоянные — отличительная особенность племенного устройства. Племя — с его правилами, догмами, традициями и ограниченным умственным развитием — это непродуктивное объединение. Племена выживают на грани голодной смерти, они отданы на милость природных катаклизмов в большей степени, чем даже стада животных. Война с другими, на данный момент более удачливыми племенами, в надежде захватить какое-то жалкое добро, — это их вечное крайнее средство выживания. Вожди вынуждены постоянно подпитывать в своих соплеменниках ненависть к другим племенам, чтобы иметь козлов отпущения, на которых можно взвалить вину за страдания своих подданных.

Нет более отвратительной тирании, чем этническое общественное устройство, поскольку оно означает вынужденное подневольное состояние, которое требуется воспринимать как ценность, и влияет в первую очередь на человеческий разум. Уважающий себя человек отказывается соглашаться с тем, что содержание его мыслей определяется его мышцами, то есть его собственным телом. Как же можно согласиться, что все определяется телами каких-то предков? Лучше уж брать в качестве определяющего фактора продуктивность — это тоже неверно, однако не так оскорбительно для человеческого достоинства. Марксизм — порочная идеология, однако в сравнении с застойной, омерзительной, едкой вонью этничности и он кажется чистым.

Если же хотите воочию убедиться в том, что племенные отношения неизбежно ведут к застою, вспомните о Балканах. В начале XX века Балканы считались позором Европы. Шесть-восемь народностей плюс еще сколько-то более мелких этнических подразделений с непроизносимыми названиями толкались на территории Балканского полуострова, ведя бесконечные войны друг с другом, завоевывались более сильными соседями или просто творили жестокости ради жестокостей, вступая в конфликты по поводу микроскопических языковых различий. Термин «балканизация» — распад крупных народов на этнические племена — использовался европейскими интеллигентами того времени в качестве бранного слова. Та же самая интеллигенция после Первой мировой войны была невероятно горда тем, что ей удалось объединить большинство балканских племен в два более крупных государства: Чехословакию и Югославию. Но племена никуда не делись; то и дело среди них вспыхивают мелкие взрывы, и в любой момент может произойти взрыв более серьезный.

Принимая во внимание историю трибализма, просто нелепо мириться с ним, надеяться на лучшее или ожидать какого-то честного «группового распределения». От племенных отношений нельзя ожидать ничего, кроме жестокости и войн. Но только на этот раз племена будут вооружены не луками и стрелами, а ядерными бомбами.

Предварительным обзором того, какое значение может иметь трибализм в современном, технологичном мире, может послужить статья в The New York Times от 23 января 1977 года, в которой сообщается о требовании франкоговорящих канадцев Квебека официально пользоваться французским языком везде, в том числе в аэропортах, но «Верховный суд поддержал запрет министерства транспорта на использование французского языка при переговорах диспетчеров с пилотами в двух монреальских международных аэропортах». (Английский является международным языком, принятым для переговоров в аэропортах всех стран мира.)

Позвольте напомнить вам о недавнем ужасном столкновении двух самолетов на Канарских островах. Несмотря на то что все служащие, имевшие отношение к этой катастрофе, прекрасно говорили по-английски, расследование показало, что столкновение было вызвано языковым недопониманием. Что же говорить о канадцах Квебека, или угандийском диктаторе Иди Амине, или о любых других этнических трибалистах, которые требуют, чтобы пилоты самолетов во всем мире говорили на *их* языке? Кстати, то столкновение самолетов произошло из-за того, что маленький аэродром был перегружен самолетами, которые не могли сесть на близлежащем крупном аэродроме: там произошел теракт, который совершили этнические террористы, борющиеся за независимость Канарских островов от Испании.

Как долго просуществуют достижения технократической цивилизации при племенном управлении такого рода?

Кое-кто спрашивает: есть ли у местных группировок или провинций право отделения от страны, частью которой они являются? Ответ таков: на этнической почве — нет. Этничность не является, ни морально, ни политически, принципиальным фактором и не обеспечивает никому каких-то особых прав. Что касается иных, кроме этнических, оснований, не забывайте о том, что права принадлежат лишь личностям, и не существует никаких «коллективных прав». Если провинция желает отделиться от государства с диктаторским правлением или даже со смешанной экономической системой, чтобы основать собственное свободное государство, она имеет право на это. Но если местная бандитская группировка, этническая или любая другая, захочет отделения с целью установления собственного правительственного контроля, такого права у нее нет. Ни одна группа не имеет права нарушать права граждан, которые живут в том же месте. Желание — индивидуальное или коллективное — это еще не право.

Есть ли способ избежать глобального возрождения племенных отношений и прихода новых Темных Времен? Есть, причем всего лишь один: возрождение того, что уже доказало на деле свою способность свести этничность к уровню безвредного рудимента — капитализма.

Обратите внимание на парадоксы, выросшие вокруг капитализма. Эта система считалась основанной на эгоизме (что абсолютно правильно и хорошо в *моем* понимании этого термина), при этом только она смогла дать людям основу для добровольного объединения разных народов в великие государства и мирного сотрудничества с заграничными партнерами, в то время как коллективизм, интернационализм, система «одного мира» раскалывают мир на племена.

Капитализм называли системой, основанной на жадности, однако именно эта система подняла стандарт жизни самых бедных своих граждан до таких высот, к которым ни одна коллективистская система не приблизилась и которых ни одна племенная бандитская группировка даже не в состоянии себе представить.

Капитализм называли националистическим строем, однако только при капитализме этничность оказалась под запретом и стало возможным — в Соединенных Штатах — мирно жить вместе людям самых разных, прежде враждовавших друг с другом национальностей.

Капитализм называли жестоким — однако он принес людям столько надежды, прогресса и общей доброй воли, что сегодняшнему юношеству, которое не было свидетелем этому, трудно даже вообразить такое.

А гордость, благородство, уверенность в себе и самоуважение — те черты характера, которые обрекают человека на участь мученика при племенном строе и любой другой общественной системе, за исключением капитализма.

Если вы хотите на конкретном примере познать, каким был когда-то подлинный дух Америки, дух, который невозможен для сегодняшнего дня, но который мы теперь обязаны возродить, я процитирую одно старое стихотворение, демонстрирующее противоположность самоуничижению этничности. Это стихотворение Бэджера Кларка, которое называется «Человек Запада».

Оно начинается с выражения уважения к предкам: «Праотцы мои спят на Восточной равнине, и каждый из них спит один», — а продолжает поэт так:

> Но мертвые мне — не опора.
> Я сам покрою свое имя славой или позором,
> Мир начался, когда я появился на свет,
> И этот мир — для меня.

12
Трибализм в отношениях между полами

◆

Питер Шварц

Все формы коллективизма опираются на определенную метафизику. Источником любых коллективистских догматов — экономических (производство — это в первую очередь общественная деятельность), политических (правами обладает не личность, а коллектив), нравственных (человек должен жертвовать своими интересами ради общества), эпистемологических (суждение отдельного человека подчиняется коллективному консенсусу) — является одна основополагающая идея: отдельный человек бессилен взаимодействовать с реальностью. Согласно этой идее, человек не может жить сам по себе и его выживание зависит от группы.

Именно такую точку зрения, в применении к женщинам, проповедуют феминистки.

Сами феминистки воспринимают женский пол с таким презрением, что любому «патриархальному» обществу до этого далеко. Только феминистки сегодня рисуют женщин от рождения беспомощными созданиями, которые постоянно становятся чьими-то «жертвами».

Именно феминистки заявляют, что женщины без поддержки государства могут получать только 75% от заработной платы мужчин, что их продвижение по службе ограничено «стеклянным потолком», разбить который под силу только государству, что женщины не в состоянии работать с полной занятостью, если государство не обеспечит их детей местами в детских садах, что женщины не могут рассчитывать на лучшие рабочие места и поступление в престижные учебные заведения, не обладая сильной правовой поддержкой, что у женщин не может быть адекватной самооценки, пока разрешены к продаже издания типа *Playboy* (которые, согласно судебному прецеденту, оказывают «негативное влияние на чувство собственного достоинства личности»).

Феминистки хотят сказать, что женщина сама по себе, собственными силами, не может достичь в жизни успеха. Она находится во власти сил, которые не в состоянии контролировать, она не может сама получить ни работы, ни образования, ни даже самоуважения — для всего этого ей требуется помощь (правительственной) няньки.

Это не просто описание того, что феминистки воспринимают как печальное положение современных женщин. Скорее это часть их основополагающей философии, которая считает метафизическую слабость женщин естественным для них состоянием.

Причем это положение феминистки очень активно *продвигают*. Они хотят заставить женщин поверить в то, что они должны полагаться не на собственные качества, а на силу коллектива. Согласно доктрине феминизма, для женщины приобретение особенных качеств, необходимых для достижения успеха в какой-либо области, вовсе не должно являться первоочередной задачей. Даже напротив, она должна отрицать необходимость наличия в себе таких способностей. Единственное, на что должна полагаться женщина, — это ее половая принадлежность.

К примеру, средний балл на вступительных экзаменах в медицинский колледж среди девушек ниже, чем среди юношей (из-за недостаточности знаний у первых). Должны ли девушки, желающие стать врачами, прийти к логическому заключению, что им следует усерднее заниматься? Нужно ли советовать им улучшать свои знания, чтобы быть принятыми в колледж на тех же условиях, что и юноши, независимо от пола? Нет, утверждают феминистки; единственный вывод, который нужно сделать, — что в колледж принимают слишком мало девушек, так что необходимо изменить условия приема.

Если женщина захочет стать, к примеру, пожарным, феминистки не будут советовать ей убедиться в том, что она соответствует необходимым физическим стандартам. Ей скажут, что самое главное — чтобы в ее пожарной части был в достаточном количестве представлен женский пол. А если она не обладает необходимыми физическими данными для такой работы? А она и не должна, возразят феминистки; у женщин есть право на свою квоту рабочих мест.

Несмотря на всю свою болтовню про «расширение возможностей» женщины, феминистки отрицают единственное законное значение этого понятия, то есть возможность для женщины своими силами превратить себя в действительно ценного члена общества, чтобы работодатели *хотели* продвигать ее по службе, а учебные заведения — принимать ее в число своих студентов, на основе взаимной выгоды, а не делая уступку ее половой принадлежности. Но это слишком независимый подход для того, чтобы феминистки согласились с ним.

Все те призывы, с которыми они обращаются к женщинам, подразумевают одно: «Вы не можете самостоятельно добиться успеха, но вы и не должны; ваш коллектив должен предоставлять вам все, в чем вы нуждаетесь».

Забавно, что в 1960-е, когда современное женское движение только начиналось, люди считали, что у него совершенно иные цели. Они верили, что феминизм призывает женщин отказаться от традиционного менталитета «домохозяйки», то есть от установки (которой в одинаковой степени придерживались как мужчины, так и сами женщины) на то, что женщины не способны нормально существовать и действовать за пределами кухни и спальни. Они думали, что феминистки действительно пытаются убедить женщин делать карьеру, отказываться от обязанностей, которые они исполняют вопреки своему желанию, утверждать свое моральное право на стремление к счастью, смело выходить в мир, становясь летчиками, нейрохирургами, композиторами и гендиректорами предприятий.

Но коллективизм, лежащий в основе движения, очень скоро вылез наружу, раскрыв всем подлинную природу феминизма. Стало совершенно понятно, что подразумевается, что все эти новые возможности женщины должны не *заслужить* благодаря личным качествам, а автоматически получить на основании принадлежности к женскому полу. Стало ясно, что образ домохозяйки не только не был отвергнут, но, напротив, полностью одобрен феминизмом, только в обновленном, еще более отвратительном качестве.

Если мировосприятие домохозяйки старого образца основывалось на предпосылке, что женщина не способна выполнять работу, требующую определенных физических или интеллектуальных способностей, на том же уровне, что мужчина, то теперь утверждается, что от нее этого вообще не *требуется*. Теперь положено считать, что пол должен *гарантировать* женщинам «справедливую долю» рабочих мест, например, среди вице-президентов компаний, независимо от их способностей. Теперь, согласно новой, улучшенной версии «доктрины домохозяек», женщины не должны стремиться заслужить какую-либо награду, они должны просто позвать на помощь Большую Маму — государство, — и им все поднесут на блюдечке. Сегодня, как и в прошлом, главный вывод для женщин таков: пол решает все.

Такое нравственное извращение термина «равноправие» стало возможно исключительно благодаря порочному влиянию современного коллективизма.

Продвигая эту философию, феминизм притягивает к себе самых отвратительных представительниц женского пола. Он привлекает тех, кто не желает нести ответственность за свое собственное существование. Любую домохозяйку, испытывающую чувство вины за то, что навсегда отбросила мечты о карьере, любую санитарку, жалеющую, что ей не удалось достичь большего, любую отчаявшуюся женщину, которая уже перестала надеяться на лучшую работу или лучшую жизнь, феминизм успокаивает и оправдывает, убеждая в том, что она не виновата в своей жалкой доле. Феминистская доктрина провозглашает, что женщина сама по себе не может ничего достичь, так что нельзя возлагать на нее вину за ее собственные неудачи.

Однако для феминисток существует *один* тип женщин, которые достойны порицания. Это по-настоящему независимые женщины. Женщина, которая хочет оценивать все и сама быть оцененной в соответствии с ее личными качествами и заслугами, которая не желает опираться на костыль государственной поддержки, которая достигает успеха сама и гордится этим, считается предательницей своего «племени». Она ничего бы не добилась, упрямо твердят феминистки, если бы не коллективные действия всех женщин.

Феминизм основан на зависимости. Он привлекает и держит мертвой хваткой — а затем подвергает необходимой обработке — зависимых, неуверенных в себе женщин. Он внушает им веру в собственную метафизическую беспомощность, а затем ждет, пока они превратятся в покорных членов стада.

Феминизм стремится сохранить тот самый менталитет, от которого он якобы «освобождает» женщин. Он хочет перенаправить жизненную установку домохозяек — стремление к тому, чтобы кто-то их обеспечивал, — просто заменив старый источник обеспечения (мужей) новым («сестринским коллективом»).

Лидеры феминисток исповедуют кредо социальных работников. Такие люди существуют не для того, чтобы помогать людям, попавшим в беду, а для того, чтобы убеждать их: вся жизнь — это одна большая беда, от которой можно спастись только с помощью социального работника. Феминистки пытаются внушить женщинам аналогичную систему взглядов, убеждая их в том, что каждая женщина в отдельности обречена на разочарование и неудачу в жизни, если только не прицепит свой вагон к составу женского коллектива.

В основе этого совершенно неверного отношения к женщинам лежит идея свободы воли. Феминизм предполагает, что у женщин не существует подлинной волевой сферы и они не могут свободно делать выбор.

Таким образом, согласно доктрине феминизма, женщина не может ни в чем себя винить, как бы низко она ни опустилась. Если она разрушит свою жизнь несчастным замужеством, наркотиками, проституцией или совершит какое-либо преступление, феминистки будут уверять в том, что она ни в чем не виновата. Источник ее страданий — не в ее выборе. Это общество не *позволило* ей поступить по-другому. Это общество, а не она должно измениться. И следовательно, единственный правильный «выбор», который может сделать женщина, — это коллективный выбор: солидарность во всем со своими «сестрами».

12. Трибализм в отношениях между полами

Героини феминистского движения — не те женщины, которые собственными усилиями обеспечили себе достойную жизнь, а те, кто объявляет, что их жизнь была бы пустой и невыносимой, если бы не материальная помощь симпатизирующего женскому движению государства. Женщина, которая не может самоутвердиться, потому что ей нечего утверждать, которая жаждет, чтобы о ней заботились «сестры», которая поддерживает систему квот и покорность коллективу, которая заявляет, что источник ее несчастий — не в ее иррациональных решениях, а в деспотизме культуры, становится образцом для подражания.

Из-за того, что феминизм считает волевые решения мифом, женщины обычно стандартно представляются жертвами. Так как они якобы не несут ответственности за то, что им не удается достичь какой-либо цели, их жалобы на любой неудовлетворенный каприз считаются признаком того, что их снова кто-то несправедливо обидел. Это выступает в качестве доказательства того, что женщины лишены положенной им по праву доли благ. «Феминистское сознание, — пишет один автор, — это сознание *мучеников*».

Подлинный «мучитель» — это, конечно, сама реальность. Если женщина хочет быть принятой на какую-либо работу или поступить в какое-либо учебное заведение не потому, что она подготовлена к этому, а потому, что принадлежит к группе, желания которой не исполняются, значит, этому мешает реальность. Потому что реальность требует объективной оценки знаний и способностей. Реальность подчиняется непреклонному закону причинности, согласно которому работа может выполняться только тем, кто способен ее выполнить. Настоящий враг феминизма — объективность, то есть необходимость соответствовать требованиям реальности.

Но феминистки отрицают саму идею объективной реальности, потому что не обладающая свободой воли женщина не может выжить в таком мире. Она не может приспособиться к миру, который выдвигает такие жесткие требования. Ей нужна «гибкость» необъективного. Она чувствует себя в объективной реальности совершенно беспомощной, поэтому феминизм отменяет для нее эту реальность.

«Феминистский анализ, — говорит один профессор из юридической школы Университета Нью-Мексико, — начинается и заканчивается принципом, что объективная реальность — это миф».

Таким образом, феминистки восстают против «запретительных» методов, с помощью которых общество оценивает врачей, юристов, военных. Почему, вопрошают они, женщин должны оценивать по объективным стандартам? И если кто-то отвечает им: потому что этого требуют реальность и здравый смысл, они задают новый вопрос: почему женщины должны подчиняться реальности и здравому смыслу? Почему бы не позволить женщине создать более уступчивый мир, такой, который будет более благосклонным к ее желаниям? Почему бы ее не оценивать, к примеру, по степени сочувствия к больным, а не по способности к проведению хирургических операций, или по умению говорить, а не по способности к логическому анализу правовых принципов, или по степени дружелюбности к однополчанам, а не по тому, может ли она преодолеть полосу препятствий в полной боевой выкладке?

Как пишет президент Нью-Йоркского Сити-колледжа, жалуясь на отсутствие «разнообразия» в университетах:

> «Высшие учебные заведения в Соединенных Штатах — производные западного общества, в котором мужские ценности типа ориентации на успех и объективности ценятся выше, чем сотрудничество, открытость и субъективность».

Почему, удивляются феминистки, факты, пусть даже непреложные, должны вставать на пути женских желаний? К примеру, почему сумма ежегодных взносов в пенсионный фонд для женщин выше только из-за того, что у них выше средняя продолжительность жизни? Почему они должны платить больше за медицинскую страховку только из-за того, что она включает в себя покрытие медицинских услуг, связанных с беременностью и родами? Почему женщина не может быть членом команды Dallas Cowboys или Венского хора мальчиков? Как заявила одна из феминистских организаций: «Не бывает честной и нечестной дискриминации».

В этой войне женщин с объективностью, между прихотями и реальностью, признание превосходства объективности и реальности считается дискриминацией.

Но поскольку реальность как таковая не слишком подвержена воздействию политических акций протеста, феминистки направляют свое недовольство против партии, на которую они возлагают ответственность за «изобретение» такой неудобной вселенной, — против мужчин.

Это мужчины активно продвигают идею объективности — утверждают феминистки — для того, чтобы держать женщин в подчиненном положении. Это мужчины специально отказываются исполнять женские желания, настаивая на том, чтобы о женщинах судили не на основании половой принадлежности, а на основании заслуг и способностей. Это мужчин нужно винить в том, что женщины работают стюардессами, а не летчиками, поддерживают футбольные команды вместо того, чтобы играть на поле, и занимают в компаниях должности секретарш, а не вице-президентов.

Феминистки видят, что мужчинам каким-то образом удается достичь успеха в реальном мире. Они каким-то образом получают работу, богатство, славу и счастье. Женщинам, чтобы достичь того же, как утверждают феминистки, нужно не учиться взаимодействовать с реальностью, а приспособить для своих нужд тех, кто замещает женщинам реальность, — мужчин. Каким образом? Действуя, как дети, которыми, как считают феминистки, они являются в метафизическом смысле, и самым бесцеремонным образом требуя, чтобы все их прихоти исполнялись мужчинами. Настаивая на том, чтобы мужчины обеспечивали их «льготами» — в виде определенных квот на рабочие места, продвижения по службе, мест в колледжах и т. д. — за свой счет. (Метод домохозяек прошлого, которые стремились обеспечить себе материальное благополучие путем замужества, — это по крайней мере более честная форма зависимости.)

Женщина сама по себе — ничтожное существо, не обладающее собственной волей, а любой мужчина — подлый деспот, пользующийся ее беззащитностью: вот установка, составляющая каркас всей философии феминизма. Но в одной области эта установка совершенно бесстыдным образом выставляется напоказ — а именно в отношении секса.

Если верить феминисткам, секс между мужчиной и женщиной вовсе не является добровольным актом для обеих сторон. Например, профессор права Сюзан Эстрих пишет:

«Многие феминистки возразили бы, что до тех пор, пока женщина остается бессильной перед мужчиной, считать "да" знаком истинного согласия — заблуждение».

Другие представители движения уверены, что женщина никак не может самостоятельно принять решение о сексуальных отношениях.

«Может существовать множество причин, из-за которых женщина оказывается не в состоянии сопротивляться приставаниям мужчины, так что нежелательная для нее связь происходит без насилия. Женщина… может просто растеряться. Ее социальные установки часто делают отказ крайне затруднительным».

Другими словами, женщина — *взрослая* женщина — не в состоянии сказать «нет», если она не хочет секса с мужчиной. Она — пассивный, запрограммированный продукт «социальных установок». Следовательно, продолжают феминистки, женщина, точно так же, как и ребенок, не может нести ответственность за секс.

Этот образ женщины как безвольной подстилки уничтожает различие между добровольным актом и насилием. Обладают ли женщины разумом, который позволил бы им *решать*, заниматься сексом или нет? Согласно точке зрения феминисток, которые заявляют, что «словесное принуждение» к занятиям сексом является изнасилованием, — нет. А что такое «словесное принуждение»? Это «согласие женщины на нежелательные для нее сексуальные отношения вследствие словесного убеждения со стороны мужчины, *не содержащего угрозы применения насилия*». (Курсив мой — *А. Р.*) Значит, стоит мужчине хоть как-то выразить желание заняться сексом, и любой сексуальный контакт, последовавший за этим, независимо от того, происходит ли он с согласия женщины или нет, может привести его на скамью подсудимых.

Поэтому в том случае, если мужчину обвиняют (иногда справедливо) в «половом извращении» — вспомните, к примеру, случай на съезде представителей Военно-морского флота в Тэйлхуке в 1991 году, — не придается совершенно никакого значения тому, были ли эти сексуальные отношения добровольными со стороны женщины. С точки зрения феминисток, женщина всегда занимается сексом исключительно «по принуждению».

При таком восприятии решающее значение для приговора суда имеют не объективные факты, а субъективные ощущения женщины. Говорит Кэтрин Маккиннон, профессор права:
«Если женщина участвует в половом акте и *чувствует, что ее принудили* к этому, я называю это изнасилованием». (Курсив мой. — А. Р.)

От фактов феминистки попросту отмахиваются. Так как они считают женщин неспособными принимать волевые решения, в вопросах, касающихся секса, принципиально важно не то, дала ли женщина свое согласие на участие в половом акте, а чувствовала ли она при этом, что подверглась «насилию». На основании этого чувства мужчине может быть предъявлено обвинение, его могут судить и приговорить к какому-либо наказанию.

Исследования, проведенные среди студенток колледжей в 1985 году при финансовой поддержке журнала *Ms.*, были широко разрекламированы как авторитетная, строго научная работа, демонстрирующая уровень сексуального насилия в американском обществе. В ходе этих исследований было обнаружено, что более 25% девушек студенческого возраста были жертвами изнасилования или попытки изнасилования. Эти данные укрепили образ патриархального уклада, при котором женщины подвергаются постоянному принуждению со стороны своего главного естественного врага — мужской половины населения — и нуждаются в постоянной защите от него.

Однако такие результаты были получены исключительно вследствие искаженного определения понятия «изнасилование», принятого в этом исследовании. Это определение основывалось на восприятии женщины как «социализированной» марионетки, неспособной принимать собственные решения. Например, согласно использованному в работе опроснику, если мужчина угощает женщину спиртными напитками, а затем они по обоюдному согласию вступают в половую связь, это может считаться изнасилованием, потому что мужчина «воздействовал на суждения или самоконтроль партнерши с помощью наркотического или отравляющего вещества».

На самом деле 73% из тех девушек, которых авторы исследования отнесли к группе изнасилованных, сказали, что *не думали, что данные сексуальные отношения могут считаться изнасилованием*. А более 40% «жертв» неоднократно имели секс с «насильниками».

Это движение новых домохозяек считает, что с женщинами нужно обращаться, как с детьми.

Они не в состоянии дать «обоснованного согласия», они не могут знать, действительно ли над ними было совершено насилие, и им необходим постоянный родительский надзор, чтобы все их потребности были удовлетворены.

Когда в Вашингтоне проходила демонстрация, организованная женским движением с целью открыть глаза общественности на «насилие над женщинами», их протест был направлен не просто против физических актов насилия, а против *сокращения программ финансовой и правовой поддержки*. Как сообщалось в New York Times, феминистки «приравняли то, что они называют "политическим насилием" к актам физической расправы». Родителей, которые бьют ребенка, и родителей, которые лишают его питания, можно в равной степени обвинить в жестоком физическом обращении. Проводя параллель, феминистки заключают, что в отношении взрослых женщин «насилием» следует считать в равной степени и физическую расправу, и лишение материальных привилегий.

Как сущностью изнасилования, по мнению феминисток, является не акт физического принуждения женщины к занятию сексом, так и преступлением оно должно считаться не потому, что совершается физическое насилие, а потому, что оно относится к сфере коллективной «дискриминации» одного класса граждан другим.

Этот примитивный, трибалистский взгляд на проблему наиболее откровенно отстаивает Маккиннон, которая пишет:

> «Сексуальное насилие — это одновременно практическое действие и показатель неравенства между полами, одновременно символ и проявление в действии подчиненного статуса женщин по отношению к мужчинам».

Маккиннон неспособна увидеть в женщине личность даже в качестве жертвы конкретного акта насилия и считает подобные преступления направленными против всего женского «племени». При изнасиловании главное зло заключается не в нападении конкретного мужчины на конкретную женщину, и даже не в применении физической силы вообще, а в том, что один «коллектив» унижен другим.

Маккиннон говорит, что за изнасилование должны судить как за дискриминацию. При слушании такого дела главный вопрос, который необходимо решить в отношении подсудимого: «Как этот мужчина обращается с женщинами, с которыми вступает в связь? Стремится ли он к доминирующей роли?» Если суды примут такой подход, заключает она,

> «по крайней мере юридически изнасилование будет признано тем, чем оно является в реальной жизни, — сексуальной дискриминацией».

Но если сущность изнасилования — в дискриминации, то есть в неравенстве, то в чем разница между сексуальным актом и изнасилованием? Любой сексуальный акт так или иначе связан с неравенством, так как в его основе лежит различие полов. Так значит, это делает его по определению преступным?

Любое заключение, которое делают феминистки в связи с этим, — что «да» приравнивается к «нет» или что изнасилование приравнивается к «неравенству» — говорит о том, что для них секс — это архетипический акт агрессии мужчин по отношению к женщинам. *Секс per se становится изнасилованием. И все мужчины в этом виновны.*

Изнасилование, по словам одной дамы, занимающейся сексуальным просвещением,

> «это не какая-то форма психического отклонения, свойственная очень небольшому количеству мужчин. На самом деле оно почти ничем не отличается от того, что мы привыкли считать социально приемлемым или даже одобряемым мужским поведением».

Изнасилование, утверждает известная писательница-феминистка, это «сознательный процесс унижения, при помощи которого *все мужчины* держат *всех женщин* в страхе».

В чем источник такой ненормальной ненависти к мужчинам, а в особенности к сексуальным отношениям между мужчинами и женщинами? Айн Рэнд рассматривает секс как акт метафизического утверждения:

«Для рационального человека секс — это выражение своей самооценки, *чествование себя самого и бытия в целом*... Это его реакция на то, что он более всего ценит в другом человеке».

Секс — утверждение сознания собственной значимости человека, его способности успешно существовать в реальном мире и радоваться этому успеху.

Тогда какая же оценка секса следует из противоположной метафизики? Если секс — добро, так как провозглашает способность личности контролировать реальность и достигать чего-либо, как должны воспринимать секс феминистки, которые считают, что женщины в принципе лишены такой способности?

Для них секс — это соединение не двух партнеров, разделяющих ценности друг друга, а двух противоборствующих сил: жестокого деспота, который незаслуженно лишает женщину того, что ей положено, требуя от нее, чтобы она сама завоевывала свое место в мире, и беспомощной вечной жертвы, которая отчаянно пытается за кого-нибудь удержаться, чтобы не потеряться в этом мире и просто выжить. С этой точки зрения секс для женщины — не радостное утверждение своего чувства самоценности, а невыносимое подтверждение чувства бессилия и обиды на мужчину за то, что он обладает тем, чего она лишена.

Согласно доктрине феминизма, секс — это абсолютное подавление. Мужчина доминирует над женщиной. Ее вечный враг «овладевает» ею. Секс — квинтэссенция женских «мучений» для тех женщин, которые не в состоянии даже выразить собственное отношение к происходящему в ответ на мужское «словесное принуждение».

Теоретик феминизма Андреа Дворкин, изображающая секс как «военное вторжение и оккупацию», абсолютно откровенно озвучивает эту точку зрения:

«Физически женщина в момент полового акта представляет собой населенную территорию, территорию в буквальном смысле, которую также в буквальном смысле занимает враг; это оккупация даже в том случае, если он не встречает сопротивления и не применяет силу, даже тогда, когда противник умоляет его: "Да, пожалуйста, да, быстрее, да, еще!"»

Дворкин утверждает, что, если женщина считает секс приятным, это делает его еще большим злом.

12. Трибализм в отношениях между полами

Эти «захваченные врагом женщины опускаются в своем предательстве ниже любого другого предателя: они находят наслаждение в своем падении и называют сотрудничество с врагом свободой».

Взгляды Дворкин — вовсе не бред сумасшедшей. Ее одиозное восприятие секса логически вытекает из феминистской метафизики. Если женщина сама по себе — беспомощное, безвольное, лишенное подлинной человеческой личности нечто, то секс действительно представляется грубым вторжением и недостойной уступкой врагу. Дворкин просто более последовательна в своих умозаключениях и относится к идеям феминизма более серьезно, чем большинство ее единомышленниц.

Доктрина феминизма все глубже проникает в современную культуру. Подвергать сомнению и опровергать ее «политкорректные» постулаты, особенно в научных кругах, может решиться только независимый ум. Иными словами, для этого требуется обладать именно той способностью, существование которой не признают феминистки и которой они не в силах противостоять.

Отвергать феминизм должен каждый, мужчина или женщина, кто понимает абсолютную необходимость самостоятельного мышления и действий. Если вы понимаете, что человек *сам* должен закладывать фундамент своей личности, независимо от пола, если вы можете раскрыть в себе способность достигать поставленных целей собственными силами, если вы решительно отвергаете требование жить за счет руководства и силы коллектива, значит, вы не должны позволять идеям феминизма распространяться свободно, не встречая сопротивления. Разоблачайте и открыто опровергайте покорную зависимость, которую взращивает это «освободительное» движение. И прежде всего дайте людям увидеть, что идеологическая битва за идеи феминизма ведется не между женщинами и мужчинами, а между племенным сознанием и независимостью.

Часть IV
АНТИИНДУСТРИАЛЬНАЯ РЕВОЛЮЦИЯ

13
Философия нужды

◆

Питер Шварц

Первым этическим кодексом, который намеренно и однозначно разделил действия человека и его интересы, был кодекс, введенный Иммануилом Кантом. Именно Кант объявил: если человек хочет быть уверен, что его поступки нравственны, он должен не просто игнорировать собственные интересы — материальные или духовные, но и по собственной воле идти наперекор им. Именно Кант создал формальную дихотомию между добром и требованиями человеческого существования.

Философия Канта постепенно проникала в западную культуру. Сейчас, спустя примерно 200 лет, возникло политическое движение, откровенно пропагандирующее эту доктрину убийц. Движение, желающее запретить стремление к человеческим ценностям — ради нравственной «обязанности» перед нечеловеческим. Это движение защитников окружающей среды.

Многие люди относятся к этому движению благосклонно. Они считают его полезным, чем-то вроде мировой санитарной службы. Критикуя некоторые «перегибы», люди верят, что главная цель «зеленых» — улучшение человеческой жизни путем очищения воды и воздуха.

Но это опасное и поверхностное мнение. Если изучить конфликт между интересами человека и «интересами» природы, становится совершенно ясно, что защитники окружающей среды всегда приносят первые в жертву вторым. Если требуется построить плотину гидроэлектростанции, оказывается, что ни в коем случае нельзя пожертвовать благополучием какой-нибудь улитки или лосося, зато благополучие людей в расчет не берется. Если встает выбор между вырубкой лесов для нужд человека и сохранением их ради гнездования пятнистой неясыти, зеленые спасают совиный дом, а дома для людей остаются непостроенными.

Огромные пространства Арктики находятся под запретом для производителей ради того, чтобы не потревожить северных оленей и плавучие льды. Населенные москитами и аллигаторами трясины объявлены неприкосновенными и не должны подвергаться осушению человеком. (Даже земли, уже занятые сельским хозяйством, могут быть объявлены заповедными, если какой-нибудь бюрократ решит, что растительность, обычно встречающаяся на болотах, *могла бы* расти здесь, если бы местность не была занята сельскохозяйственными культурами.) Самые полезные проекты — от жилой застройки до научных объектов — замораживают, если существует опасность — или кто-то *заявляет* о том, что она существует, — для каких-то ничтожных видов животных.

Не поддающийся подсчету ущерб, который наносится такими запретами человечеству, для защитников окружающей среды никакого значения не имеет. Они даже не пытаются заявлять о том, что их цель — человеческое счастье. Вместо этого они в открытую говорят о том, что общество не в состоянии принимать всерьез: о том, что природа должна оставаться нетронутой *ради себя самой*. Они считают, что природу надо сохранять не *для* человека, а *от* человека.

Несколько лет назад возник спор по поводу нового противоракового препарата, паклитаксела. Его обнаружили в коре тихоокеанского тисового дерева. Директор Государственного института онкологии описывал паклитаксел как «самое перспективное лекарство от рака, найденное за последние 15 лет». Но защитники окружающей среды настояли на том, чтобы эти деревья, которые считаются редким видом и местом гнездования пятнистой неясыти, в основном остались нетронутыми.

Эл Гор в своей книге «Земля в равновесии» (Earth in the Balance) объявляет, что не в состоянии сделать выбор между людьми и деревьями:

«Выбрать — пожертвовать деревом ради спасения человеческой жизни — кажется легко, пока не узнаешь, что для лечения каждого пациента требуется уничтожить три дерева… Внезапно перед нами встают очень жесткие вопросы».

Согласно чиновнику из Совета штата Орегона по природным ресурсам:

«Главное, что нас волнует в этом вопросе, — это то, что тисовые деревья являются конечным ресурсом… Нас волнует, что, если мы продолжим использовать их так, как это происходит сейчас, очень скоро ни одного не останется».

Не останется — *для кого?* Очевидно, чиновника волнует не то, что людям, умирающим от рака, не будет хватать деревьев для лечения; это те самые люди, которые оказались лишены лечения из-за деятельности зеленых. Точно так же его не волнует и то, что люди, которые заболеют в будущем, останутся без возможности вылечиться; для достижения этой цели можно было бы принять какую-то программу посадки новых деревьев, а сегодня вырубить все, которые необходимы для фармацевтической промышленности. Тогда о ком же беспокоится этот чиновник? Да *ни о ком*. То есть ни об одном человеке. Защитники окружающей среды хотят сохранить эти деревья *ради самих деревьев*. Они хотят, чтобы больные раком люди просто отказались от лекарства, которое может дать им жизнь. Они хотят, чтобы эти больные признали неприкосновенность тисовых деревьев.

Зеленые видят в человеке врага. Они хотят сохранить природу нетронутой, свободной от хищнического вмешательства человека. Стандартом для их суждений и оценок является вовсе не человеческое благополучие.

Например, писатель Том Риган утверждает, что медицинские исследования на животных, направленные на поиск методов лечения болезней человека, должны быть запрещены. Он пишет:

«Если это означает, что останется что-то, чего мы так и не узнаем, значит, так тому и быть. У нас нет права избегать тех естественных недугов, которым мы подвержены».

Дэвид Форман, основатель организации Earth First, говорит еще более откровенно:

«Дикая природа имеет право на существование ради себя самой и ради того разнообразия жизненных форм, которые в ней обитают; мы не имеем права оправдывать существование уголка дикой природы, говоря: "Это водоохранная территория, к тому же прекрасное место для туризма и охоты, и здесь так красиво"».

Дэвид Грэйбер, биолог из Службы национальных парков, называет людей нарушителями на природных территориях. Он говорит о себе как об одном из тех, кто:

«ценит дикую природу как таковую, а не за то, что она может дать человечеству… Нас не интересует практическая польза отдельных видов живых существ, рек или экосистем для человечества. Они ценны сами по себе, более ценны — для меня, — чем любой человек или миллиард людей. Человеческое счастье, а тем более человеческая способность к размножению, не так важны, как нетронутая, здоровая планета… Крайне маловероятно, что развитые страны решат прекратить свою оргию потребления ископаемых ресурсов, а страны третьего мира — самоубийственное разрушение ландшафтов. Пока Homo sapiens не решит воссоединиться с природой, некоторые из нас могут надеяться только на появление специального вируса, который заставит их сделать это».

(И если уж говорить о вирусах, у них тоже есть свои «права». Так, биолог Дэвид Эренфельд считает, что не нужно уничтожать оставшийся в природе вирус оспы, так как он поражает исключительно человека.)

Еще дальше заходят по этому алогичному пути появившиеся недавно «экотеррористы», которые нападают на лесорубов и других «нарушителей» царства природы. Член Германской партии зеленых говорит:

«Мы, сторонники зеленого движения, призываем к созданию такой модели цивилизации, где уничтожение леса будет считаться более отвратительным и более преступным, чем продажа шестилетних детей в азиатские бордели». А по словам активиста организации Earth First, нанесение увечий или даже убийство таких «убийц лесов» должно считаться необходимой самообороной: «Холокост окружающей среды и составляющих ее видов живых существ — то же самое, что холокост людей».

(О многом говорит лозунг Earth First: «Назад к плейстоцену» — к ледниковому периоду, который царил на Земле миллион лет назад.)

Но если «дикая природа имеет право на существование ради себя самой», значит, человек такого права не имеет. Человек может выжить, только изменяя природу ради удовлетворения собственных нужд. Он не может выживать, подобно животным, автоматически приспосабливаясь к окружающей среде, в которой оказался. Дикая природа как она есть *враждебна* человеческому существованию. Человек должен изменять природную среду, превращая ее в подлинно *человеческую* среду обитания. Он должен производить вещи, которые необходимы ему для жизни: он должен выращивать сельхозпродукцию и строить магазины, вырубать леса и возводить многоквартирные дома, рыть шахты и конструировать реактивные самолеты, бороться с разносчиками болезней и производить вакцины. Ничто из этого не существует в природе в готовом виде. Человек создает все это, только изменяя свою «естественную среду обитания».

Чтобы жить по-человечески, нужно рассматривать природу как *средство* для достижения своих целей. Каждая повозка, лодка или космический корабль, созданные человеком, нарушают «право» земли, воды или воздуха на сохранение своего «природного состояния». Каждое сознательное решение улучшить человеческую жизнь — каждая попытка подняться над животным существованием — требует покорения природы и отрицания доктрины зеленых. Человеческая жизнь зависит от его производительности. Говоря словами Айн Рэнд, она зависит от:

> «процесса, с помощью которого человеческое сознание контролирует его существование, постоянного процесса обретения знаний и формирования материи в соответствии с собственными нуждами, перевода идеи в осязаемую форму, переделки Земли согласно образу того, что ценно для человека».

Но если человек может жить, только изменяя Землю, то зачем зеленые требуют, чтобы он отказался от этого процесса?

Они настаивают на том, чтобы человек отказался от материального комфорта и надежд на технологический прогресс. Он должен отказаться от современной науки и технологии, так как они только отдаляют его от природы. Он должен забыть об атомной энергетике и генной инженерии, роскошных автомобилях и пищевых добавках, пластиковых кружках и одноразовых подгузниках. Он должен подавить свои изобретательские способности и ограничить горизонты познания. Его далекие предки могли выживать без разнообразных искусственно созданных приспособлений, значит, и он сможет. Суть этого посыла — в том, чтобы человек принял как единственно возможное существование в полной «гармонии» с природой: существование, полностью свободное от всего искусственно изготовленного. Что означает для большинства раннюю гибель, а для остальных — невыносимо тяжкий труд на грани вымирания.

Организация Worldwatch Institute, «мозговой центр» всех зеленых, предлагает конкретизировать эту идею:

> «Тщательное использование эскимосами каждой крошки от добытого моржа или кита в свете крайней скудности ресурсов должно служить всем нам ориентиром на будущее. Неразумное и чрезмерное потребление энергии и пищи не должно поощряться законом и обществом, чтобы добиться снижения спроса».

Мотивом для всех выступлений против «чрезмерного потребления», для всех выкриков о «вторичной переработке», «сохранении энергии», «спасении Земли» служит грубый, примитивный образ этих эскимосов. Вот нирвана для зеленых.

Почему люди соглашаются с этим? Почему граждане современного индустриального общества не отшатываются в ужасе при попытках превратить нужду в добродетель? Из-за двух коварных идей, проталкиваемых зелеными: одной метафизической, а другой этической. Первая идея состоит в том, что невозможно «поддерживать» уровень производства; вторая — в том, что «эксплуатировать» природу несправедливо.

Первая идея проистекает из старинного коллективистского убеждения, согласно которому богатство создается не отдельным человеком, а племенем. Это убеждение отделяет акт производства от (индивидуальной) способности к мышлению. Его обновил Карл Маркс, который утверждал, что промышленные объекты и другие учреждения «существуют как данность», которая ждет только пота и мускульной силы пролетариата, чтобы поделиться своими богатствами.

Защитники окружающей среды принимают такой взгляд на производство как на бездумный процесс. Они считают, что производство заключается в случайном обнаружении продукции — в копании в земле и открытии того, что природа благосклонно готова отдать человеку. Все найденное воспринимается как дар. В процессе производства человек — лишь второстепенный персонаж, тогда как главная роль отведена природе.

Но если Маркс считал, что богатство возникает само по себе, зеленые придерживаются на этот счет иного мнения. Они считают, что, поскольку производство не является актом мышления, мы не должны предполагать, что золотые яйца продолжат появляться до бесконечности. Вместо этого, говорят они, каждая крупинка богатства, которой мы жадно завладеваем, каждое поле, которое мы распахиваем, и каждая ванна, которую мы принимаем, «обедняют» природу. Постоянно пытаясь улучшить среду своего обитания, мы исчерпываем готовность природы заботиться о нас. Мы не позволяем ей «восстанавливаться». Мы не даем ей «поддерживать» необходимый уровень ее богатства.

Таким образом, производство — это бесполезная деятельность. Зеленые вопят о том, что мы переходим границы. Чего? Всего. Попытки сохранить имеющийся уровень благосостояния — не говоря уже о его повышении — обречены на провал. Хрупкая природная «экосистема» просто этого не допустит. Мы должны ограничить себя и привыкать к бедности, потому что материнский капитал истощается.

Маркс говорил, что необходимая человеку продукция неким образом имеется здесь и сейчас, так что общество должно просто воспользоваться ею. Зеленые признают, что она имеется сейчас, но ее не будет завтра, поэтому общество должно «охранять» ее. Они утверждают, что дело не в их собственной политике; необходимость понижения уровня жизни якобы заложена в природе. И единственное решение для нас — примириться с этим фактом. Иными словами, если природа не может дать нам больше, мы и не должны пытаться взять это у нее. Общество неохотно вынуждено согласиться с этой идеей, потому что действительно верит в то, что другой альтернативы нет.

А теперь давайте задумаемся о том, о чем умалчивают проповедники. Западная цивилизация в конце XX века наслаждается материальным изобилием, на порядки превосходящим то, которое имелось, скажем, в X веке. Население возросло многократно, однако каждый человек обладает гораздо большим объемом собственности. Почему? Определенно природные ресурсы не увеличились каким-нибудь волшебным образом. Не стало больше железа, дождей, песка или нефти. Все дело в работе человеческого *разума*. Человек добывал железо и изготавливал из него инструменты. Он укрощал водопады и добывал электроэнергию. Он преобразовывал крупицы песка в компьютерные чипы и производил бензин из нефти. Происходило и продолжает происходить преобразование природы. Человек научился извлекать нечто ценное из того сырья, которое существовало всегда, но раньше считалось бесполезным, потому что представляло собой часть природной, а не человеческой среды.

В этом и состоит суть производства: взять природные материалы, преобразовать их. И получить богатство. Это концептуальный, абсолютно *человеческий* процесс. Богатство не существует в фиксированном, неизменном объеме. Его создает динамичный, неограниченный ум. И никаких предопределенных пределов у него нет.

Страшных историй об исчерпании каких-либо «конечных ресурсов» — бесконечное число; но все они игнорируют причинно-следственную связь между разумом и производством. Например, в 1908 году геологоразведка США утверждала, что максимальные запасы сырой нефти в стране составляют 22,5 млрд баррелей; спустя 87 лет потребления *неиспользованные гарантированные запасы* составляют 22 млрд баррелей. В 1914 году утверждалось, что в США можно добыть всего 5,7 млрд баррелей нефти; за последующие 80 лет было добыто более 160 млрд. В 1939 году предрекалось, что запасов нефти хватит не более чем на 13 лет; примерно 30 лет спустя только объем добычи увеличился почти втрое.

Если признать, что в основе производства лежит человеческое мышление, становится понятна произвольность экстраполяции сегодняшних ресурсов на отдаленное будущее, даже в отношении «невозобновляемых» ресурсов. Товары производятся разумными людьми, действующими в соответствии со своими знаниями и оценками. Гарантированные ресурсы — не более чем количество, которое на данный момент считается доступным. Но конечность запасов не может служить основой для предположений о том, что после их использования мы будем обречены на нужду.

Сейчас просто неразумно изыскивать источники для производства тех товаров, которые будут востребованы рынком лишь в очень отдаленном будущем, точно так же, как никто не станет утруждать себя точным определением того магазина, где он будет покупать новый телевизор через 10 лет, когда у него сломается имеющийся. (Когда придет время — и *если* к тому моменту телевизоры не заменит какой-либо более современный продукт, — он спокойно найдет ту конкретную точку, где сможет приобрести необходимый товар.)

Поэтому «конечные ресурсы» никогда не исчезнут, даже если они будут использоваться на протяжении тысячелетий. Ценность конкретного сырья не заложена в нем самом. Она представляет собой следствие способа, который человек находит для использования данного сырья. Каждый этап создания этой ценности, от открытия способа добычи до изобретения новых вариантов применения, есть деятельность разума. По мере того как известные запасы ресурсов истощаются, их ценность растет, и затем становится разумным искать дополнительные запасы, разрабатывать улучшенные способы производства и предлагать лучшие и более дешевые заменители. Все это предотвращает нехватку ресурсов. (Действительно, при свободном рынке количество известных ресурсов нередко *увеличивается* со временем. Например, в период с 1950 по 1994 год американские запасы «конечной» цинковой руды увеличились на 271%; а «конечной» железной руды — на 527%.)

Верить, что то, чего не существует сегодня, не будет существовать и завтра, можно, только если рассматривать производство как чисто механическую деятельность. Такой подход неоправдан даже при условии, что сегодняшний уровень знаний и технологий останется неизменным. И он неоправдан вдвойне, учитывая, что никому не известно, каких высот достигнет человечество завтра или какие новые возможности дня послезавтрашнего откроются ему с *этих* высот.

Знание имеет иерархическую структуру. Знания, полученные ранее, делают возможным дальнейшее обретение новых знаний. В поступательно расширяющихся границах мышления каждая новая идея оказывается ключом к бесконечности более новых.

Каждая новая мысль — это очередной шаг вверх по лестнице познания, обеспечивающий более широкую, более эффективную перспективу реальности, невозможную для более низкого уровня. Реальные продукты — это материальный результат тех самых мыслей, и, следовательно, их количество растет наряду с ростом знания. Пока у человека есть политическая свобода — свобода мышления и действия в соответствии со своими идеями, — недостатка материальной продукции возникнуть не может, равно как и интеллектуальной.

Парадокс в том, что зеленые чувствуют связь между разумом и производством (и именно поэтому пытаются ее скрыть). Это заставляет их заявлять, что мы стоим на пороге не только нехватки материальных ресурсов, но и нехватки *идей*.

Так, например, Worldwatch Institute, обсуждая «истощение материальных ресурсов», утверждает:

> «В ближайшем будущем научные открытия уже не будут такими частыми и дешевыми, как в прошлом. Известный к настоящему времени концептуальный фундамент уже проработан весьма тщательно, и будущие исследователи обнаружат, что перспективные направления исследований стали менее доступными и более сложными для работы» [!].

(Можно только порадоваться тому, что наших генных инженеров или разработчиков компьютерной техники — привожу в качестве примера всего лишь две из многих сфер науки, где в последние годы было сделано множество открытий, — не отпугивает подобная ерунда.)

Идеи зеленых и их воплощение на практике отличаются последовательностью. Нет никаких принципиальных различий между процессом производства пищи и процессом производства идей. Источником и того и другого является разум. Если не считать его необходимым для первого, значит, он не является необходимым и для второго.

Убеждение в том, что нам суждена жизнь в состоянии постоянного ограничения, что если мы не согласимся жить в юрте и охотиться на моржей, то поставим под удар всю планету, подготавливает почву для другого, более опасного заключения.

Заявляя, что жизнь в нужде — это метафизическая неизбежность, зеленые развивают эту мысль дальше и говорят о том, что такая жизнь еще и *желанна*. Иными словами, утверждая, что производство — это процесс, не имеющий отношения к мышлению, далее они заявляют, что производство есть кража — у соседей, у будущих поколений, у самой планеты. И это второе основополагающее убеждение, на которое они опираются: производство, то есть «эксплуатация» природы, безнравственно.

Почему, спрашивают они, вам должно быть позволено транжирить природные богатства просто для удовлетворения своих прихотей? Почему вы претендуете на такое право, исходя только лишь из собственных эгоистических побуждений? На каком основании вы утверждаете, что у вас есть эти права, а у природы нет?

Согласно защитникам окружающей среды, у человека нет морального права ценить себя выше всей остальной природы. «Экологическая эгалитарность, — провозглашает один автор, — предоставляет природе по крайней мере равный с человеком этический статус».

Иными словами, вначале зеленые объявляют, что спартанская жизнь примитивных эскимосов неизбежна для всех, а затем — что моральный долг каждого — стремиться к ней. Вначале вам говорят, что стремление к благополучию — бездумное самоуничтожение, а затем — что поддержание вашего жалкого существования не должно быть важнее, чем божественное право какой-нибудь трясины на сохранение своей болотистости.

Такая точка зрения возможна только при одном этическом кодексе — кодексе альтруизма, который провозглашает преследование собственных интересов грехом. Это наиболее мощное оружие защитников окружающей среды. Что, в конце концов, может быть более эгоистичным, чем производство, в процессе которого вы преобразуете природу ради достижения собственных ценностей? По своей сути доктрина зеленых требует, чтобы человек отказался от комфорта, благополучия и *самого себя*. Перестаньте стремиться к счастью, увещевает она, и подумайте лучше, как доставить удовольствие улиткам и совам.

Согласно доктрине альтруизма, человек не имеет морального права существовать ради себя самого. Наименование этой доктрины происходит от латинского *alter* — другой, и она гласит, что единственное оправдание жизни человека — его готовность пожертвовать ею ради других. Движение зеленых — это движение бескомпромиссного, неприкрытого альтруизма. В прошлом жертвовать жизнью предполагалось ради других человеческих существ, например нищих и немощных. Теперь, расширяя альтруистическую догму, зеленые расширяют и понятие «другие». Теперь нас призывают жертвовать человеческим ради нечеловеческого.

А если жить ради себя *действительно* грех, то как можно противостоять этому призыву? Если самоотречение — благородно, что может быть более достойно похвалы, чем посвящение своего существования заботам о благе насекомых, сорняков и грязи?

Идея самопожертвования заложена в самом термине «окружающая среда», которому сейчас придается значение, вводящее простого обывателя в заблуждение. Если мыслить логически, понятие окружающей среды непременно подразумевает кого-то (или что-то), в этой среде существующего, аналогично тому, как понятие «собственность» подразумевает кого-то, кто ею владеет. «Среда» — это относительное понятие, не имеющее смысла само по себе. Правильно определять его нужно как чье-то окружение.

Но зеленые сегодня используют этот термин вовсе не так. Они извращают понятие среды, отделяя его от какого бы то ни было отношения к человеку, и благодаря этому получают возможность направлять мысли других людей по еще более неправильному пути, заставляя и *оценивать* среду без всякой связи с человеком.

Происходит это так: вначале защитники природы пользуются правильным значением понятия «среда», так что люди соглашаются с необходимостью заботиться о ее судьбе, подразумевая, что это *их* среда и *их* судьба связана с ней. Именно поэтому участники этого движения предпочитают говорить именно о «среде», а не об отдельном, независимом понятии «природа». Но когда запуганная общественность признает справедливость их заявлений, они переворачивают термин «среда» таким образом, что она как будто бы становится чем-то, никак не связанным с людьми.

Руководствуясь альтруистической этикой, они объявляют неправильным — эгоистичным — мнение о том, что любая человеческая ценность должна быть значима для *человека*. Точно так же, как они стремятся убедить вас, что неверно *определять* «среду» исключительно в отношении к человеку, они стремятся заставить вас поверить в то, что неверно и *оценивать* ее исключительно в отношении к человеку. Неверно, утверждают они, считать, что защиты заслуживает только та «среда», которая каким-то образом полезна для человека. Залежи железной руды, лес, восход солнца — все это, говорят они, должно рассматриваться как ценности не потому, что человек может извлечь из этого выгоду, а потому, что это «выгодно» природе. Эти вещи имеют «ценность», утверждают зеленые, вне зависимости от того, имеют ли они какое-либо отношение к человеку, и от его субъективной оценки.

Согласно доктрине альтруизма, вы должны «ценить» то, что не имеет никакого значения для вашей жизни, — именно *потому*, что оно не имеет значения. Поэтому, если какие-то лужи или жуки не имеют для вас никакой ценности, заповедь самопожертвования диктует вам относиться к ним так, словно они для вас — наивысшая ценность.

Таким образом, даже предполагаемые сокровища зеленых — например, парки, которые должны оставаться островками нетронутой природы, — не должны использоваться как источник удовольствия для человека.

Например, когда в 1988 году Йеллоустонский национальный парк подвергся катастрофическому действию природных пожаров, тушить огонь в течение нескольких недель запрещали. Власти парка позволили огню бушевать бесконтрольно, потому что он возник естественным путем (от удара молнии). К тому моменту, как пожарным наконец было разрешено начать борьбу с огнем, более миллиона акров земли было выжжено, ущерб оценивался в $150 млн. Чем объяснялось это бредовое поведение властей? «Огонь — это не враждебная, а позитивная сила», — объясняет главный сотрудник Йеллоустонского парка. Он и другие его коллеги во время пожаров видели свою главную задачу не в предотвращении увеличения ущерба от природного огня, а в защите территории от «неестественного» воздействия. Как писала *New York Times*:

«Они сказали, что пытались защитить заповедные земли от разрушительного воздействия бульдозеров, пожарных машин и водопроводных шлангов».

Йеллоустонский парк воспринимался не как ценность для человека, а как «ценность» сам для себя и сам по себе. Так почему бы не дать ему сгореть, если пожар — часть его «естественного» состояния? Глава Института Гласье изложил философскую проблему следующим образом: «Все сводится к тому, как мы представляем себе эту территорию. Какое назначение мы устанавливаем для парка: место, используемое человеком для отдыха и других нужд, или же полностью естественный ландшафт, который подвергается воздействию исключительно природных сил, в том числе огня?»

Иными словами, имеет ли человек моральное право использовать природу в своих интересах, или должен стать бескорыстным ее слугой?

Ясно, что выбирают защитники окружающей среды. Технология, представляющая собой вызов человеческого разума природе, становится объектом страха и ненависти. Зеленые стандартно выступают против нее. Любое технологическое новшество — от консервантов до гормонов роста или клонирования — они встречают целым ворохом страшных историй. Технологические достижения являются для них психологической угрозой, так как доказывают тот факт, что человек способен к жизни и достоин ее. У почитателя природы, кричащего, что человек — это ничто, такой подход вызывает ужас. И он реагирует на это, пытаясь наложить запрет на технологии (объясняя свои действия заботой о безопасности человека).

Движение зеленых — это систематическая кампания по убеждению людей в их собственной ничтожности. Упорно и последовательно они стремятся разрушить в человеке самоуважение. Они хотят, чтобы все человечество признало собственную никчемность и трепетало перед горными вершинами и крошечными букашками.

Зеленые убеждают современного человека в том, что он, подобно своим древним предкам, должен относиться к природе с величайшим почтением. Он должен быть не ее правителем, а покорным рабом. Иначе говоря, он должен поклоняться природе *как Богу*.

Экологическое движение — это современная, светская форма религии. Это идеология, убеждающая человека подчиниться высшей, непреодолимой силе. Это идеология, провозглашающая человеческий разум слишком слабым для того, чтобы проникнуть в тайны непостижимого мира, или «экосистемы». Это идеология, движимая мечтой заставить человека преклониться перед священной силой, которую необходимо ублажать и задабривать жертвами, если он хочет завоевать ее благосклонность.

Подобный мистицизм сегодня открыто проповедуется защитниками окружающей среды. Например, один из лидеров новых левых Том Хейден читает в колледже Санта-Моники курс под названием «Окружающая среда и духовность». Он начинается с обсуждения Библии, а заканчивается обзором перспектив того, что он называет новой «ориентированной на планету» религией. Хейден объясняет:

«Необходимо видеть в природе святость, чтобы мы чтили ее и преклонялись перед ней. Благодаря этому можно создать барьер, защищающий от жадности, эксплуатации и истощения ресурсов».

Организация Ecoforestry Institute на большом рекламном плакате, направленном против вырубки деревьев, говорит о лесах так:

«Они обладают *собственной ценностью*, лежащей за пределами объективной оценки. Общество, видящее в них только ресурс для использования, товар для продажи, лишено чувства священного. Спасение американских лесов — более чем просто экономическая или экологическая проблема. Это также и проблема духовная».

Эта нелепая смесь экологии и религии происходит от новых левых. Как пишет Пол Эрлих:

«Поиски выхода из сегодняшнего экологического кризиса в науке и технологии, по всей видимости, бессмысленны. Необходимы куда более фундаментальные перемены, может быть, того типа, который воплощают презираемые многими хиппи. Их движение почерпнуло многие из своих религиозных идей с нехристианского Востока. Это движение, знаменами которого являются дзен-буддизм, плотская любовь и отвращение к материальному благополучию».

Вполне естественно, что деятели экологического движения и религиозных культов открыто стремятся к сотрудничеству. К примеру, покойный ученый Карл Саган выступал с «призывом к объединению сил науки и религии». Это был призыв к преобразованию экологического движения в религиозный крестовый поход. «Мы вплотную приблизились (а по мнению многих, уже совершаем их) к тому, что на языке религии иногда называют преступлениями против мироздания», — говорил он. Защиту окружающей среды «нужно изначально воспринимать как деятельность, имеющую не только научную, но и религиозную составляющую. И у науки, и у религии есть своя важная роль. Мы надеемся, что такой подход найдет отклик у здравомыслящих людей и поможет им объединиться для спасения Земли». (Это обращение было подписано рядом известных ученых, в том числе Гансом Бете и Стивеном Гулдом, а также более чем 200 религиозными деятелями из разных стран — от настоятеля Гарвардской школы богословия до генерального секретаря Государственного совета по вопросам ислама и лидера Буддистской общины Нью-Йорка.)

Даже папа римский Иоанн Павел II поддержал движение. Вопреки тем, кто считает христианство несовместимым с экологией, папа видит их основополагающее единство. Он заявил, что миру угрожает:

> «нехватка должного уважения к природе, истощение ее ресурсов и прогрессирующее снижение уровня жизни... Сегодня острая угроза экологического кризиса дает нам понять, в какой мере жадность и эгоизм — как личный, так и коллективный — противоречат порядку мироздания, порядку, которому изначально свойственна взаимозависимость всех компонентов... Убежденность тех, кто верит в здоровую среду обитания для всех, проистекает от их веры в Создателя, от понимания последствий первородного и личных человеческих грехов и от уверенности в Христовом искуплении».

Как церковь, так и зеленые отвергают идею преобразования природы человеком и для человека. И те и другие верят в то, что человек должен отречься от стремления к продуктивности и от гордости своим исключительным местом в мире. Любая предпосылка — отношение к природе как к Храму Господню или как

13. Философия нужды

к храму для исчезающих видов — отводит человеку роль прислуги. В обоих случаях принцип един: человек должен пожертвовать своим эгоистичным стремлением к комфортному существованию во имя «высшего» предназначения.

В нашем анализе экологического движения остался последний вопрос: претензия этого движения на научность. Объявляя об опасностях, которые таит в себе та или иная продукция или деятельность промышленных предприятий, зеленые, как правило, приводят в доказательство разнообразные конкретные примеры. Как же в таком случае можно опровергнуть все их утверждения? Обязан ли честный противник зеленых исследовать все приводимые ими доказательства, чтобы продемонстрировать их лживость? Можно ли проигнорировать все скрупулезные исследования, клинические испытания, лабораторные опыты, сложные математические модели — все, с помощью чего якобы доказываются ужасающие последствия тех или иных технологий? Действительно ли бесстрастная, точная наука на стороне защитников природы?

Ответ: нет; и этот вопрос отражает самое страшное извращение, совершаемое зелеными. Их как будто бы научный облик на самом деле не более чем маскарадный костюм, призванный скрыть тот факт, что их утверждения основываются отнюдь не на научных доказательствах, а, напротив, на полном *отрицании* научной методологии. Возьмем, к примеру, историю с аларом.

Это химическое соединение было впервые получено в начале 1960-х годов и применялось для улучшения внешнего вида яблок и замедления их созревания. В 1989-м была развернута кампания по его запрету, руководил которой Совет по охране природных ресурсов (NRDC). NRDC объявил, что проведенные им исследования доказали канцерогенное воздействие алара на людей. Средства массовой информации живописали историю жадного промышленника, травящего своей продукцией ни о чем не подозревающих детишек, пьющих яблочный сок. Перепуганные фермеры, продавцы и родители начали избегать яблок. Производители этих фруктов потеряли в общей сложности более $200 млн. Было решено запретить продажу алара.

Но на каких научных данных была основана эта кампания? Исследования NRDC действительно показали, что алар вызывает образование опухолей у мышей — в таких дозах, эквивалент которых человек может получить, съедая по 14 тонн яблок ежедневно в течение 70 лет. (При этом у мышей, получавших половину от этой дозы — то есть эквивалент семи тонн в день на протяжении 70 лет, — никаких опухолей отмечено не было.)

Более ранние опыты на грызунах, проведенные Агентством по охране окружающей среды, также выявили предположительную связь между аларом и злокачественными новообразованиями. Однако, согласно данным этого же агентства, человек, употребляющий в пищу обработанные аларом яблоки, в среднем подвергается воздействию дозы этого якобы канцерогенного препарата, составляющей 0,000047 мг на килограмм веса тела; мыши в опытах получали дозы в 7 мг/кг (самцы) и 13 мг/кг (самки), то есть *в 176 000–276 000 раз выше*, чем может получить с фруктами человек. (И даже такие экспериментальные дозы не вызывали рака у *крыс*.)

И *эти* «доказательства» были сочтены достаточным основанием для того, чтобы ввергнуть общественность в панику и подорвать отрасль.

Еще пример — пестицид ДДТ. В США его запретили в 1972 году также из-за того, что он был объявлен канцерогенным. Это заключение было основано на исследованиях, которые показали, что ДДТ может вызывать у мышей доброкачественные опухоли печени (а у других лабораторных животных не вызывает вообще никаких новообразований), причем в дозах, *в 100 000 раз превышающих* то количество, которое может потребить человек с пищей, где содержатся следы этого вещества.

В настоящее время в среде экологов принят такой подход: если *какое-то* количество вещества может причинять вред, то оно объявляется вредным в *любых* количествах. Но есть ли в мире хотя бы одно вещество, о котором в отрыве от контекста нельзя было бы сказать то же самое? В достаточно больших дозах все что угодно может стать смертельным ядом — в том числе вода, воздух и органически выращенная соя. Если падение на голову человека рояля весом в тонну приводит к смерти, следует ли из этого, что, если на вас каждый день на протяжении 88 лет будет падать перышко, это будет так же фатально? В картошке содержится мышьяк; в фасоли — цианид; мускатный орех может вызывать галлюцинации; в брокколи найдено вещество, вызывающее рак у животных. Значит, нужно все это запретить? Никто из «ученых» защитников окружающей среды не считает нужным упоминать об очевидном: разница между безопасностью и вредом состоит в дозировке.

Они умалчивают об этом потому, что для них пропаганда важнее истины. Их лучшая политика, по признанию одного из таких псевдоученых, состоит в обмане:

> «Мы должны озвучивать страшные прогнозы, делать упрощенные, драматичные заявления и стараться не упоминать о сомнениях, которые могут у нас иметься. Каждый из нас должен определить верный баланс между эффективностью и правдивостью».

Практически любой случай выявления какой-либо опасности незамедлительно предается зелеными самой широкой огласке, в то время как факты, доказывающие полезность (или опровергающие заявления о вреде) той или иной технологии или ее продукции, систематически замалчиваются. Например, Пол Эрлих зарабатывает себе на жизнь апокалиптическими заявлениями о том, что в мире скоро не будет хватать пищи. В 1968 году он написал:

> «Попытки накормить человечество окончательно потерпели крах. В 1970-х годах мир ждет голод: сотни миллионов людей будут умирать от недоедания, невзирая на все антикризисные меры, запускаемые сегодня. Сейчас уже никто не может предотвратить значительное повышение смертности в мире... Мы должны контролировать у себя в стране численность населения, если удастся — через систему стимулирующих и штрафных санкций, но *если добровольные методы окажутся недейственными, то через введение жестких мер принуждения*». (Курсив мой. — *А. Р.*)

Однако неоднократное опровержение предсказаний Эрлиха (не говоря уже о пугающе тоталитарной окраске его «методов») нисколько не понизило его статус как влиятельного пророка. Защитники окружающей среды по-прежнему воспринимают его регулярно подвергающиеся поправкам прогнозы всерьез; его широко известная книга «Популяционная бомба» (The Population Bomb) выдержала более двух дюжин изданий.

Возвращаясь к ДДТ, стоит упомянуть о том, что те, кто разжигает «экоистерию», полностью умалчивают о результатах исследований, в которых *людям* давали в пищу ДДТ ежедневно на протяжении срока до 27 месяцев, и никакого вреда это им не причинило. Они никак не комментируют тот факт, что в период наиболее активного использования ДДТ в США, с 1944 по 1972 год, смертность от рака печени *снизилась* на 30%.

А самое главное — они полностью игнорируют *пользу* ДДТ (и, соответственно, вред, причиненный его запретом). Они не упоминают о том, что до изобретения ДДТ повсюду свирепствовала малярия. На Шри-Ланке (тогда Цейлоне), например, в 1948 году было отмечено 2,8 млн случаев малярии. В Индии в 1951 году людей, заболевших малярией, было примерно 5,1 млн; спустя десять лет (после того, как начали использовать ДДТ) это число снизилось до 50 000; однако к 1977 году оно снова выросло по меньшей мере до 30 млн. Сейчас от малярии умирают миллионы людей ежегодно — из-за непримиримой борьбы зеленых с пестицидами. (Но, конечно же, правда о ДДТ не имеет значения в сравнении с необходимостью «добиться эффекта».)

Защитники окружающей среды используют науку не для открытия фактов, а, наоборот, для скрытия. Содрав завесу внешней рациональности, легко убедиться в том, что все катастрофические прогнозы строятся на полуправде и выдернутых из контекста фактах.

Когда, например, «ученые-экологи» утверждают, что тысячи озер с высокой кислотностью воды на северо-востоке США (наиболее ярко представленные в горном массиве Адирондак) — доказательство разрушительного влияния кислотных дождей, выпадающих в результате сжигания угля на электростанциях, они забывают упомянуть о том, что кислотность большинства озер в Адирондаке обусловлена присутствием естественных органических кислот; или о том, что в настоящее время вода в этих озерах в среднем стала более *щелочной*, чем 150 лет назад; или о том, что сильно закисленные, безжизненные водоемы существуют в природе в районах, где нет *никакой* промышленности, например в Рио-Негро в бассейне Амазонки (речной системе, сопоставимой по размерам с бассейном Миссисипи).

Когда эти «ученые» заявляют, что искусственные хлорфторуглеродные соединения (ХФУ) разрушают озоновый слой, что повышает интенсивность воздействия ультрафиолетового излучения на людей, они забывают упомянуть о том, что за период предполагаемого уменьшения концентрации озона в атмосфере уровень ультрафиолетового излучения *понизился*; или о том, что максимальный объем годового производства ХФУ составлял 1,1 млн тонн, в то время как 300 млн тонн хлора в год попадает в атмосферу только в результате испарения морской воды; или о том, что снижение концентрации озона на 5% — величина, которая дала повод для мрачных подсчетов увеличения частоты рака кожи, — вызывает, согласно тем же самым подсчетам, такое же повышение интенсивности излучения, какое достигается простым перемещением на 60 миль ближе к экватору (скажем, при поездке из Санта-Барбары в Лос-Анджелес).

Когда они заявляют, что в результате перенаселения ресурсов планеты уже не хватает на поддержание жизни всех ее обитателей, они забывают упомянуть о том, что такие говорящие сами за себя показатели, как производство продуктов питания на душу населения и средняя продолжительность жизни, постоянно *растут*; или о том, что качество жизни наиболее высоко в регионах с наиболее развитой промышленностью; или о том, что нехватка территории для размещения растущего населения — проблема абсолютно надуманная, так как даже если переселить все 5,8 млрд жителей Земли в Техас, плотность населения на его территории (22 000 человек на квадратную милю) не составит и *половины* той, что существует сейчас, например, в Париже.

Такой извращенный подход абсолютно противоречит подлинной науке и объективности. Защитники окружающей среды не стремятся к открытию научных истин, не принимают реальность за абсолют и не делают выводы, руководствуясь разумом. Для их целей разумность является лишь препятствием — и кое-кто из них даже откровенно признает это.

К примеру, Джонатан Шелл, рассуждая о природе доказательств, необходимых для формирования заключений в сфере охраны природы, пишет, что ученые должны:

«отказаться от определенности и точности, на наличии которых они обычно настаивают. Прежде всего мы должны научиться действовать решительно с целью предотвращения предсказанных опасностей, даже в том случае, если знаем, что эти предсказания могут и не сбыться... Ученые должны стать специалистами по неопределенности и ее философами... Неизбежная неопределенность ситуации, в которой мы находимся, естественно, не может дать нам ощущения уверенности и спокойствия; ее назначение состоит в том, чтобы, постоянно порождая в нас тревогу, побуждать к действиям».

Попробуем перевести это на нормальный язык: несмотря на отсутствие рациональных доказательств какого-либо пророчества о надвигающемся Судном дне, мы все равно должны считать, что оно истинно. Определенность и точность, возможно, имеют смысл в других научных сферах, но только не в сфере экологии. *Отсутствующие* данные о предполагаемой опасности той или иной технологии в любом случае должны перевешивать все, что нам известно о ее огромных преимуществах. Следовательно, неважно, что эти «философы неопределенности» понятия не имеют о том, насколько верны их утверждения. Если их предсказания способны «порождать в нас тревогу», мы обязаны действовать в соответствии с этими предсказаниями, вне зависимости от того, возможно ли научно доказать их истинность.

Следовательно, цель исследований и экспериментов зеленых состоит не в обретении точных научных знаний, а в распространении состояния истерического невежества. Мы должны делать выводы, руководствуясь не разумными соображениями, а слепыми эмоциями.

Сам я — не ученый и подробно не изучал эти вопросов. Я не могу сказать, что у меня имеются убедительные доказательства безвредности ХФУ для озонового слоя или отсутствия влияния выбросов промышленных предприятий на климат. Но по поводу заявлений защитников окружающей среды я могу сказать кое-что более фундаментальное: они не заслуживают никакого внимания, поскольку не являются *попытками* познания. Это всего лишь произвольные выкрики. Они не имеют отношения к стремлению к объективной истине. Следовательно, раз все эти разглагольствования служат не для прояснения реальности, а для ее искажения, они не должны быть допущены в научную сферу.

В этом отношении методология зеленых идентична таковой «научного креационизма».

Креационистские заявления об ошибках в теории эволюции не имеют научной основы. Они не хотят искать *факты*, проливающие свет на происхождение жизни. Они используют науку исключительно в качестве парадного фасада, который служит для того, чтобы скрыть тот факт, что единственный источник их убеждений — Библия, а вся их пропаганда полностью религиозна. Они не ищут подлинных доказательств своей позиции, потому что не считают их *необходимыми*. Их точку зрения не могут поколебать никакие факты или доводы, потому что она основана не на них, а на вере. Следовательно, все «опровержения» эволюционного учения, выдвигаемые креационистами, никак нельзя причислить к сфере научного познания.

После того как основной метод креационистов оказался дискредитирован, нет необходимости подвергать анализу каждое заявление, с которым они выступают. Опровергать их, защищая теорию эволюции, нет смысла: напротив, пытаясь опровергать их с помощью инструментов истинной науки, вы лишь придаете им законный статус. Единственная разумная реакция на все креационистские «аргументы» — игнорировать их как не имеющие отношения к рациональному знанию. Они вообще не заслуживают познавательного внимания — в том числе даже определения как «истинные» или «ложные».

Утверждениям зеленых следует придавать такой же *антинаучный* статус. Если вы хотите установить факты, относящиеся к эволюции, то заявления креационистов не должны иметь к вашим поискам никакого отношения; точно так же, если вы намерены разобраться в какой-то экологической проблеме, вы должны делать это независимо от заявлений зеленых. (Да, может быть так, что какие-то их утверждения окажутся правдой — чисто случайно, подобно тому как издаваемые попугаем звуки могут совпасть с реальным словом языка. Если это произойдет, нужно предпринимать соответствующие шаги, чтобы предотвратить угрозу, — но эти шаги, согласно логике, *не будут* включать в себя отрицание технического прогресса.)

Если действительно появляются доказательства того, что та или иная промышленная продукция или деятельность наносит вред здоровью или ущерб собственности, то пострадавшим предоставляется правовая защита в соответствии с существующими законами. Это те же самые законы, которые не позволяют вашему соседу разжигать огонь или распылять слезоточивый газ в своем дворе, если это угрожает вам и вашей собственности. Если вы сможете доказать, что пострадали от чьих-то действий, ваши права будут защищены юридически. Но для этого должно выполняться одно обязательное требование: вы должны быть способны представить объективные доказательства правомерности своих претензий.

Для защитников окружающей среды это требование — неприемлемая помеха. Они не желают, чтобы их старания перекрыть кислород технологиям были ограничены системой логики и науки. Для их целей не подходит разумный метод. Они хотят «отказаться от определенности и точности» и заставить правительственных чиновников принимать их бездоказательные утверждения на веру.

Получается, что давать оценку экологическому движению следует не с научных, а с *моральных* позиций. Любые заявления о вреде, причиняемом различными технологиями, должны встречаться главным вопросом: «На основании каких стандартов определяется этот вред?» Ибо, согласно стандарту человеческого существования на земле, технологии как таковые полезны, равно как и богатство и прогресс в материальной сфере. Согласно рациональным стандартам, никакая *реальная* угроза человеческому благополучию не может оправдывать разрушение того, на чем это благополучие основано, а именно производства, технологий и свободы. Ответом на возникновение любой подобной угрозы должно быть улучшение производства, развитие новых технологий и лучшее соответствие идеалам капитализма.

Но зеленые таких стандартов не придерживаются. Для них «вредным» является то, что освобождает человека от пожизненного первобытного труда и существования на грани вымирания. Для них «вред» заключается в самом существовании технологий, богатства и прогресса; в факте индустриализации как таковой. Например, Пол Эрлих заявляет:

«Экономический рост в Соединенных Штатах уже стал чрезмерным. Экономический рост в таких богатых странах, как наша, — это не лекарство, а болезнь».

Организация Earth First утверждает, что:

«если бы некие экологические радикалы стали изобретать болезнь, посредством которой можно было бы вернуть человечество к нормальному состоянию, вероятно, это оказалось бы что-то вроде СПИДа. Он обладает потенциалом, необходимым для того, чтобы положить конец индустриальному обществу, которое является главным двигателем экологического кризиса».

Вот поэтому зеленых нисколько не трогают человеческие страдания и гибель, обусловленные *отсутствием* технологий. Поэтому им наплевать на то, что у их «идеального» эскимоса нет ни сантехнического оборудования, ни центрального отопления, ни электричества, ни стоматологических клиник, ни кардиохирургии. Поэтому они не обращают ни малейшего внимания на очевидное зло, порождаемое *не*построенными дорогами, нефтеперерабатывающими заводами и атомными электростанциями — не построенными из-за стремления зеленых защитить природу от человека.

И по той же самой причине любую угрозу, которую они находят или выдумывают, предлагается предотвращать одним и тем же способом: отрицанием прогресса и поиском «природно-ориентированных» альтернатив. Если кислотные дожди якобы уничтожают наши озера, они не посоветуют самый простой метод нейтрализации — добавление щелочи, они потребуют закрытия фабрик. Если предполагается, что почвенный слой подвергается эрозии, они не станут советовать внедрять более эффективные методы земледелия, они потребуют полного прекращения сельскохозяйственной деятельности. Если дороги блокируются автомобильными пробками, они не станут советовать строить новые и лучшие шоссе, а потребуют прекратить выпуск автомобилей. Для любой предполагаемой проблемы у них находится неизменное «решение» — деиндустриализация.

Защитники окружающей среды убеждены в том, что «химия» — это плохо, искусственные вкусовые добавки — это плохо, консерванты — это плохо, синтетические волокна — это плохо, короче говоря, что «вмешательство» в природные процессы по своей сути безнравственно. Они запрещают пищевые добавки, которые предположительно вызывают рак, однако не придают никакого значения наличию в продуктах природных соединений точно такого же состава. Они возмущаются применением ДДТ, однако игнорируют тот факт, что мы потребляем с пищей в 10 000 раз больше пестицидов, образующихся естественным путем, чем искусственно созданных человеком. Они превозносят общества, погрязшие в антисанитарии и болезнях, свойственных атехнологичной «гармонии» с природой, при этом клеймят позором те, в которых люди наслаждаются чистотой и здоровьем благодаря наличию современных систем канализации, стиральных машин, холодильников и вакцин. Иными словами, все, что является продуктом человеческой изобретательности, по определению подлежит запрету, а все, что имеет природное происхождение, по определению провозглашается благом.

Восприятие всего, созданного человеком, как изначально вредоносного, — всего лишь следствие догмата об абсолютном благе всего природного. Зеленые руководствуются извращенным ценностным стандартом, согласно которому все человеческое — вредно и достичь «благоденствия» можно, только расправившись со всем человеческим.

Зеленые стараются противодействовать любому прогрессу и удовольствиям. Их действия направлены вовсе не на борьбу с загрязнением воды или воздуха либо еще с чем-то, действительно опасным для человека. (Если действительно *существуют* люди, которых волнуют эти проблемы, они должны объединиться в новую протехнологическую организацию; но они *не должны* вступать в союз с деятелями типа Пола Эрлиха или Дэвида Формана, диктаторские устремления которых поддерживают только не утруждающие себя размышлениями «попутчики».)

Зеленые не хотят обеспечить счастье людям или даже каким-то другим живым существам. Эти люди вовсе не мечтают о том, чтобы все живые существа на Земле, за исключением человека, жили долго и счастливо; нет, их сокровенное желание — ввергнуть все человечество в пучину страданий.

С тем же самым мы сталкиваемся везде, где замешан альтруизм. Альтруисты не стремятся улучшить жизнь бедняков (если бы это было так, они бы поддерживали свободное капиталистическое общество); их цель — лишить всех благ тех, кто заслужил их своим собственным трудом и умом. Но в том случае, когда призывы к самопожертвованию приобретают форму экологического движения, жажда разрушения выставляется напоказ уже совершенно открыто. Для этой формы альтруизма попытки создать видимость борьбы за общечеловеческие ценности характерны в гораздо меньшей степени. В итоге остаются только злобные требования всеобщего отказа от благ цивилизации.

Вдохновителем всей этой философии является Иммануил Кант. Он первым выработал специфический подход: предлагать общественности идеи, основанные на мистицизме, но имеющие видимость рациональных. Защитники окружающей среды приняли его философию в полном объеме.

Кант ввел в философию понятие «трансцендентного» мира — нематериальной сферы, недоступной человеку, выходящей за рамки человеческого восприятия и интересов. Этот мир, по Канту, представляет собой «подлинную реальность», так как «не подвергается фильтрации» человеческого сознания. Идеологи экологического движения, последовательно развивая теорию Канта, придумали очередную невразумительную вещь: «экосистему» — измерение, в котором в тайны происходящего могут проникнуть только те, кто обладает «чувством священного». Это измерение, в котором считается «неестественным» для человека заниматься тем, от чего зависит его жизнь, — продуктивной деятельностью; измерение, которое остается «реальным» только до того момента, пока его не коснутся человеческие ценности.

Кант утверждал, что разум может дать нам лишь искаженный образ реальности, что нельзя полагаться на мышление, которое никак не связано с «истинным» бытием. Защитники окружающей среды тоже считают, что человеческий разум не способен постичь природу, а значит, и управлять ею; что мы можем оценить подлинный ущерб, который приносит индустриализация, только если «откажемся от определенности и точности»; что рациональная наука пускает нам пыль в глаза, не давая разглядеть правду, мешая понять, что тот, кто давит какое-нибудь насекомое или ломает какие-нибудь кусты, приближает нашу хрупкую планету к небытию.

Нетрудно также увидеть, что призывы зеленых к самопожертвованию — причем не во имя обещанного религией райского блаженства или марксовых гарантий процветания в каком-то неопределенном будущем, а исключительно из чувства долга перед какой-нибудь рыбешкой или болотной растительностью, — призывы к отказу от всего человеческого ради нечеловеческого — это не что иное, как кантовский «категорический императив» подчинения нравственному долгу, которому нет никаких обоснований и оправданий с человеческой точки зрения, то есть это рабская покорность, являющаяся самоцелью.

Метод, впервые предложенный Кантом и принятый на вооружение зелеными, заключается в постоянной подмене рационального иррациональным. Суть этого метода отображена в постулате Канта о том, что все, воспринимаемое человеком, не является реальным *именно потому*, что он это воспринимает; и все, что человек считает ценным для себя, является безнравственным *именно потому*, что оно ценно. Зеленые же, четко придерживаясь кантовской методологии, выстраивают свою доктрину, приходя в итоге к абсолютному иррационализму и полностью перевернутому с ног на голову восприятию реальности: они утверждают, что производство разрушает мир, а накопление материальных ценностей ведет человечество к обнищанию *именно потому*, что эти ценности производятся людьми.

Кант использовал доверие к разуму для того, чтобы расправиться с разумом и объективностью; защитники природы используют доверие к науке для того, чтобы расправиться с наукой и производством. Они маскируют свою истинную сущность, создавая себе в глазах общественности образ защитников рационального мышления: Кант делал вид, что вовсе не считает разум абсолютно бесполезным; зеленые делают вид, что вовсе не против производства как такового (а только «экологически вредного»). Но их заветной целью было и остается лишить человека возможности жить и быть счастливым.

Защитники природы правдивы только в отношении самих себя: они честно признаются в том, что сражаются против главного, с их точки зрения, греха — эгоизма. Каким бы парадоксальным это ни казалось вам, их идеология привлекает людей *именно потому*, что восстает против всего, что необходимо для человеческого существования: ее постулаты не вызывают возмущения, потому что согласуются с издревле закрепившейся в культурной традиции идеей самопожертвования. Если бы не эта моральная оценка, кампания за всеобщую нужду заглохла бы, не успев начаться.

Настала пора выбить эту опору из-под ног борцов с прогрессом.

Существует только один действенный способ борьбы с экологическим движением: последовательная и активная защита человеческих ценностей. Абсолютно бессмысленно пытаться договориться с его последователями «по-хорошему», например выражать протест против принятия природоохранных законов путем наглядной демонстрации преимуществ частного, неформального подхода к взаимодействию с окружающей средой. Это все равно что пытаться выступать против государственной системы всеобщего благополучия, доказывая, что капитализм с большим сочувствием относится к бездомным. Нет, мы должны гордо и бескомпромиссно стоять на том, что в природе ценно только то, что ценно для человека, то есть что нет никакой окружающей среды как таковой, есть только среда, окружающая человека.

Те, кто живет согласно этому принципу, кто своими руками и своим разумом обеспечивает прогресс и развитие цивилизации, задыхаются в ядовитых философских миазмах идеологии зеленых. Человечество нужно освободить от липкой паутины, которой опутывают его поклонники девственной природы. Ему необходим воздух — живительный воздух индустриализации. Нужно снести все преграды, мешающие свободному росту производства и тормозящие движение к светлому будущему всеобщего изобилия — движение по пути, который вывел человечество из пещер и джунглей доиндустриальной эры. Кто те люди, что способны встать в авангарде этого движения? Это те, кто верно понимает место человека в мире и испытывает гордость за то, что он живет, преобразуя этот мир согласно своим потребностям.

14

Мультикультурный нигилизм

◆

Питер Шварц

Чтобы подняться выше первобытного уровня, человеку пришлось осознать факт существования ценностей. Каждый шаг вперед требовал понимания не только того, как сделать этот шаг, но и того, почему это действие представляет ценность, иными словами, почему стоит думать, что это шаг именно *вперед*. Например, человеку недостаточно было просто узнать, как охотиться на зверей с помощью ножа или копья; он должен был оценить значимость этого знания и заключить, что охотиться с оружием *лучше*, чем голыми руками. На протяжении всей своей истории человеку приходилось осознавать подобные истины: что сажать растения лучше, чем искать их в диком виде; что лучше иметь водопровод и канализацию в доме, чем отправлять естественные надобности на улице; что электрическое освещение лучше свечей; что наука лучше суеверий. Не просто «отличается», а лучше — *объективно* лучше.

Человечество развивалось только потому, что кто-то придумывал лучшие способы осуществления какой-либо деятельности (и потому, что остальное общество видело ценность таких изобретений). Когда какому-то гениальному первобытному человеку пришло в голову использовать огонь, он понял, что приготовленное на нем мясо лучше сырого. Его достижение не было воспринято как претенциозная причуда некоего «огнецентриста», безразличного к тем, кто предпочитает есть своего мамонта в сыром виде. Чтобы двигаться вперед, люди должны были понять, что определенные предметы и изобретения имеют *ценность*, то есть что их стоит создавать, использовать и оберегать.

14. Мультикультурный нигилизм

История человечества — это история создания ценностей. Цивилизация существует потому, что человек осознает, что одни вещи продлевают его жизнь, следовательно, хороши, а другие — нет, следовательно, они вредны или бесполезны. Именно из-за этого человек смог перейти от нумерологии к математике, от астрологии к астрономии, от алхимии к химии и от пещер к небоскребам.

Сегодня интеллектуалы, влияющие на формирование общественного мнения, стремятся остановить это движение.

Нет ничего, что было бы объективно лучше всего остального, утверждают они. Любой, кто ставит западную цивилизацию выше племен первобытных шаманистов, кто восхищается небоскребами и презирает пещеры, смотрит на жизнь через искажающую призму «евроцентризма».

Такие интеллектуалы — это так называемые мультикультуралисты. Они проповедуют не ту вполне очевидную истину, что на земле существует множество типов цивилизаций, а вызывающую у многих справедливое негодование идею о том, что все они равноценны. Они говорят, что культуры различны, но среди них нет ни одной высшей по отношению к другим. Какова же конечная цель такой идеологии? *Обратить вспять* процесс цивилизации, вернув человека к первобытному существованию.

Основное поле битвы для мультикультуралистов — учебные аудитории. Здесь легче всего заметить их ненависть к рациональным ценностям, плохо скрытую за избитыми уверениями в том, что они хотят только расширить рамки учебных программ и познакомить студентов с «разными» способами жизни.

Например, в Нью-Йорке совет одного из городских учебных заведений решил поддаться на уговоры мультикультуралистов и начать знакомить молодежь с разнообразием культур. Однако члены совета хотели бы, чтобы эта информация представлялась в свете превосходства американских идеалов. Они приняли постановление, в котором было сказано: «Мы не признаем подхода, при котором все культуры рассматриваются с позиции их этической равнозначности».

Мультикультуралисты сочли себя оскорбленными, не пожелав смириться с тем, что для кого-то одни ценности могут быть выше других. Директор школы единолично отрекся от позиции, сформулированной советом, заявив:

> «Я твердо верю в возможность, отдавая должное американской культуре и ценностям нашей цивилизации, вместе с тем не принижать культуры других народов».

(Иными словами, учитель должен воздерживаться от любых намеков на недоразвитость тех цивилизаций, в которых до сих пор приняты рабство или, скажем, каннибализм; и более того, внушать ученикам, что вполне возможно держаться такой позиции этического нейтралитета, при этом «отдавая должное американской культуре и ценностям».)

Нечто подобное случилось и во Флориде, где руководство одной из школ также не выдержало натиска мультикультуралистов и попыталось внести изменения в программу. Был разработан учебный курс, призванный знакомить студентов с культурой других народов, и вместе с тем:

> «внушить им уважение к американскому культурному наследию и достижениям цивилизации, как то: республиканской форме правления, капитализму, системе свободного предпринимательства и «прочим фундаментальным ценностям, которые поднимают наше общество на новую ступень развития, которой не достигла еще ни одна другая цивилизация прошлого или настоящего».

Разгневанный профсоюз учителей заявил, что такая программа противоречит духу мультикультурализма. Школьному совету пригрозили судебным разбирательством за неподчинение закону штата, согласно которому преподаватели должны добиваться от учеников «искоренения личного и этноцентризма и прививать им понимание того, что никакая конкретная культура не может быть по определению выше или ниже другой».

На самом деле мультикультуралисты стараются не расширить, а сузить наши знания о мировых культурах. Они стремятся подавить в нас осознание *ценности* американского, западного — то есть рационального — образа жизни и *отсутствия* ценности противоположных культурных традиций. Мультикультуралисты хотят окончательно расправиться с любыми вариантами подобного неравенства. Они хотят слить в единое целое два противоположных конца шкалы — первобытный строй и современное цивилизованное общество.

Однако они вовсе не ценят все подряд, без разбора приписывая равную ценность всему, что может взбрести человеку в голову, и мечтая лишь о всеобщей терпимости по отношению к любому выбору. На самом деле слепая неразборчивость в ценностях отнюдь не является их характерной чертой. Их обвинения в «нетерпимости» и «дискриминации» постоянно направлены в адрес людей, чьи убеждения и поступки относятся к одной определенной категории. Они регулярно критикуют американцев за «бесчувственность» к странам третьего мира, но никогда не станут ставить в вину, скажем, гражданам Руанды недостаточное уважение к капиталистической культуре. Они порицают коллег за то, что они учат молодое поколение тому, что великие открытия западных мыслителей ценнее, чем невразумительные наскальные каракули каких-нибудь полудиких обитателей джунглей, однако обратный вариант, по всей видимости, не кажется им неприемлемым.

Мультикультуралистов возмущают только те случаи неравенства, когда цивилизованная западная культура ставится выше примитивной, когда рациональное ценится, а иррациональное — нет, то есть когда настоящие ценности приветствуются, а мнимые — изгоняются. Только такую «нетерпимость» они не терпят. Когда они обвиняют Христофора Колумба в том, что он «развратил» индейцев, они борются с мнением, что культура, которую представлял Колумб, *хороша*, что разум и наука *лучше*, чем мистицизм и дикость, что жизнь в продвинутой, успешной Европе времен Возрождения была объективно лучше, чем существование варварских кочевых племен Нового Света.

Все «мультиэтнические» нападки на образование — варианты одного и того же противодействия непримитивному. Например, мультикультуралисты рекомендуют изучение «этноматематики» как способ убедить неуспевающих студентов из числа этнических меньшинств в том, что самые примитивные формы математики (такие, как «африканские песчаные чертежи») столь же ценны, как и наиболее продвинутые. В штате Нью-Йорк учителя старших классов теперь должны рассказывать школьникам, что индейцы-ирокезы (которым английское правительство во время Войны за независимость платило за то, чтобы они направляли свою склонность к снятию скальпов исключительно на непокорных жителей колонии) были вдохновителями американской Конституции. А один профессор из Университета Пенсильвании высмеивает своих американских коллег за то, что они придают слишком большое значение чтению и письму, которые, по его мнению, представляют собой «не более чем способы контроля» и «военное положение, навязанное академической науке»; вместо этого он призывает обращать более пристальное внимание на «голоса новых народов», которые бросают вызов «западной гегемонии на структуру знания» и сохраняют древнюю устную традицию (которая выражается, к примеру, в рэпе).

Защищать то, что откровенно не имеет ценности, нужно ради того, чтобы расшатать ценности истинные. Мультикультуралист не может смириться с тем, что современная математика полезна для человека, а примитивные «африканские песчаные чертежи» не могут дать ему абсолютно ничего. «Кто мы такие, чтобы утверждать это?» — возмущается мультикультуралист, если слышит что-то подобное. Кто мы такие, чтобы превозносить Колумба, или считать квалифицированного западного медика лучше первобытного знахаря, или утверждать, что навыки письма и чтения гораздо важнее для человека, чем способность пересказывать народные предания? Кто мы такие, чтобы быть уверенными в том, что все западное лучше незападного, научное лучше ненаучного, а рациональное лучше иррационального?

Мультикультурализм — это позорная попытка уничтожить ценности путем заявлений, что невозможно отличить то, что ценно, от того, что ценности не представляет. Это атака не просто против сравнительной оценки различных культур, но и против ценностей *как таковых*. Это атака против того, что совершенно необходимо для человеческой жизни, — против идентификации чего-либо как *полезного*.

Ярчайшая иллюстрация этого — печально знаменитый документ под названием «Особые случаи притеснения». Источником и распространителем этого листка стала студенческая канцелярия Смит-колледжа. Он посвящен «разнообразным вариантам и разнообразным причинам притеснения одних людей другими вследствие их непохожести друг на друга». В документе говорится о том, что сегодня нам требуется новая терминология, «которая позволила бы говорить о тех вещах, для которых не хватает понятий в ныне существующем языке». Составители прокламации приводят в качестве примеров ряд неологизмов и дают им определения.

Один из таких новых терминов, описывающих разнообразные виды притеснения, — «*этноцентризм*», который определяется как:

«дискриминация культур, отличающихся от доминирующей в обществе, на основании убеждения в ее превосходстве над остальными».

Но «доминирующая» культура — всего лишь та, что наиболее распространена. Но что, если ее доминирование объясняется тем, что она *реально* более продвинутая и люди понимают это? К примеру, в Америке доминирующая культура основана на принципах свободы, а не диктатуры, и на законах науки, а не на оккультных мифах. Можно ли считать, что она «притесняет» культуры, которые отвергают свободу? Является ли проявлением «дискриминации» убеждение в том, что хирурги излечивают человеческие болезни и их труд должен всячески приветствоваться, а исцеление с помощью молитвы — миф, который следует отвергнуть? Как удалось этим студентам настолько оторваться от реальности, что для них стало невозможным понять, что один «метод деятельности» на самом деле может быть лучше другого? Разве человек не может считать, что определенная точка зрения верна, а значит, *лучше* других, не соответствующих истине?

Однако с точки зрения мультикультуралистов для таких разграничений нет никаких оснований. Они считают, что убежденность в превосходстве одной идеи над другой — неважно, подкреплена ли она рациональными основаниями, — по определению подразумевает присутствие «дискриминации». Для них *давать оценку — значит подавлять*.

Другой термин из листовки Смит-колледжа — «лукизм» (от англ. look — наружность, облик. — *Прим. ред.*), то есть оценка человека исключительно по его внешности, «формирование общих стандартов внешней привлекательности; основанная на принятии стереотипов и обобщений дискриминация как тех, кто не соответствует этим стандартам, так и тех, кто им соответствует».

«Лукизм» нисколько *не* возражает против стереотипов. К примеру, к стереотипам относится убеждение, что все красивые люди должны быть удачливы и счастливы. Однако ложность стереотипов не должна служить основанием для того, чтобы отвергать любые обобщения, что как раз свойственно «лукизму». В сфере внешней красоты можно сделать много вполне справедливых обобщений, например: «красота предпочтительнее уродства». И именно *такого* рода обобщения мультикультурализм пытается подавить, поскольку они являются *оценкой*, следующей из признания красоты положительным свойством, которое, в свою очередь, следует из принятия ценностных стандартов. А мультикультуралисты принципиально против *любых* стандартов, по которым одни вещи принимаются за ценности, а другие нет.

Вся злобность и весь яд этого подхода в полной мере проявляется в третьем неологизме, упомянутом в манифесте, — «*аблеизм*» (от англ. ability — способность, дарование. — *Прим. ред.*), то есть «притеснение тех, кто обладает иным уровнем способностей».

Этот термин охватывает все человеческие качества — физические, интеллектуальные, моральные. В нем отражено стремление уничтожить все рациональные основы оценки и, следовательно, признание различий между людьми. Это массированная атака на все средства, которые служат человеку для достижения его целей, а также и на сами эти цели.

Если признавать, что человек, обладающий какой-либо способностью, отличается от того, кто ею не обладает, — это «дискриминация», то действительно, как того требуют мультикультуралисты, участниками спортивных соревнований должны быть не только физически развитые люди, а получать дипломы о высшем образовании — не только грамотные. В этом случае *никаких* «дискриминирующих» стандартов существовать не должно. Выдавать кредиты нужно всем желающим, а не только тем, кто способен их вернуть; получить водительские права может любой, в том числе и незрячий; на участок кладбищенской земли могут рассчитывать не только мертвые. Ведь правда, разве убеждение в превосходстве жизни над смертью не является бесчувственным предрассудком — «жизнизмом»? В конце концов, кто имеет моральное право решить, что нахождение в числе «временно существующих» предпочтительнее, чем присоединение к «иначе существующим»?

Именно из-за отвращения к ценностям идея «расизма» в мультикультурализме оказалась извращена. Если давать этому термину полностью объективное точное определение, то расизм — это (ложное) убеждение в том, что личные качества человека обусловлены его расовым происхождением. Однако мультикультуралисты придают понятию «расизм» совершенно иной смысл. Для них «расизм» — это не дискриминация на основании расовой принадлежности, а дискриминация *per se*. Они объявляют расистом всякого, кто считает некоторых людей выше и лучше других; *почему* он так считает, роли не играет. Согласно доктрине мультикультурализма, неравенство между черными и белыми — это то же самое, что неравенство между гениями и тупицами, героями и злодеями, творцами и убийцами. Все оценочные различия, то есть *ценности как таковые*, считаются проявлением деспотизма.

Если хотите конкретный пример, вот случай, произошедший в Пенсильванском университете. Некую студентку-старшекурсницу, входившую в состав комитета «образовательного разнообразия», очень волновали некоторые вопросы мультикультурной программы этого учебного заведения. Она направила в администрацию письмо, в котором выражалось ее «глубокое уважение к личности и желание защищать свободу любого члена общества».

Письмо вызвало особенно злобную реакцию со стороны одного из членов администрации университета. Он вернул письмо обратно студентке, подчеркнув слово «личность» и снабдив его следующим комментарием:

> «Сегодня такие фразы для многих служат красной тряпкой и рассматриваются как *расизм*. Если ставить личность выше группы, то в конце концов это приведет к привилегированному положению "личностей", принадлежащих к наиболее многочисленной или к наиболее сильной группе». (Курсив мой. — *П. Ш.*)

По всей логике, расизм и индивидуализм основаны на противоположных философских предпосылках. Первый оценивает людей по коллективному, расовому признаку; второй — по личным качествам каждого человека. Почему же мультикультуралисты ставят между ними знак равенства? Потому что и та и другая система убеждений основаны на *оценке*, то есть они *отличают* людей друг от друга на основании некоторого стандарта. Мультикультуралистам нет дела до того факта, что в основе расизма лежит иррациональный стандарт, а в основе индивидуализма — рациональный. Для них любое наличие стандартов — проклятье.

Уравнитель-эгалитарист не поднимает одурманенного наркотиками бродягу на уровень морального идеала. У него *вообще* нет моральных идеалов. Он защищает отсутствие целеустремленности и продуктивной деятельности исключительно для того, чтобы скрыть свои истинные побуждения — мечту об уничтожении целеустремленных и продуктивных, мечту, которую он пытается осуществить, настаивая на том, что мы не должны отличать деятельных людей от бездельников и, следовательно, что и бродяга, и Билл Гейтс должны пользоваться в жизни одинаковым комфортом.

Эгалитаристы гораздо опаснее, чем, скажем, убежденный религиозный проповедник, осуждающий богачей. Потому что последний придерживается другого набора ценностей, пусть даже иррациональных. Он призывает отречься от богатства потому, что верит в высшую ценность нематериального, сверхъестественного измерения. В то же время эгалитарность — низший вариант иррациональности. Это неприкрытый нигилизм. Ее сторонники не имеют никаких ценностей, а стремятся лишь разрушать их. Они стремятся к уравниловке ради самой уравниловки, к уничтожению ценностей как к самоцели, или, как говорила Айн Рэнд, «они ненавидят добро за добро».

Именно эту философскую одежку примерил на себя и мультикультурализм. Он стремится к примитивизму не потому, что считает его высшей ценностью, а потому, что он ее не имеет. Он стремится уничтожить то, что считает не злым, а, напротив, *добрым*. Он не придерживается ценностного стандарта, согласно которому выше всего ставятся уродство и неспособность. Мультикультуралисты ничего не ставят высоко. Они не поклоняются некрасивости и неспособности; ими движет лишь ненависть к красоте и способностям. Они хотят уничтожить красоту и способности именно *потому*, что это хорошо, потому что на каком-то уровне они сознают их ценность, но их единственный отклик на это — ядовитая жестокость.

Вот что лежит в основе коварной доктрины «разнообразия». Этим объясняется кажущееся несоответствие между отказом мультикультуралистов от всех ценностей и их яростной защитой ценности «разнообразия» как категорического абсолюта.

Почему можно считать «разнообразие» ценностью? При том, что во многих отношениях разнообразие действительно необходимо, оно само по себе не может быть рациональной ценностью. Например, кто-то может заявить, что хорошо делать разнообразные инвестиции, так, чтобы минимизировать риск. Но нельзя сказать, что разнообразие как таковое лучше, чем его отсутствие; в данном случае лишь разнообразие *инвестиций* лучше, чем его отсутствие в этой конкретной сфере (и основополагающий момент здесь — ценность инвестиций, финансовой независимости, богатства и так далее, а вовсе не разнообразия).

Но как может быть хорошо «разнообразие» как таковое, независимо от того, к чему оно относится? Например, можно ли считать ограничением хорошее здоровье, которое должно «разнообразить» путем различных болезней? Должно ли знание уравновешиваться невежеством? Или же здравый ум — периодическими приступами безумия? В чем же тогда смысл отчаянной борьбы за «разнообразие»?

Те, кто ведет эту борьбу, утверждают, что смысл «разнообразия» в том, чтобы создавать препятствия политике «исключений». Чтобы понять, в чем именно они хотят видеть «разнообразие» и в чем не хотят видеть «исключений», давайте взглянем на проблему расового «разнообразия».

Для чего мультикультуралистам нужно защищать расовое «разнообразие»? Для того, чтобы не позволить исключить расовые меньшинства из каких-то сфер? Конечно же, нет. Потому что, если бы это было так, они были бы главными защитниками оценки. Например, если бы они боролись за искоренение дискриминации по цвету кожи на рабочих местах, они должны были бы настаивать на том, чтобы работодатель при приеме на работу оценивал претендентов исключительно по их способностям. Они подвергали бы порицанию те предприятия, на которых расовой принадлежности работников уделяется какое-то внимание. Их не волновало бы, какой процент представителей каждой расы имеется где-либо. Они выступали бы за то, чтобы при приеме на работу предпочтение отдавалось бы квалифицированному белому претенденту, а не неквалифицированному черному. Для них расовая принадлежность не была бы важна. И они понимали бы, что единственный способ гарантировать, что этот фактор ни на что не влияет, — это придерживаться строгих оценочных стандартов.

Но мультикультуралисты не желают не обращать внимания на расовую принадлежность. Вместо этого они требуют «разнообразия», где расовая принадлежность играет важнейшую роль. Они требуют, чтобы на рабочих местах расовые меньшинства были представлены определенным процентом служащих. А если люди, нанятые согласно этому принципу, оказываются неквалифицированными работниками, — что ж, говорят они, расовое «разнообразие» важнее.

Но почему? Долгие десятилетия либералы боролись за то, чтобы расовая принадлежность не имела значения. Они выступали против тех, кто оценивал любого представителя расового меньшинства не по реально значимым характеристикам, а по *не имеющему значения* фактору расы. Однако теперь, продолжая утверждать на словах, что все расы равны, они озабочены цветом кожи больше любого оголтелого расиста. Почему?

Ответ: именно *потому*, что раса не имеет значения, то есть *потому*, что этот признак не имеет ценности.

Для мультикультуралистов неприемлемо не обращать внимания на расовую принадлежность и оценивать каждого человека в зависимости от его способностей. Компания, отказывающаяся от любых форм расовой дискриминации, не получит их одобрения. Наоборот, если она не станет активно нанимать работников на основании их расовой принадлежности, если она не будет «различать цвета» и оценивать претендентов исключительно по их рабочим качествам, она вызовет их возмущение. Такой компании будет предписано принять программу «разнообразия» и соблюдать определенные произвольно назначенные этнические квоты.

Но если штат компании набирался вне зависимости от расы, а работу получали только квалифицированные специалисты, то достичь «разнообразия» можно только одним путем: нанимая *не*квалифицированных (или менее квалифицированных) работников. Если все рабочие места уже заняты лучшими из имеющихся претендентов, то замена определенной их части людьми определенной расы — это все равно что замена работников с определенным цветом глаз или длиной ушей на других. Это возможно только путем найма менее квалифицированных работников. Таким образом, подрывается и подчиняется принципу «разнообразия» стандарт оценки претендентов на рабочие места. Этот стандарт — стандарт объективной проверки соответствия должности — «уравновешивается» своей противоположностью. В процесс приема на работу по способностям вносится «разнообразие» путем найма неспособных сотрудников.

В 1970-х либералы начали продвигать программу «правовой защиты» расовых меньшинств. Из-за того, что негры изображались «обделенными» — обделенными образованием, работой, богатством, — обществу предписывалось идти ради них на жертвы, предоставляя им предпочтительные возможности в самых разных сферах. Основанием для такого отношения служил исключительно голый факт их «обделенности», а не какие-либо положительные качества, которыми они обладали.

Но даже тогда либералы не отвергали в открытую ценностный стандарт. Скорее, они утверждали, что «правовая поддержка» постепенно поможет «обделенным» подтянуться до рационального стандарта. Они доказывали, что меньшинства, получив государственную защиту и поддержку, примут те же ценности, что свойственны «продвинутым» белым, то есть что со временем они обретут такие же способности, смогут проходить такие же проверки, выполнять такие же обязанности и, следовательно, получать такое же вознаграждение.

Сегодняшняя доктрина «разнообразия» отвергает, однако, даже эти сомнительные связи с ценностями. Теперь само предположение, что стандартом оценки работника должны быть его способности, объявляется «ограничительным» и «расистским». Теперь это называется аблеизмом. Теперь главной идеей стало то, что черных надо нанимать на работу в первую очередь: не для того, чтобы помочь им достичь соответствия объективным стандартам, а в качестве средства уничтожения стандартов как таковых.

Почему — вопрошают мультикультуралисты — черные должны принимать стандарты белых? Почему выдавать документы об образовании нужно в соответствии с оценками, а не на основании этнической принадлежности? Почему при приеме на работу результаты профессиональной проверки претендента должны значить больше, чем его «уличная мудрость»? Почему английский лучше, чем черный сленг? Почему для предприятия программист важнее, чем тот, кто может понимать древний язык тамтамов? Не бывает ничего «лучшего», утверждают мультикультуралисты, бывает только «разнообразие».

Несомненно верно, что следование ценностным стандартам обязательно подразумевает «ограничения»: с их помощью отсекается все, *не имеющее* ценности. Любой эталон препятствует всему тому, что ему не соответствует. Принимать на работу по способностям — значит отсекать некомпетентных. *Это*, а вовсе не расовая дискриминация — единственный тип «ограничения», с которым стремятся покончить мультикультуралисты.

А для этого нужно покончить со стандартами как таковыми. Таким образом, «разнообразие», или «гармония», которые проповедуют мультикультуралисты, — это гармония между ценностными стандартами и их отсутствием, между стандартом и *антистандартом*. Так как мультикультуралисты, в отличие от расистов прошлого, не считают какую-то расу лучше прочих, они не предлагают в качестве альтернативного стандарта расовую принадлежность. Раса для них совершенно неважна. Она не является ценностью и нужна только для того, чтобы *разрушить* стандарты. Те, кто применяет такой подход, по сути говорят: «Почему возможность получить работу или место в колледже должна даваться только тем, кто соответствует ценностным стандартам? Почему бы не пожертвовать стандартами в пользу "разнообразия"?»

Единственный мотив, который может стоять за превознесением того, что не имеет ценности, — отказ от ценностей истинных. Проповедники расового «разнообразия» не стремятся к смешению рас, которое может быть достигнуто в контексте объективной справедливости и рациональной оценки; справедливость и рациональность беспощадно антиэгалитарны и антиразнообразны. Нет, их цель — это смешение в «разнообразии» справедливости и несправедливости, рационального и иррационального, оценки по способностям и оценки по расовой принадлежности.

Таким образом, «разнообразие» по определению означает, что людей следует «оценивать» в соответствии с тем, что не имеет ценности. Это означает, что стандарт способностей ничем не лучше, чем *не являющаяся* стандартом расовая принадлежность. Это означает, что людей должны принимать на работу не за те способности, которые у них есть, и не ради того, чтобы они эти способности в себе развили, а потому, что способных и квалифицированных работников требуется «разнообразить» неспособными и неквалифицированными. Это означает, что между квалифицированными и неквалифицированными, между теми, кто обладает чем-то ценным для человечества, и теми, кто этого лишен, никогда не будет никакой разницы. Вот чего требуют от общества сторонники «разнообразия».

Таким образом, сегодня Министерство обороны США, выражая свою позицию по вопросу приема на службу, заявляет, что «в будущем любому белому человеку без отклонений будет требоваться особое разрешение для продвижения по службе». А Управление гражданской авиации дает руководителям подразделений указания, где особо оговаривается, что «практиковать внеочередные повышения за особые заслуги допустимо только в тех случаях, когда это способствует достижению целей "разнообразия"».

Продвигать людей по службе *благодаря* их недостаткам, продвигать их потому, что они не обладают никакими достоинствами, продвигать не потому, что они могут принести пользу компании и обществу, а потому, что от них нет *никакой* пользы. Провозглашать антиценности именно *потому*, что так уничтожаются ценности истинные. Вот катехизис мультикультуралистов. Способности нужно «разнообразить» отсутствием способностей, а тех, кто не может приносить пользу, — тех, кто не может предложить окружающим ничего, кроме отсутствия чего-либо ценного, — ни в коем случае нельзя «ограничивать». Поэтому если претендент на рабочее место получает отказ на основании несоответствия профессиональным стандартам, то, согласно точке зрения мультикультуралистов, он незаслуженно подвергается «дискриминации»; однако, если человек, соответствующий профессиональным стандартам, получает отказ на основании расовой принадлежности, которая стандартом служить не может, они считают, что работодатель поступает совершенно правильно, устраняя то, что может помешать «разнообразию».

Поэтому на «разнообразие» ссылаются всегда исключительно ради того, чтобы разрушить какую-либо ценность, и никогда — чтобы подкрепить ее. Например, «разнообразие» выгодно школам для того, чтобы иметь возможность уделять больше внимания «испытывающим проблемы с языком»; однако оно никогда не используется для того, чтобы оправдать создание большего количества групп для одаренных учащихся, чтобы «разнообразие» достигалось движением вверх, а не вниз. В студенческой среде никогда не слышно призывов «разнообразить» традицию «политкорректности» другими взглядами, которые были бы категорически противоположны феминизму или, скажем, правовой защите меньшинств. (Не говоря уже о мертвой тишине по поводу возможности внести «разнообразие» в антиразумные, антиличностные программы философских факультетов, дополнив их идеями, скажем, объективизма.) Ничего подобного существовать не может потому, что «разнообразие» означает уничтожение ценного за счет повсеместного насаждения не имеющего ценности.

Расовые меньшинства — всего лишь подходящие заложники для этой эгалитарианской кампании. Либеральная пропаганда *приписала* им неотъемлемое свойство вечной нужды и беспомощности. Из них несправедливо сделали символ безнадежности и неспособности, символ отсутствия ценностей и используют это как доказательство мультикультурной идеи о том, что если человека в обществе будут оценивать по его объективной полезности, то черные неизбежно окажутся исключенными из этой системы оценок. Мультикультуралисты хотят, чтобы люди поверили в то, что без квот «разнообразия» меньшинства ничего никогда не добьются. (Вот поэтому многие способные, независимые успешные чернокожие — которые оказались самыми главными жертвами «разнообразия» — не проявляют никакого интереса к остальным и ведут себя так, словно их не существует.)

В настоящее время требования «разнообразия» распространяются широко за пределы расы. Мультикультуралисты везде и всюду объявляют войну «дискриминации»: от критики правил грамматики за отсутствие в них толерантности к «лингвистическому разнообразию» до требований допустить глухих к участию в конкурсах ораторского искусства. Стандарты, кричат они, — это «евроцентристские» оковы рабства, а «разнообразие» — это освобождение. Освобождение от чего? От закона реальности, согласно которому ценное лучше того, что ценности не имеет.

Эта философия объясняет странный смысл, который мультикультуралисты придают термину «культура». Признаки, по которым они объединяют людей в группы, например раса, язык, происхождение, могут быть важными только для самого грубого, примитивного, племенного менталитета. Для любой разумной личности эти признаки несущественны — и именно поэтому они избираются мультикультуралистами. Они избраны извращенными умами в качестве определяющих характеристик группы именно *потому*, что лишены ценности. А наивысшая степень извращения — объявлять эти характеристики составляющими «культур».

Подлинная культура складывается из идей и ценностей, избранных определенной группой людей. Культура в любом случае — продукт свободного выбора, представлена ли она высокоразвитой, технократической цивилизацией, достижения которой сознательно и радостно принимаются членами общества, или самой застойной, сохраняющей традиционный племенной строй, при котором люди покорно следуют путем, избранным предками. Культура — это то, что избрали для себя люди, и то, что определяет основы их образа жизни.

Но мультикультуралисты намеренно выделяют то, что *не* является продуктом выбора и фактически не влияет на образ жизни граждан в обществе. Они концентрируют внимание на двух аспектах человека: на его чисто физиологических особенностях (таких, как расовая и половая принадлежность) и на случайных чертах, которые легко подвергаются изменениям (таких, как язык или место проживания). Физиологические черты человек не может выбрать для себя; к прочим относятся те, которые ни один разумный человек не будет *считать* настолько важными, чтобы делать их предметом выбора. Но с точки зрения мультикультуралистов, чем меньшую подлинную ценность имеет некая характеристика для группы людей, тем в большей степени она определяет «культуру».

Иррациональность старомодного расизма бледнеет по сравнению с мультикультурализмом, который считает, что существуют отдельные «культуры» черных, латиноамериканцев, геев, инвалидов — то есть групп, выделяемых по признакам, не имеющим ценности, и которые (как принято считать) не могут быть выбраны. (Поэтому, кстати, сегодняшние «левые» так настойчиво доказывают, что гомосексуализм не является сознательным выбором человека; если сексуальная ориентация будет признана продуктом свободного выбора, никакая официально санкционированная «гей-культура» не будет возможна.)

Мультикультуралисты считают то, что не может быть выбрано, сущностью человеческой личности. Соответственно, они преуменьшают значение того, что *в действительности* формирует характер и ценности человека: его мыслительные способности. Индивидуальное мышление — миф, говорят они. Все идеи человека — не более чем производные общего этнического облика, данного ему от природы. Как и все прочие коллективисты, мультикультуралисты принимают (субъективистскую) версию детерминизма. Они считают, что каждая «культура» — то есть каждая этническая группа — отличается особым набором интеллектуальных черт, свойственных исключительно ее членам. Они придают этническую окраску любым идеям, догматически определяя их как «научные принципы черных», «женские юридические теории», «гейская музыка», «белая интерпретация истории» и т. д.

Самые великие культурные достижения беззастенчиво обесцениваются мультикультуралистами. Единственный презрительный ответ мультикультуралиста на любые человеческие озарения — от культивирования в Древней Греции разумного и счастливого взгляда на жизнь до развития наук и личных свобод в эпоху Возрождения и достижения главенства над природой через технологию и предпринимательство в эпоху промышленной революции, на любые открытия и изобретения, поистине бесценные для каждого разумного человека, — таков: «Все это — продукты деятельности белых европейцев мужского пола, поэтому они не имеют значения для небелых, неевропейцев и немужчин».

При том, что мультикультуралисты совершенно точно принадлежат к разряду коллективистов, их идеология отличается от прочих вариантов коллективизма в одном существенном отношении: они к тому же — современные эгалитаристы.

Эгалитарность — это доктрина, откровенно требующая уравнения всех людей, так, чтобы никто не мог иметь то, чего лишены другие. Никто не должен иметь преимущество перед другими за счет своего богатства, ума, таланта, внешнего вида и т. д. Как пишет об этом Айн Рэнд, эгалитаристы стремятся «не к *политическому*, а к *метафизическому* равенству — равенству личных качеств и черт, независимо от природной одаренности и личного выбора, возможностей и характера».

Мультикультуралисты ревниво блюдут эту философию. Они понимают, что не может существовать никакого метафизического равенства, основанного на ценностях. Они знают, что равенство может быть только в отношении *того, что не является ценностью*: это равенство, которое достигается путем пресечения любых попыток подняться над общим уровнем. Осуществляют они этот процесс в две стадии.

Вначале они требуют, чтобы самосознание личности подчинялось этнической группе, к которой она принадлежит. Это разрушает любую заслуженную самооценку. Затем, чтобы уничтожить даже то ощущение псевдоценности, которое может получить человек через осознание себя членом племени, они требуют, чтобы каждый коллектив жертвовал собой ради другого — чтобы каждая группа, имеющая что-то, отказалась от всего в пользу любой другой группы, этого не имеющей.

Таким образом, если доля белых мужчин среди генеральных директоров компаний, доля студентов азиатского происхождения в университетах не соответствуют эгалитарному принципу, они должны пожертвовать своими интересами в пользу других «культур». Небелые и неазиаты имеют право получить выгоду от этого не потому, что обладают какими-то ценностями, а потому, что они ими *не* обладают, и потому, что принцип «разнообразия» не позволяет проводить черту между ценным и неценным. Особое предпочтение отдается тем «культурам», представители которой как работники не заслуживают повышения, а абитуриенты не заслуживают приема в вуз, *именно потому*, что они этого не заслуживают. Иными словами, мультикультуралисты *не считают, что какая-то определенная группа людей может быть лучше других*.

Это серьезное отклонение от взглядов ранних коллективистов. Например, Маркс утверждал, что личность не значит ничего, однако благородное воплощение всего лучшего в истории — это пролетариат. Гитлер призывал своих сторонников отдать свое эго ради арийского коллектива, который, по его мнению, воплощал человеческий идеал. Расисты американского Юга считали белых морально и интеллектуально выше черных. Все эти коллективисты принимали какую-то группу за ценностный стандарт.

Однако мультикультурализм — это окончательный отказ от ценностей. Это первая идеология, полностью объединившая коллективизм и эгалитарность. Она абсолютно коллективистична и при этом отвергает идею о том, что какой-то коллектив может быть реально лучше другого. Согласно этой идеологии, личность не имеет ценности точно так же, как не имеет ее никакая группа (которой личность должна подчиняться).

(Вот что привело сотрудника Университета Пенсильвании к такой поразительной критике индивидуализма. Если не брать в расчет его неспособность думать в иных терминах, кроме относящихся к группам, он понял, что индивидуализм приводит к триумфу «доминирующей» (то есть объективно лучшей) группы, а коллективизм — *эгалитарный* коллективизм — к тому, что лучшее приносится в жертву худшему.)

Кто-то может счесть парадоксальным, что мультикультурализм провозглашает всеобщее равенство «культур», в то же время требуя для определенных групп особых привилегий. Кто-то может даже заключить, что эгалитарность — просто фасад, позволяющий ее сторонникам продвигать интересы тех групп, к которым они благоволят.

Это опасная ошибка. На самом деле призыв к «равенству» и призыв к «особому отношению» — одно и то же.

Эгалитарность предполагает всеобщую уравниловку, то есть стремится опустить лучших до уровня худших. Согласно этой идеологии, упорно трудящийся человек не заслуживает жизни лучшей, чем у безответственного бездельника. Общество должно относиться и к тому и к другому одинаково. Как именно? Награждая паразита и наказывая прилежного работника, пока неравенство не будет устранено. И тот и другой подчиняются одному и тому же эгалитарному принципу: что надо отбирать у имеющих то, что они имеют, пока не наступит всеобщее равенство, то есть всеобщая нищета. Если следует одинаково воспринимать рациональное и иррациональное, то получается, что последнее получает объективно «предпочтительное» отношение.

Именно в этом состоит цель мультикультурализма. Он последовательно требует, чтобы ценное «разнообразилось» не имеющим ценности. Он настаивает на «особом отношении» к определенным «культурам» — не к тем, которые считает лучшими, а к тем, которые не отвечают *никаким* стандартам ценности, — для того, чтобы они «сравнялись» с теми, кто этим стандартам отвечает.

Именно это делает мультикультурализм гораздо более радикальным и более последовательным, чем старинный культурный релятивизм. Релятивисты считали, что у каждого общества должен быть свой собственный ценностный стандарт. Несмотря на эту ложную идею, они все-таки верили, что избранные ценности должны оберегаться, а то, что ценностью не является, — отвергаться. Они считали, что для каждой культуры «хорошо» то, что избрано ею, и, следовательно, эта культура должна отстаивать это. Напротив, мультикультуралисты отвергают саму идею «хорошего» — даже в субъективном понимании. Они проповедуют не нравственное равенство всего и всех, а равенство агрессивно *безнравственное*, то есть систему, при которой ценность никогда не может стать предпочтительнее не имеющего ценности.

Мультикультуралисты полностью разрушают любые связи между человеком и ценностями, используя для этого нигилистический взгляд на «культуру» и на «самосознание», определяемые невыбираемыми и незначимыми характеристиками. Чем больше несоответствие «культуры» настоящим, рациональным ценностям, тем более она превозносится и тем сильнее личность подталкивается к полному растворению в ней. Смысл и сущность мультикультурализма — поклонение *анти*ценностям, тому, что заведомо враждебно человеческому существованию.

Невозможно представить более яркую и в то же время более отвратительную иллюстрацию этого, чем продолжающиеся споры по поводу лечения глухоты.

Глухота — ужасное проклятье, особенно если его жертвой оказывается ребенок. Глухота помещает ребенка в мир, где обучение языку — инструменту концептуального мышления — становится невероятно трудным. Но недавно медики разработали хирургическую операцию, называемую кохлеарной имплантацией, которая помогает излечить глухоту у многих детей, страдающих этим пороком. Эта операция неоценима, жизненно важна. Это прорыв, который должны с восторгом воспринимать все родители глухих детей.

Однако существует организованная оппозиция этому — причем среди самих глухих.

Национальная Ассоциация глухих называет эту процедуру «агрессивным хирургическим вмешательством по отношению к беззащитным детям». Как описано это в *The New York Times*:

> «Главные защитники глухоты говорят, что очень жестоко вскрывать череп ребенка и тянуть провода через его внутреннее ухо только для того, чтобы лишить этого ребенка данного при рождении права на тишину».

Редактор *Silent News*, периодического издания для глухих, пишет:

> «Я считаю, что для слышащих родителей неправильно лишать глухого ребенка его культурной идентичности и принуждать его к тому, чтобы слышать».

В статье в *The Atlantic* объясняется метафизика такой точки зрения:

> «Глухота — это не болезнь. Многие глухие люди сегодня считают себя особой субкультурой, подобной любой другой. Они просто лингви-

стическое меньшинство (людей, говорящих на американском языке жестов) и не более нуждаются в избавлении от своего состояния, чем гаитяне или латиноамериканцы».

Эта статья озаглавлена «Глухота как культура».

Это философия мультикультурализма в полном цвете и во всем своем зле. Это неприкрытая атака на незаменимую ценность слуха — на том основании, что антиценность нуждается в культурной сохранности.

Мультикультуралистов бесит идея, что *слышать* лучше, чем не слышать. Они утверждают, что это проявление угнетения. Глухота и слух, говорят они, всего лишь признаки двух разных «культур», а «разное» никогда не значит «лучшее». Так что если слышащий человек не считается инвалидом, если он не является кандидатом на проведение корректирующей операции, то почему им должен быть глухой человек? Проведение такой имплантации, заявляют мультикультуралисты, — это дискриминация. Это подавление культуры глухих и того, что один автор назвал «гордостью глухих». Это аблеизм. Это, может быть, даже аудиоизм. В конце концов, почему способность слышать должна быть всеобщей ценностью? Почему среди людей не должно существовать слухового «разнообразия»?

Как объясняют редакторы журнала *Deaf Life*:

«Имплант — это окончательный отказ от глухоты, окончательный запрет глухим детям быть глухими».

Это абсолютно верно. Имплант — это медицинский отказ от того, что глухота неизлечима, и нравственный запрет на представление глухоты как чего-то желательного. Но «культуралисты» глухих предпочитают держаться за свое отклонение. Глухота, как их научили, — это право, данное им от рождения. Она определяет их самоидентичность, и, сохраняя ее, они намеренно — *с готовностью* — обрекают невинных детей на ужасы жизни без слуха.

И в довершение этого унижения глухих заставляют гордиться своей патологией. Невозможно представить большего извращения, чем картина того, как глухим детям внушают, что предметом гордости для них должна быть не способность преодолеть свое отклонение, а *отказ* преодолевать его, желание *остаться* ущербным и поклоняться глухоте, сохранение инвалидности ради инвалидности, в гротескном следовании мультикультурным догматам, согласно которым слух не может быть лучше глухоты.

Цель мультикультурализма — подорвать все ценности и стремление к ним. Его цель не в том, чтобы улучшить жизнь меньшинств, необразованных или глухих, а спустить всех — большинство и меньшинства, интеллигенцию и невежд, здоровых и больных — на самый низкий уровень в лихорадочной погоне за «отсутствием дискриминации» между тем, что поддерживает жизнь человека, и тем, что не поддерживает.

Но мультикультурный нигилизм атакует не только сферу ценностей. Он добирается до основы оценки: до самого сознания. Мультикультуралисты стремятся уничтожить не только ценности, но инструменты *познания* ценностей, познания *вообще*. Опираясь на все ту же этническую эгалитарность, они не позволяют различать эпистемологически логичное и нелогичное, разумное и мистическое. В противном случае, говорят они, такое противопоставление станет не более чем… «этническим предпочтением».

В этом кроется более глубокий смысл веры мультикультуралистов в этнический детерминизм. Каждый «культура», согласно их доктрине, отличается собственным методом умственного функционирования. Принимая основы «полилогизма» Маркса и Гитлера, мультикультурализм представляет преданность разуму и объективности просто предубеждением, характерным для белых мужчин.

«Ничто из того, что проходит через человеческий ум, не берет начала в сексуальных, экономических или расовых различиях», — говорит профессор Университета Дьюка. Феминистки отвергают научные исследования как «мужской образ мысли», а эпохальный труд Исаака Ньютона, Principia, характеризуется ими как «руководство по изнасилованию». Разнообразные «феминистские образовательные рекомендации», предложенные для школ в штате Нью-Джерси, раскрывают современную гендерную перспективу науки:

«Разум принадлежал мужчинам, природа — женщинам, а знание было создано как акт агрессии: пассивная природа должна была быть захвачена, разоблачена, вскрыта и подчинена мужским началом, чтобы отдать все свои тайны».

Само стремление к знаниям сегодня обозначается как «логофаллоцентризм». Или, как коротко, но выразительно формулирует теоретик феминизма Кэтрин Маккиннон: «Словом "познать" стали обозначать половой акт».

Многие поколения слышали от философов, что логика бессильна и разумный человек — это миф; мультикультуралисты просто воспользовались возникшим эпистемологическим замешательством. Практическая цель их грубой «этнитизации» мысли — та же, что и у всех попыток «убедить» общественность в том, что нельзя полагаться на разум: подавить стремление человека бороться с иррациональностью — той самой иррациональностью, с которой они потом могут делать все, что захотят.

Почему люди не высказывают справедливого возмущения расовыми квотами, «этноматематикой» и пропагандой детской глухоты? Почему позволяют существовать такой бесчувственности? Только потому, что люди оказались интеллектуально обезоружены. Им говорили, что, обвиняя мультикультурализм в бесчувственности, они проявляют «этноцентричную» склонность к разумности. И несмотря на то, что многие были с этим несогласны, им нечего было ответить на эту чушь: их философы отказались давать им ответы, так что они оказались беспомощны. Они впадают в отчаяние, но не в состоянии бороться.

При наличии такого интеллектуального пацифизма мультикультурализм может осуществлять целенаправленную атаку на разум. Его стратегия включает два направления действия, которые на первый взгляд могут показаться противоречащими друг другу. С одной стороны, мультикультурализм подчеркивает различия, например расовые. Он прямо-таки наслаждается ими, рьяно дробя каждую группу на подподподгруппы. С другой стороны, он категорически отказывается признавать различия, например между глухими и слышащими или квалифицированными и неквалифицированными работниками. Он осуждает любую попытку обратить внимание на различия в людях, называя это «ограничительной политикой».

Это кажущееся несоответствие, однако, характеризует вполне цельную точку зрения. Оно отражает стремление мультикультуралистов вернуться к доконцептуальной стадии. Различия, которые они признают, — такие как расовые и половые, — это те, которые воспринимаются на чисто *перцептивном* уровне. Пока они могут воспринимать эти признаки как конкретные, грубые факты, они с радостью признают различия между людьми. Однако различия *концептуальные* они отвергают.

Это означает, что мультикультуралисты готовы, подобно животным, по-разному воспринимать непосредственные факты, например слышимый звук и его отсутствие. Но они отвергают концептуальную идентификацию этих фактов, то есть отказываются вычленить в них то, что существенно, определить их отношение к другим знаниям, понять причины и последствия каждого факта, оценить, что человеческая жизнь невероятно обогащается наличием слуха, и, самое главное, *сделать общее заключение, что слух — это хорошо, а его отсутствие — плохо*.

Сознательный акт оценки возможен только для концептуального разума; для перцептивной ментальности существуют только сырые, не связанные между собой данные. «Другой — не значит лучший» — вот упорный призыв конкретного, фактологического мышления. Это призыв мультикультуралистов, которые вначале исключают концептуализацию из человеческого сознания, а затем исключают оценку из человеческой жизни.

Мультикультуралисты навязчиво подчеркивают перцептивные различия между людьми, потому что они крайне важны для их цели — разделить человечество на многочисленные племена. Для мультикультуралистов каждый из грубых признаков, которые они видят, — черная или белая кожа, мужское или женское тело — становится основанием для выделения отдельного племени, стада или «культуры».

Доморощенный альтруист говорит: «Мы все — братья, и каждый должен заботиться о брате своем». Мультикультуралист видоизменяет этот лозунг и говорит: «Все мы — примитивные трибалисты, и каждый должен заботиться о своем племени». Он хочет, чтобы люди кичились своими племенными различиями, тем, что они черные, гомосексуалисты или глухие. Таким образом личность становится рабом своего племени. Например, чернокожему подростку внушают, что он не должен чересчур стараться в школе, потому что это уступка «белому мышлению». Глухого ребенка убеждают, что он должен отказаться от всяких мыслей об излечении, потому что это будет предательством «культуры глухих». Те, кто участвует в проектах по поиску средств преодоления различных недугов, — например, актер Кристофер Рив, страдающий от вызванного травмой паралича, — становятся объектами проклятий (как «оскорбляющие тех, кто научился жить со своими недугами») и жалости («Мне жаль [Рива], потому что он хочет излечиться») со стороны растущих толп «инвалидов-активистов».

Всем этим мультикультуралисты пытаются возместить лишение личности ее бытия. Они стремятся сделать племя единственным источником нравственного закона, получателем жертв, ваятелем личности и первичным элементом реальности. Мультикультуралисты настаивают на том, что личностей не существует, а есть лишь единый организм племени, в котором все люди являются взаимозаменяемыми клетками.

Согласно мультикультуралистам, все «культурные» различия должны оставаться в неприкосновенности, то есть трибализм, провозглашаемый ими «разнообразием», должен сохраняться навсегда. Они хотят, чтобы каждое племя наслаждалось теми грубыми характеристиками, которые отличают его от других племен, и никогда не узнало о том, что есть *лучшая* альтернатива. Они понимают, что, допустив подобные оценочные действия, не смогут избежать разрушения племенной идентичности. Они понимают, что в результате такой оценки глухие захотят слышать, уроды — стать красавцами, неграмотные — грамотными. Если это произойдет, все откажутся от предписаний племени и начнут преследовать личные, рациональные цели.

Этому мультикультуралисты отчаянно сопротивляются.

«Не рассказывайте мне о плохом и хорошем, — вопят они. — Мы просто хотим сохранить особые черты нашего племени. Почему все хотят быть слышащими, красивыми, грамотными и способными? Ведь это антиразнообразие!»

Это бескомпромиссно эгалитарная доктрина, проповедуемая в качестве способа консервирования племенных отличий. Она служит для поддержания застойного существования и для подкрепления инерции сознания, которое страшится освободиться от коллективных оков. Те, кто в ужасе шарахается от возможности взять на себя ответственность за сомнения в племенных обычаях и самостоятельное мышление и существование, стремятся к этой эгалитарности. Ее лелеют те, кто не мечтает о лучшей жизни, потому что свято верит в то, что сама идея «лучшего» несправедлива.

Однако если каждое племя будут восхвалять за его особую примитивность, то этот закостеневший менталитет будет в безопасности. Тогда — поскольку эти различия не будут подвергнуты концептуальному осмыслению и оценке и поскольку необходимость в «разнообразии» запрещает отказывать одной группе в том, что имеется у других, — всем будет гарантирована «безопасность» всеобщего племенного равенства: одни и те же экзаменационные оценки, один и тот же уровень дохода, одно и то же количество кохлеарных имплантов.

Так как мультикультурализм стремится обесценить рациональное мышление, он отвергает концептуальные различия между людьми. Если кто-то обнаружит, что в определенном контексте существуют какие-то принципиальные различия — старых от молодых, компетентных от некомпетентных, людей от животных — его тут же обвинят в предвзятости и дискриминации. Расизм, аблеизм, евроцентризм — перечень таких эгалитарных антиидей, которые придуманы для описания любого акта когнитивного отличия, бесконечен.

Мультикультуралисты отказываются различать важное и неважное. Они отказываются признавать, что, к примеру, мужчины и женщины в определенных контекстах нуждаются в разном к себе отношении — например, в том, что касается романтических чувств или дизайна одежды; в то время как в других — например, в отношении интеллектуальных способностей или возможности водить автомобиль — в одинаковом. Мультикультуралисты отказываются признавать, что глухие существенно отличаются от прочих людей в отношении, скажем, способности к общению и не отличаются в сфере политических прав.

Для мышления, застывшего на перцептивном уровне, не существует никаких важных характеристик как противоположных неважным. Мультикультурный менталитет видит только огромное количество племенных черт и может задавать только один вопрос: ко всем ли племенам общество относится одинаково или некоторые подвергаются «дискриминации»?

Ввиду того что ценности берут начало в фактах, эта эгалитарность в конечном счете не нравственная, а эпистемологическая. Она обеспечивает определенный когнитивный подход к реальности — подход, который не признает концептуальных различий между принципиально различными вещами. Доктрина разнообразия, провозглашающая неразличение ценного и неценного, — просто одна из сфер практического применения этой более масштабной антиконцептуальной идеологии. Удерживая человеческое сознание на животном уровне, мультикультурализм уничтожает когнитивные *инструменты*, необходимые для осознания таких различий.

Мультикультурализм хочет вернуть человека обратно, к первобытным методам функционирования. Это идеология, направленная на превращение человека в варвара — умственно и, следовательно, экзистенциально. Полное следование ей на практике означает только одно: полномасштабную племенную войну, ведущую к такому истреблению человечества, которое превзойдет самые смелые мечты Гитлера.

При господстве этнического субъективизма иного результата — и иной цели — быть не может. Если не существует объективной истины и объективных методов для ее поиска, если разум, доводы и логика — это «культурная предвзятость», то все человеческие взаимоотношения в конечном итоге сводятся к требованиям и вооруженным столкновениям между племенами.

В этом случае единственным значимым вопросом оказывается принадлежность к племени. Если вы хотите поступить в колледж, вас спросят: из какого вы племени и сколько человек из вашего племени уже было принято? Если вы будете приводить самые красноречивые доводы в поддержку своих идей, вас спросят: к какому племени вы принадлежите и какие племена разделяют ваши убеждения?

Трибализм опускает людей до состояния зверей, грызущихся над куском мяса. Для них становится невозможным рациональное общение, особенно в случае возникновения трений и конфликтов. Если бы О. Симпсон в таких условиях предстал перед судом, то ничего похожего на объективные доказательства его вины представлено быть не могло. Было бы только ощущение того, что члены одного племени судят члена другого, и только одно возможное решение: то племя, которое посчиталось бы представляющим «нуждающихся», победило бы то, которое представляет «имеющих».

Рамки закона и порядка, которые являются продуктом концептуальной эры, перестают сдерживать людей. Люди ведут себя как стадо животных, быть которыми научил их мультикультурализм. Если общество решает, что ему не нравится какой-то приговор присяжных или цены на молоко в магазине, какое направление действия оно выбирает? Если одно племя чувствует себя обиженным другим, есть только один вариант — насильственное требование возмездия.

Мультикультурализм категорическим образом перечеркивает все, чего достигла за долгие века цивилизация. Он означает возвращение к такому существованию, когда люди больше не ищут самостоятельно — то есть концептуально — истину и добро, а становятся шайкой дикарей, бездумно принимающих приказы главаря и постоянно рвущихся перегрызть друг другу глотки. Мультикультурализм мостит дорогу, которая в конечном итоге ведет обратно в пещеру.

Америку совершенно обоснованно называют плавильным котлом. Это отражает тот факт, что, приезжая сюда, иммигранты различных национальностей, языков и происхождения оставляют в прошлом свои корни и объединяются в свободном союзе. Они поступают так потому, что понимают: свобода необходима для их существования, а обстоятельства их прошлого — нет. Они осознают, что их подлинную культуру составляют ценности, которые воплощает Америка, а не их этническое наследство, и именно эти ценности объединяют всех, кто принимает их. Метафора плавильного котла отражает принцип интеграции — политической, социальной и эпистемологической.

Но сегодня такое описание Америки становится «неполиткорректным». Сегодня наших детей учат в школах тому, что лучше говорить «этническая мозаика». Главной идеей стала *дезинтеграция*, а ее логичным проявлением — племенная балканизация.

Противоядие к этому возвращению к примитивизму — возвращение к «плавильному котлу», к тому времени, когда ничто не ограничивало свободу и прогресс. Говоря точнее, противоядие требует громадного броска вперед. Оно требует преданности философии индивидуализма, который, увы, никогда, даже в самом начале, не существовал в Америке в полном объеме. Оно требует убежденности в том, что во всех моральных и политических вопросах главное — личность, что определяющая характеристика человека — его рациональное мышление, что объективный ценностный стандарт — человеческая жизнь и что из всех осознаваемых различий, необходимых для его существования, самое главное — различие между ценным и неценным.

Если такую философию будет проповедовать достаточное количество голосов, феномен мультикультурализма быстро исчезнет. Оказавшись в ярком, бескомпромиссном свете разума, он уползет обратно в первобытную дыру, из которой появился.

15

Антииндустриальная революция

◆

Айн Рэнд

Предлагаю начать с перевода абстрактной идеи в конкретные термины. Сегодня существует тенденция объявлять прогресс врагом человечества, и ее необходимо ограничить и запретить. Давайте попробуем представить, что эта идея могла бы означать на практике.

Представьте, что вы — молодой человек, живущий в 1975 году. У вас есть жена и двое детей, и вы живете в скромном доме на окраине крупного города. Давайте взглянем на обычный, среднестатистический день вашей жизни.

Вы встаете в пять утра, потому что работаете в городе и должны быть на рабочем месте в девять. Завтракаете вы всегда легко, только тостом с кофе. У вас нет электрокофеварки, их больше не делают, так как они считаются предметом неоправданной роскоши: они потребляют электроэнергию, что увеличивает нагрузку на электростанции, а значит — уровень загрязнения воздуха. Так что варить свой кофе вам приходится в старомодном кофейнике не на электрической, а на сжигающей нефтяное топливо плите; раньше у вас была электрическая плита, но они запрещены законом. Нет у вас и электротостера, тост приходится поджаривать в печке; вы на секунду отвлекаетесь — и тост подгорел. Делать другой времени нет.

Когда у вас была машина, вам требовалось три четверти часа, чтобы добраться до офиса; но личные автомобили были объявлены вне закона и заменены общественным транспортом. Теперь до работы вы добираетесь два с половиной часа. Общественный автобус может проделать путь за час с небольшим, если придет вовремя, но вы никогда не знаете, не опоздает ли он, поэтому прибавляете на всякий случай еще полчаса. Вы тащитесь десять кварталов сквозь порывы холодного утреннего ветра до автобусной остановки и встаете там в ожидании. У вас нет выбора, других средств транспорта, и вы это знаете; знает это и автобусная компания.

Приехав в город, вы идете 12 кварталов от автовокзала до вашего места работы. Вы успели вовремя. Вы работаете до полудня, потом обедаете, съедая прямо за рабочим столом то, что принесли с собой из дома. Раньше в соседних двух кварталах было шесть ресторанов, но рестораны — ужасные источники загрязнения. От них очень много мусора; теперь ресторан остался только один, он не слишком хорош, и там нужно стоять в очереди. Кроме того, принося обед из дома, вы экономите деньги. Вы приносите еду в старой коробке из-под обуви; металлических коробок для ланча больше нет: добыча металла сильно снижена; нет и пластиковых коробок — это непозволительная роскошь; нет и термосов. Ваш сэндвич холодный, так же, как и кофе, но к этому вы уже привыкли.

После обеда вы начинаете поглядывать на часы и бороться с атаками вашего вечного врага: скуки. Вы работаете в этой компании уже восемь лет: последние три года — на должности офис-менеджера; повышения ждать не имеет смысла, выше подниматься некуда; расширение бизнеса ограниченно. Вы стараетесь бороться со скукой, говоря себе, что вы на удивление везучий человек, но это не слишком помогает. Вы продолжаете говорить это себе, потому что под покровом скуки в вас таится страх, который вы не хотите признавать, — что ваша компания может закрыться. Вы понимаете, что для изготовления бумаги требуется вырубать деревья, а деревья необходимы для сохранения живой природы, и нельзя жертвовать лесами ради эгоистической роскоши. Компания, на которую вы работаете, выпускает бумажную упаковку.

К тому времени, как вы снова оказываетесь на автовокзале, направляясь домой, вы ругаете себя за собственную усталость;

вам кажется, что для этого нет причин. Ваша жена — повторяете вы себе — вот кто настоящая жертва. И это действительно так.

Ваша жена поднимается в шесть утра; вы убедили ее не вставать, пока угольная печка, которую вы разжигаете, хотя бы немного не прогреет дом. Ей приходится готовить завтрак для вашего пятилетнего сына; теперь нет никаких быстрорастворимых каш, чтобы дать ему, их запретили производить как недостаточно питательные; нет и консервированного апельсинового сока — консервные банки загрязняют местность. Электрических холодильников тоже нет.

Ей приходится кормить грудью вашу полугодовалую дочь; никаких пластмассовых бутылочек и готового детского питания нет. Нет ничего похожего на памперсы, ваша жена вынуждена часами каждый день стирать пеленки руками, точно так же, как она стирает все семейное белье, и так же, как она моет всю посуду, — такой роскоши, как стиральные и посудомоечные машины, а также электроутюги, не существует. Нет у вас в доме и пылесоса, она убирается в комнатах с помощью метлы.

В стране нет торговых центров — они портят городской ландшафт. Вашей жене приходится ходить за две мили в ближайший бакалейный магазин и стоять там в очереди около часа. Покупки, которые она несет домой, тяжеловаты — однако она не жалуется: дама-журналистка из газеты сказала, что это полезно для фигуры.

Так как никаких консервированных и замороженных продуктов не существует, она начинает готовить обед за три часа, вручную очищая и нарезая каждый скользкий, неподдающийся кусочек овощей. Она не часто покупает фрукты — их больше не привозят в фурах-рефрижераторах.

Когда вы возвращаетесь домой, она старается не показывать, что устала. Но скрыть это очень трудно, особенно учитывая, что у нее нет косметики — это совершенно непозволительная роскошь. И вот вы заканчиваете есть, мыть посуду, укладывать детей спать и еще кое-какие домашние дела, вы, наконец, свободны. Чем же заняться в этот короткий вечер? Телевизора нет, радио нет, электропроигрывателя нет, как нет вообще никаких музыкальных записей. Нет кинотеатров, куда можно было бы съездить на автомобиле. Есть один кинотеатр в городке за шесть миль от вашего дома — но туда можно попасть, если только вовремя успеть на автобус. Вам как-то совершенно не хочется пытаться поймать его.

Так что вы остаетесь дома. Вам нечего сказать своей жене: вы не хотите огорчать ее обсуждением того, что крутится у вас в голове. Вы понимаете, что и она молчит по той же самой причине. Сын сегодня плохо ел: у него болит горло; вы смутно помните, что когда-то дифтерия была практически истреблена, но недавно в школах страны вновь началась эпидемия; в соседнем штате от этой болезни умерло 73 ребенка. Когда вы в последний раз виделись с отцом, он жаловался на боль в груди; вы отчаянно надеетесь, что это не сердце. Ваша мать умерла от сердечного приступа в 55 лет; доктор что-то говорил о приспособлении, которое могло бы спасти ее, но оно было продуктом очень, очень высоких технологий, которых больше не существует: оно называлось «электрокардиостимулятор».

Вы смотрите на жену; свет в комнате тусклый, так как пользование электричеством ограниченно и вы имеете право зажечь лишь одну лампочку, однако вы можете разглядеть ее устало опущенные плечи и морщины, протянувшиеся от уголков губ. Ей всего 32; она была такой красавицей, когда вы познакомились в колледже. Она училась на юриста и могла бы совмещать работу с обязанностями жены и матери; но теперь это невозможно, так что от карьеры пришлось отказаться. За 15 часов она выполнила работу дюжины машин. Она вынуждена делать это, чтобы бурые пеликаны или белые медведи не исчезли с лица земли.

К 10 часам вечера вы чувствуете отчаянное желание спать, а о других желаниях уже и не помышляете. Лежа в постели рядом с женой, которая чувствует то же самое, что и вы, вы смутно припоминаете, что там говорили сторонники возвращения к природе о радостях неограниченной сексуальности; теперь уж и не вспомнить. Когда вы засыпаете, воздух над вашей крышей чист, как полярные снега; только неизвестно, на сколько еще хватит ваших сил, чтобы дышать им.

Это, конечно, вымысел.

В реальной жизни постепенная деградация от цивилизации к дикости вряд ли возможна. Может быть катастрофа — и никакого восстановления, только долгая, мучительная агония хаоса, беспомощности и непредсказуемых смертей. Не может быть никакой «незначительной» деградации. Не может быть «ограниченного» прогресса. Сегодня слышится много голосов, высказывающихся против «неограниченного развития технологий». Но *ограниченное* развитие технологий — терминологическое противоречие.

Наша жизнь — ее удобство, безопасность, счастье — зависит от технологии. Я привела вам этот очень короткий пример ради того, чтобы вы могли сами представить, что бы вы потеряли, будь технология запрещена, а затем всякий раз, когда будете пользоваться любым из сберегающих ваш труд, а значит, время, а значит, жизнь, приборов, созданных для вас технологией, вы бы возносили ей молчаливую благодарность.

Если бы кто-то попытался заставить вас жить так, как описано мною выше, вы бы наверняка начали громко возмущаться. Так почему не возмущаетесь сейчас? Вам предлагают это во весь голос, ясно и ежедневно. И хуже всего, что это предлагается во имя *любви* к человечеству.

И вы, и большинство других людей не выражают своего протеста по трем основным причинам. 1. Вы воспринимаете технологию — и ее огромный вклад в ваши жизни — как нечто само собой разумеющееся, почти как явление природы, которое никогда никуда не денется. Но это не так. 2. Как все американцы, вы, вероятно, человек доброй воли и мало разбираетесь в природе зла. Вы не можете поверить в то, что есть люди, которые стремятся уничтожить человечество ради уничтожения человечества; а когда вы их слышите, вы думаете, что они не это имеют в виду. Но они имеют в виду именно это. 3. Ваше образование — которое дали вам те самые люди — ограничило вашу способность видеть в абстрактных идеях возможность их практического применения и, следовательно, мешает вам воспринимать идеи всерьез. *Вот* в чем истинная американская трагедия.

Эти три возможности вам следует иметь в виду.

Атака на технологию навязывается вам с помощью целого комплекса идей, связанных воедино веревкой, которой дали название «экология». Давайте изучим аргументы экологов, и по мере нашего продвижения вперед их мотивы станут для вас ясны.

В журнале *Newsweek* от 26 января 1970 года был опубликован аналитический материал, посвященный экологическому крестовому походу, под заголовком «Разоренная среда обитания» (Ravaged Environment). Несмотря на сочувственное отношение к экологическому движению — а может быть, как раз благодаря ему, — анализ оказался достаточно точен: в статье схвачена суть движения, его дух и эпистемологическая окраска.

Статья начинается с заявления о том, что человек:

> «лицом к лицу столкнулся с новой, самим человеком созданной опасностью: отравлением среды своего обитания ядохимикатами, мусором, гарью, шумом, стоками, избыточным теплом, уродством и перенаселением в городах».

Обратите внимание на странный набор вещей, перечисленных здесь в качестве опасных: ядохимикаты наряду с шумом и уродством. Подобная сборная солянка встречается во всех заявлениях экологов; мотивы этого явления мы еще обсудим.

Эти опасности, постоянно напоминает журнал, не просто локальны, а глобальны, они угрожают всей Земле и всем видам живых существ. Какие же приводятся примеры и на основании чего?

> «На тихоокеанских мелководьях в районе Лос-Анджелеса происходит популяционный бум морских ежей — мелких морских животных, — обусловленный вымыванием в океан органики из сточных вод. В норме численность популяции морских ежей связана с количеством бурых водорослей, растущих на дне моря; когда животные съедают все водоросли, они начинают вымирать, таким образом способствуя росту новых водорослей. Но теперь, когда ежи могут питаться органикой из стоков, у водорослей не остается шанса на восстановление. Во многих местах бурые водоросли, которым человек находит сотни вариантов применения (это ингредиент для соусов и пива), исчезли полностью.
>
> Естественно, никак нельзя подсчитать точный эффект уничтожения водорослей на эту конкретную экосистему».

«Экосистема» определяется как «полная совокупность всех живых и неживых частей, поддерживающих цепь жизни в данном районе». Как экологи выделяют этот район? Как они определяют его взаимосвязи с остальной территорией Земли и в какой период времени? Ответа не дается.

Другой пример:

«В настоящий момент некоторых экологов волнует возможное воздействие на эскимосов добычи нефти на дальнем Северном шельфе Аляски. Они боятся, что утечки нефти в море, скованное вечными льдами, окажутся запертыми в узком пространстве между льдом и водой и погубят вначале планктон, затем рыбу и моллюсков, питающихся планктоном, затем белых медведей, моржей, тюленей и китов, питающихся другими морскими организмами, и, наконец, под угрозой окажутся эскимосы, живущие за счет этих животных.

Есть надежда, что результаты проводимых в настоящее время исследований помогут лучше понять потенциальные последствия вмешательства человека в любые экосистемы».

Но давайте рассмотрим *реальные* последствия развития событий из данного примера. Не прилагая никаких усилий, эскимосы могут заработать огромные деньги за счет выплат за пользование недрами и благодаря этим деньгам смогут прекратить свою тяжкую борьбу за выживание и открыть для себя комфорт цивилизованной жизни и труда. Если — и это не более чем предположение — страхи экологов воплотятся в жизнь, эскимосы будут иметь возможность переселиться в лучшие места. Или мы должны считать, что они предпочитают свой образ жизни нашему? Если это так, почему они понимают его выгоды, а мы — нет? Или же мы должны считать, что у эскимосов есть неотчуждаемые права, а у Томаса Эдисона — нет? Или эскимосы должны быть принесены в жертву белым медведям, моржам, тюленям и китам, которые должны быть принесены в жертву рыбам и моллюскам, которые, в свою очередь, принесены в жертву планктону? Если это так, то почему? Но к этому вопросу мы еще вернемся.

«Дикая природа, — утверждается в статье, — обладает замечательной способностью к восстановлению; 25 или даже 50% популяции некоторых рыб или грызунов в конкретном местообитании может быть уничтожено в результате болезни или природной катастрофы, однако за год-два численность вида восстанавливается. Только вмешательство человека — или загрязнение — может существенно подорвать экосистему и свойственное ей равновесие».

Обратите внимание: заводы и фабрики предполагают загрязнение, болезни — нет.

> «Защитников природы больше всего пугает не случайное загрязнение ландшафтов в результате каких-либо аварий и утечек, а их эксплуатация человеком при постройке шахт, дорог и городов. Со временем он может настолько сократить площадь зелени, что уменьшится количество кислорода, необходимого ему для дыхания».

Вы когда-нибудь смотрели на карту мира, сравнивая при этом площади, занятые индустриальными зонами, и площади, покрытые нетронутыми дебрями и первобытными джунглями? И это не говоря уже о зеленых насаждениях, культивируемых человеком: о полях, садах и цветниках, которые без человеческой заботы и труда давным-давно исчезли бы. А также о масштабных проектах орошения, которые превращают пустыни в плодородные, зеленые равнины.

«Символ штата Луизиана, бурый пеликан, исчез с ее побережий», — жалуется журнал, обвиняя в этом ДДТ.

Динозавры и им подобные исчезли с лица земли задолго до того, как на ней появились промышленники и люди вообще, и природная «способность к восстановлению» не вернула их обратно. Но жизнь на планете из-за этого не окончилась. Вопреки экологам, природа не стоит на месте и не сохраняет «равновесие», которое гарантировало бы выживание каждого из существующих видов; а менее всего — выживание ее самого великого и самого хрупкого создания, человека.

Но любовь к человеку для экологов нехарактерна.

> «Человек всегда был грязным животным, — говорится в статье. — Древние римляне жаловались на дым и гарь, заполонявшие их город, а Плиний в I веке нашей эры описывал исчезновение растительности в результате изменений климата, вызванного осушением озер или изменением русла рек».

Ничего подобного не происходило в исторический период, последовавший за падением Рима, — в Средневековье.

Можно ли считать выражением любви к человеку следующее? Речь здесь идет о другом так называемом «загрязнении», создаваемом крупными городами, — о шуме.

> «Не может измученный горожанин найти тишину и дома. Он просто меняет грохот паровых молотов на оргию рок-музыки, а вечный рев автомобильных моторов — на гудение кондиционера. Современная

кухня, с ее набором машин для стирки и мойки, приспособлений для утилизации мусора и измельчения продуктов, в качестве источника нежелательного шума часто может поспорить с оживленным перекрестком».

Представьте себе судьбу человеческого создания, женщины, которая снова должна будет стать заменой машин для стирки и мойки, приспособлений для утилизации мусора и измельчения продуктов. Подумайте, на что была похожа человеческая жизнь до изобретения кондиционеров воздуха. Цена, которую вы платите за эти волшебные достижения, — «нежелательный шум». Что ж, на кладбище нежелательных шумов не бывает.

Предсказания судьбы мира перемежаются подобными жалобами. И нигде, ни в данном материале, ни где-либо еще, невозможно найти ни одного научного свидетельства, которое — нет, не доказывало, а хотя бы могло быть засчитано в пользу осмысленной гипотезы о глобальной опасности. Зато можно найти следующее:

«…некоторым ученым, — объявляет журнал, — нравится всячески обыгрывать мысль о том, что при неконтролируемом росте загрязнения среды может разразиться мировая катастрофа. Согласно одному из сценариев, мы уже многого достигли на пути к так называемому парниковому эффекту. Концентрация углекислого газа в атмосфере растет, а биомасса растительности, которая усваивает его, падает. Задерживаясь в атмосфере, углекислый газ формирует барьер, удерживающий выделяемое планетой тепло. В результате этого, согласно теории парникового эффекта, Земле грозит повышение средней температуры; если она повысится на 4–5 °C, могут растаять полярные льды, в результате чего уровень Мирового океана поднимется на 300 футов и случится всемирный потоп. Другие ученые видят противоположную угрозу: что полярные ледяные шапки будут расти и ледники вновь покроют умеренный пояс. Эта теория предполагает, что из-за пыли, дыма и пара, выбрасываемых в атмосферу промышленными предприятиями и реактивными самолетами, облачный покров Земли продолжит утолщаться. Созданный таким образом экран загородит планету от солнечного тепла, она будет остывать, водяной пар сконденсируется и замерзнет, и наступит новый ледниковый период».

Вот *это* сегодня называется «наукой». И на основании подобных вещей вас хотят загнать обратно в Средневековье.

А теперь обратите внимание на то, что во всей экологической пропаганде — среди призывов к «гармонии с природой» и беспокойства за нее — совершенно отсутствует обсуждение нужд *человека* и требований *его* выживания. Отношение к человеку такое, как будто он — *неестественное* явление. Человек не может выжить в том состоянии природы, о котором мечтают экологи, то есть находясь на уровне морских ежей или белых медведей. В этом отношении человек — самое слабое из животных: он рождается нагим и беззащитным, без клыков, когтей, рогов или «инстинктивных» знаний. В физическом смысле он — легкая добыча не только для высших животных, но и для самых низших бактерий: он — наиболее сложно организованное существо, крайне хрупкое и уязвимое. Его единственное оружие — его основной способ выживания — его разум.

Чтобы выжить, человек должен открыть и произвести все, в чем он нуждается, то есть *изменять* свою среду и подчинять ее своим потребностям. Природа не снабдила его возможностью адаптации к среде, подобно животным. Люди, начиная от самой примитивной первобытной культуры и заканчивая самой продвинутой цивилизацией, должны *изготавливать* вещи; их благополучие зависит от их производственных успехов. Самое низкоразвитое племя не может выжить без источника так называемого загрязнения — без огня. История о том, что огонь принадлежал богам, а Прометей принес его людям, — не просто символ. Экологи — новые стервятники, стремящиеся уничтожить этот огонь.

Нет необходимости напоминать вам, каким было существование человечества на протяжении столетий и тысячелетий, предшествовавших промышленной революции. То, что экологи игнорируют или обходят это, — преступление настолько ужасное, что само служит им защитой: никто не в состоянии поверить в то, что кто-то может быть на такое способен. Но в данном случае не обязательно даже обращаться к истории, достаточно лишь взглянуть на условия жизни в неразвитых странах, то есть на большей части мировой территории, за исключением обетованной земли западной цивилизации.

Самые мудрые слова, сказанные по поводу загрязнения и экологии, принадлежат послу одной из этих стран. На конференции ООН Оливер Вирасингхе, посол Республики Цейлон, сказал:

«Две трети населения Земли, живущие в развивающихся странах, не разделяют беспокойства по поводу окружающей среды, свойственного оставшейся трети, проживающей в более богатых регионах. *Главная проблема для этих развивающихся стран — борьба за то, что минимально необходимо для выживания.* Следовательно, было бы нереалистично ожидать от правительств этих стран исполнения рекомендаций по охране окружающей среды, которые могут затормозить или ограничить экономический рост». (*Industry Week*, 29 июня 1970 года. Курсив мой. — *А. Р.*)

В Западной Европе в доиндустриальную эпоху Средневековья средняя продолжительность жизни составляла 30 лет. В XIX веке население Европы выросло на 300%, что является лучшим доказательством того, что промышленность, впервые в человеческой истории, дала огромному количеству людей шанс выжить.

Если бы повышенная концентрация промышленных предприятий действительно была бы вредна для человеческой жизни, следовало бы ожидать снижения продолжительности жизни в наиболее развитых странах. Однако она неуклонно растёт. Вот цифры по Соединенным Штатам (по данным Metropolitan Life Insurance Company):

1900 — 47,3 года
1920 — 53 года
1940 — 60 лет
1968 — 70,2 года (последние собранные данные)

Каждый, кому больше 30 сегодня, должен вознести молчаливую благодарность ближайшей, самой мрачной и коптящей заводской трубе, которую увидит.

Нет, конечно, заводы не должны быть мрачными, но не в этом главная проблема, когда на кону оказывается сохранение технологий вообще. И чистый воздух — это не причина и не цель крестового похода экологов.

Средняя продолжительность жизни в разных странах и регионах мира (по данным *New York Times Almanac*, 1970) такова:

Великобритания	— 70 лет
Индия	— 50 лет
Восточная Африка	— 43 года
Конго	— 37 лет
Южный Вьетнам	— 35 лет

Если вы задумаетесь не просто о продолжительности, но и о «*качестве жизни*» (займем у экологов их бессмысленный оборот и используем его в подлинном смысле), которую вынуждены вести люди в неразвитых регионах, если представите себе грязь, страдания, беспомощность, ужас, невыразимо тяжкий труд, болезни и эпидемии, голод — вы наверняка начнете осознавать роль технологий в человеческой жизни.

Не позволяйте себе впасть в заблуждение: именно *технологии* и *прогресс* стремятся уничтожить любители природы. Процитирую еще раз материал из *Newsweek*: «Экологов волнует то, что люди, которых начинает беспокоить состояние окружающей среды, в конечном итоге станут искать решение всех проблем в технологиях…» Эта мысль повторяется снова и снова; технологические решения, утверждают авторы статьи, способны только породить новые проблемы.

«…ряд современных защитников окружающей среды пришли к выводу, что главная надежда человечества лежит не в технологиях, а в жестких ограничениях: на рождаемость и использование сложных технических устройств… На Западном побережье уже зародилось движение за "нулевой рост ВВП". Харви Уилер из Центра изучения демократических структур в Санта-Барбаре уверен, что США могут достичь — возможно, за ближайшие 10 лет — точки, в которой "современные темпы экономического роста окажутся абсолютно катастрофическими, и этот рост в результате полностью остановится"».

И еще:

«Рассел Трейн (один из советников президента Никсона) предостерегает, что улучшение качества жизни приведет в будущем к непопулярным ограничениям на роскошь. "Люди не проявляют желания, — отмечает он, — отказываться от свидетельств своего достатка — телевизоров и прочих бытовых приборов"».

Возможно, вы, так же, как и я, видели на телеэкране молодое поколение экокрестоносцев, юнцов вроде хиппи, визжащих проклятья в адрес современных «предметов роскоши», почему-то с особым вниманием к *электрическим зубным щеткам*, которые, по их словам, потребляя электроэнергию, усугубляют загрязнение. Не говоря о том, что электрические щетки, как скажет вам любой стоматолог, — это очень ценное средство профилактики, так как с их помощью обеспечивается массаж десен, давайте хотя бы выясним, сколько же электроэнергии они потребляют.

Средняя лампочка накаливания потребляет 100 ватт энергии. Если вы включаете лампочку в доме на 8–10 часов в день, то в сутки потребление составляет 800–1000 ватт-часов. Сравните эти цифры со следующими: беспроводная зубная щетка производства General Electric потребляет *2 ватта* электроэнергии при подзарядке. Каковы бы ни были мотивы выступлений этих хиппи, беспокойство о загрязнении воздуха здесь совершенно очевидно ни при чем.

Наиболее непосредственный — хотя и не конечный — мотив становится совершенно понятен из материала *Newsweek*.

> «Для человека они [экологи] предлагают ввести государственный план по народонаселению, который первоначально должен осуществляться через государственный план землепользования… Битва с загрязнением также должна преодолевать все официальные границы, разделяющие планету на суверенные территории… Программы экологов не могут быть осуществлены без определенных крайне важных изменений в американской традиции свободы предпринимательства и свободы выбора… Препятствия реформам [создают] традиционные человеческие представления об экономическом росте, суверенитете, индивидуализме и времени… Необходимо, предполагают экологи, возрождение общинного духа, не только среди людей, но и в природе в целом».

Как они собираются внедрить «общинный дух» в природу, где живые организмы существуют за счет поедания друг друга, не уточняется.

Непосредственная цель также очевидна: разрушение остатков капитализма, еще сохраняющихся в современной смешанной экономике, и установление глобальной диктатуры. Здесь нет необходимости строить догадки — многочисленные выступления и книги на эту тему ясно дают понять, что смысл экологического движения именно в этом.

В этом новом левом повороте коллективистской линии есть два важных момента. Во-первых, это открытый разрыв с интеллектом, сбрасывание интеллектуальной маски, которой прикрывались старые левые, замена псевдонаучных измышлений Маркса на птичек, пчелок и «природную красоту». Придумать более нелепое сужение идеи движения или более очевидное признание в интеллектуальной несостоятельности не смог бы никакой фантаст.

Во-вторых, важна причина данного поворота: он представляет собой откровенное признание Советской Россией и ее последователями во всем мире, а также сочувствующими всякого политического толка и оттенка, что коллективизм в промышленном и технологическом смысле провалился; что *коллективизм не может быть продуктивным*.

Основа производства — человеческий разум; разум — это свойство личности, и он не может функционировать по принуждению и под контролем, как показали века застоя. Прогресс не может быть спланирован правительством, и он не может быть ограничен или заторможен; его можно только полностью остановить, что видно на примере любого тоталитарного режима. Если говорить о природе, то как насчет того факта, что коллективизм несовместим с природой человека, а первое требование человеческого мышления — это свобода? Но обратите внимание: подобно тому как античные мистики рассматривали разум как способность божественного происхождения, следовательно, неестественную, так и сегодняшние мистики, отмечая тот факт, что животные разумом не обладают, также рассматривают его как нечто неестественное.

Если бы коллективистов действительно заботила нищета и человеческие страдания, они бы давно стали главными защитниками капитализма; они бы поняли, что это единственная политическая система, способная обеспечить изобилие. Но они упорно отказывались обращать на это внимание так долго, как только это было возможно. Когда это стало очевидно всему миру, коллективисты оказались перед выбором: либо обратиться вправо, во имя любви к человечеству, либо влево, во имя тоталитаризма. Они выбрали левую сторону — новую левую.

Теперь, вместо того чтобы обещать, как раньше, что коллективизм создаст всеобщее изобилие, и обвинять капитализм в порождении нищеты, они обвиняют капитализм *в создании изобилия*. Вместо того чтобы обещать всем комфорт и безопасность, они обвиняют людей в том, что у них есть комфорт и безопасность.

Они, однако, продолжают внушать чувство вины и страх; это всегда было их психологическим оружием. Только вместо того, чтобы заставлять вас чувствовать себя виноватыми за эксплуатацию бедных, они теперь заставляют вас чувствовать себя виноватыми за эксплуатацию земель, воздуха и воды. Вместо того чтобы угрожать вам кровавым бунтом народных масс, они теперь пытаются — как знахари, обращающиеся к племени дикарей, — запугать вас ужасной, но смутной угрозой непонятного вселенского катаклизма, угрозой, которую невозможно ни проверить, ни подтвердить, ни доказать.

Но один элемент в технике коллективистов остался неизменным — элемент, без которого у них не было бы никаких шансов: это альтруизм — стремление к самопожертвованию, отречение от права человека на существование. Однако задумайтесь об уменьшении привлекательности, происходящем одновременно с увеличением масштаба: около 40 лет назад Франклин Рузвельт призывал страну принести жертву во имя неимущей «трети нации»; через 15 лет количество «неимущих» предлагалось увеличить до всего мира; сегодня вам предлагают принести жертву во имя водорослей и неживой материи.

К чести американского народа нужно сказать, что большинство не воспринимает экологические проблемы всерьез. Эти проблемы искусственны, созданы с помощью средств массовой информации, раздуты отчаявшимися левыми, которые не могут найти никакой иной причины нападать на капитализм. Но народ, как и во многих других вопросах, безмолвствует. И именно в этом кроется опасность. «Сегодняшние глупости, на которые никто не возражает, назавтра станут общепринятыми лозунгами». Они окажутся принятыми по умолчанию.

Однако возможно, что на этот раз левые перехитрят сами себя. Проблема может раствориться в американском здравом смысле. Который может принять их слова за чистую монету, проглотить полусъедобную наживку, но отказаться от прочих составляющих экологического «пакета».

Что это за наживка? Подлинные случаи загрязнения, которые действительно имеют место. Смог в крупных городах и грязная вода в реках действительно вредны для человека (хотя и не представляют такой опасности, как это пытаются представить экологические пропагандисты). Это научная, *технологическая* проблема, а вовсе не политическая, и решить ее можно только при помощи *технологий*. Даже если смог представляет опасность для человеческой жизни, мы не должны забывать о том, что жизнь в дикой природе, без технологий — это окончательная гибель.

Что касается задачи правительства, существуют законы — некоторые из них приняты еще в XIX веке, — запрещающие определенные виды загрязнений, такие, например, как сброс сточных вод в реки. Эти законы сейчас не соблюдаются жестко. Именно соблюдения этих законов имеют полное право требовать те, кого волнует экологический вопрос. Конкретные законы — конкретно запрещающие *определенное* и *доказанное* нанесение вреда, физического вреда, людям или имуществу — вот единственное решение проблем такого рода. Но не этого решения ищут леваки. Они ищут контроля.

Обратите внимание на то, что здесь, как и во всех современных проблемах, козла отпущения сделали из промышленности. Но промышленность — не единственный преступный элемент; например, проблемы со сточными водами и свалками, которые так часто упоминаются здесь, находятся в ведении местных органов власти. Однако защитники природы кричат, что нужно запретить промышленность или задавить ее ограничениями, а правительственным органам дать бо́льшую власть. А что касается видимого повсюду мусора — не промышленные магнаты разбрасывают по обочинам дорог пивные банки и пластиковые бутылки.

Так как невыносимый груз контроля, созданный теоретиками государства всеобщего благосостояния, тормозит, давит, калечит, но пока не может разрушить американскую промышленность, коллективисты нашли — в экологии — новое оправдание введению дополнительных методов контроля, еще большей коррупции, лишению благ и травле промышленности со стороны еще более безответственных групп влияния.

Промышленники, как обычно, не станут протестовать до последнего. При смешанной экономической системе они проглотят все что угодно и будут извиняться за все что угодно. Их позорное соглашательство с «защитниками окружающей среды» полностью вписывается в ту линию поведения, которую они избрали для себя в последние 40–50 лет под влиянием прагматизма: им проще заключить сделку еще с несколькими бюрократами, чем подняться и поднять вопрос в философско-моральном ключе.

Самый большой грех сегодняшних промышленников — не дым из труб их предприятий, а загрязнение интеллектуальной жизни страны, которому они потворствуют.

А политики уразумели, что на проблеме загрязнения можно наварить большие деньги, и поэтому с радостью ввязались в это. Для них эта проблема — безопасный, непротиворечивый, «волнующий общественность» вопрос, который можно представить в каком угодно свете. Кроме того, никакой политик не посмеет здесь что-либо возразить, поскольку не захочет стать объектом всеобщей ненависти как защитник смога. Никому ранее не известные политиканы всякого разбора вдруг оказались у всех на виду и на телеэкранах благодаря экологическим реформам. По этому поводу весьма мудро высказался политический деятель, с которым я редко соглашаюсь, — Джесс Анра из Калифорнии. Он сказал: «В политике слово "экология" стало заменой слову "мать"».

Более глубокий смысл экологического движения кроется в том факте, что оно представляет собой крайне серьезную угрозу человечеству — хотя и не в том смысле, который предполагают его лидеры. Оно раскрывает фундаментальные мотивы коллективистов — откровенную *ненависть* к достижениям, то есть к разуму, человеку и самой жизни.

В сегодняшней оргии выставляемого напоказ самодовольного свинства все маски сброшены и можно услышать едва ли не прямые признания в этой ненависти.

Например, пять лет назад, по случаю масштабного сбоя в электросети и отключения энергии на Восточном побережье, 19 ноября 1965 года журнал *Life* напечатал следующее:

> «Такое не должно происходить каждый вечер, однако критическая ситуация с отключением света имеет свои положительные стороны. В первую очередь она разрушает непоколебимую веру человека в наши удивительные технологические достижения, которые, по крайней мере в сфере подачи и контроля энергии, показали свою полную несостоятельность... и в некотором роде забавно осознавать, что все наши прекрасные мозги, все замечательные планы и все чудесное

оборудование в совокупности породили систему, на которую нельзя положиться».

Сегодня *Newsweek* в своем материале так критикует впечатляющий прогресс, достигнутый Соединенными Штатами:

«Общественная система вознаграждений поощряет того, кто больше производит, кто находит новые способы использования природы. Тот, кто сознательно решит по большей части оставить в покое окружающую его среду, не дождется ни богатства, ни уважения».

Обратите внимание, что «система вознаграждений» рассматривается здесь так, как будто это произвольный каприз общества, а не неопровержимый факт мироустройства. Кто будет обеспечивать богатством — или даже минимальным содержанием — человека, который решит не «использовать природу»? За что его можно «уважать» — за то, что он ничего не делает и ничего не добивается? За то, что считает человеческую жизнь дешевле своего материального окружения? Когда человек был вынужден «оставлять в покое окружающую среду» — в доисторические времена, — средняя продолжительность его жизни составляла 15–20 лет.

Этот оборот, «по большей части оставить в покое», отражает сущность глухого, слепого, сонного, снедаемого страхом и ненавистью человеческого балласта, который разумные люди — главные двигатели человеческого выживания и прогресса — должны тащить за собой, кормить и терпеть от него муки на всем протяжении человеческой истории.

Промышленная революция была огромным прорывом, освободившим разум человека от этого балласта. Страна, которая смогла возникнуть только благодаря промышленной революции, — США — достигла величия только благодаря свободе своих граждан и продемонстрировала, что только разум является смыслом, основой и главным условием выживания человека.

Враги разума — разного рода мистики, человеко- и жизненавистники, искатели незаработанного и несуществующего — с тех самых пор собирают силы для контрудара. Благодаря извращению философии они получили опору и постепенно приближаются к возможности извратить все остальное.

Враги промышленной революции — те, кто остался при ней не у дел, — были те самые люди, которые веками сражались против прогресса любыми доступными средствами. В Средние века их оружием был страх перед Богом. В XIX веке они все еще продолжали этим пользоваться — например, выступали против анестезии на том основании, что она противоречит воле Господа, который обрек человека на страдания. Когда это оружие перестало действовать, они обратились к воле коллектива, группы, племени. Но когда и этот метод рассыпался в прах, им осталось, подобно загнанным в угол зверям, лишь щерить зубы, открывая свою звериную сущность, и заявлять, что человек не имеет права на существование — по божественной воле неживой материи.

Требование «ограничить» применение технологий означает требование ограничить человеческое мышление. Природа — то есть реальность — не позволяет этим целям осуществиться. Технологию можно уничтожить, а разум можно парализовать, но ограничить ни то ни другое невозможно. При любых попытках введения подобных ограничений отмирает вовсе не государство, а разум.

Технологии — это практическое применение научных достижений. Прогресс теоретической науки и прогресс технологии — то есть прогресс человеческого знания — осуществляется в результате настолько сложного и многофакторного сочетания деятельности отдельных умов, что ни один компьютер и ни одна ученая комиссия не способны прогнозировать и предписывать его направление. Открытия в одной области науки ведут к непредсказуемым открытиям в другой; достижения в одной сфере открывают бесконечные возможности в других. Например, программа освоения космоса привела к бесценным достижениям в медицине. Кто может предсказать, когда, где или каким образом любой бит информации подтолкнет деятельный ум и что станет результатом этого?

Чтобы ограничить технологию, требуется всеведение — полное знание обо всех возможных эффектах и последствиях определенного новшества для всех потенциальных новаторов будущего. В отсутствие такого всеведения ограничения означают попытку регуляции неизвестного, установления пределов еще не появившегося на свет, установление правил для неоткрытого.

Более того: деятельный ум функционирует не с чьего-то позволения. Изобретатель не станет упорно трудиться на протяжении многих лет, если судьба его работы будет зависеть не от критериев очевидной истины, а от произвольного решения каких-то «властей». Он не пустится в путь, где на каждом углу расставлены преграды в виде устрашающей необходимости искать, умолять, просить о снисхождении какой-нибудь комиссии. История великих открытий, даже в полусвободных обществах, весьма прискорбна, если в деле замешана коллективная мудрость утвержденного государством собрания профессионалов.

Что касается идеи о том, что прогресс не является необходимостью, что мы и так уже знаем достаточно, что вполне можно остановиться на современном уровне технического развития и просто сохранять его в будущем, не продвигаясь далее, — спросите себя, почему история человечества так богата останками цивилизаций, которые не смогли сохранить себя и пропали с лица земли вместе с теми знаниями, которые обрели; почему те, кто не двигается вперед, скатываются обратно в пучину дикости?

Даже примитивная, доиндустриальная экономика, основанная преимущественно на мышечной силе, не может успешно функционировать, используя только повторение одних и тех же действий пассивно покорными людьми, которым не позволено думать. Сколько просуществовала бы современная фабрика, если бы ее работой управляли механики, обученные последовательностям действий, и среди них не было бы ни одного инженера? Сколько продержался бы инженер, если бы не было ни одного ученого? А ученый — в подлинном значении слова — это человек, ум которого никогда не стоит на месте.

Машины — это продолжение человеческого разума, полностью зависящее от него, так же, как и человеческое тело; когда разум останавливается, они рассыпаются в прах, как рассыпается в прах тело.

Застой в технологиях — все равно что застой в мышлении. «Ограничения» технологий — все равно что *цензура* мысли.

Однако — заявляют экологи — людям не нужно работать или думать, за них все сделают компьютеры. Попробуйте представить себе шеренгу компьютеров, программируемых кучкой хиппи.

Теперь обратимся к печальной иронии того факта, что экологические крестоносцы и их юные последователи отвергают пассивность среднего класса, противостоят общепринятым мнениям, призывают к действию, вопят о необходимости «перемен», и при этом *в том, что касается природы, они — несгибаемые консерваторы.*

Они требуют «оставить природу в покое». Не нарушайте равновесия, не беспокойте птиц, леса, болота, океаны, не раскачивайте лодку (или даже вообще ее не стройте), не экспериментируйте, не рискуйте, то, что было хорошо для наших человекообразных предков, хорошо и для нас, приспосабливайтесь к ветрам, дождю, тиграм-людоедам, малярийным комарам, не бунтуйте, не злите неизвестных демонов, которые правят всем этим.

В их картине мира человек бесконечно податлив, контролируем и вовсе не является необходимым; природа священна. Только над человеком — а также его трудами, его достижениями, его разумом — можно издеваться безнаказанно, в то время как природу непозволительно оскорбить ни единым мостом или небоскребом. Только человеческие существа могут быть убиты, только их школы могут быть взорваны, только их жилища могут быть сожжены, только их имущество может быть разграблено — при этом экологи будут ползать на брюхе, благоговея перед болотными гадами, которых они защищают от притеснения человеческими полями аэрации, и искать у звезд совета, как жить на этой непостижимой планете.

Они хуже, чем консерваторы, они — «консервационисты». Что они хотят законсервировать? Все, за исключением человека. Чем они хотят управлять? Ничем, за исключением человека.

«Творец стремится подчинить природу. Паразит стремится подчинить людей», — говорит Говард Рорк в «Источнике». Эта книга вышла в 1943 году. Сегодня моральное преображение завешено; вы можете видеть это собственными глазами в делах экологов и слышать собственными ушами в их откровенных признаниях.

Непристойность отношения к научному прогрессу как к «агрессии» против природы, дополняемого оправданием всеобщего людского рабства, в дальнейшей демонстрации не нуждается.

Но некоторые из омерзительных нелепостей, порожденных участниками экологического движения, отметить все же стоит.

На кого и на что они нападают? Не на роскошь, в которой живут «богатые бездельники», а на доступность «роскоши» для широких масс. Их возмущает тот факт, что автомобили, кондиционеры и телевизоры больше не являются игрушками для богатых, а стали доступными для среднего американского рабочего — возможность, не просто недоступная гражданам любой другой страны, но и кажущаяся им практически невероятной.

Что экологи считают нормальным существованием для рабочего класса? Жизнь, заполненную постоянным тяжким, монотонным, отупляющим трудом, без отдыха, без путешествий, без удовольствий — прежде всего без удовольствий. Эти витающие в облаках и прожигающие собственную жизнь гедонисты не понимают, что человек не может существовать исключительно трудом, что удовольствия — это необходимость и что телевидение приносит в жизни многих людей больше радости, чем все общественные парки и благотворительные учреждения, вместе взятые.

Что для них роскошь? Все, что выходит за рамки «минимальных потребностей» физического выживания, с объяснением, что человеку не пришлось бы трудиться так напряженно, если бы он не стремился удовлетворить «искусственные потребности», навязанные «коммерциализмом» и «материализмом». В реальности все обстоит наоборот: чем меньше отдача от труда, тем тяжелее этот труд оказывается. Заработать в Нью-Йорке на автомобиль гораздо проще, чем добыть пропитание в джунглях. В отсутствие механизмов и технологий задача простого выживания представляет собой кошмарную, калечащую тело и душу пытку. В «естественных условиях» добывание еды, одежды и укрытия отнимает у человека всю энергию и силу духа; он в этой нескончаемой битве обречен на поражение, так как любое наводнение, землетрясение или нашествие саранчи сводит все его усилия на нет. (Вспомните о 500 000 трупов, оставленных одним-единственным наводнением в Пакистане: это были люди, живущие без технологий.)

Работать только для обеспечения минимальных жизненных потребностей — *роскошь*, которую человечество не может себе позволить.

Кто становится первой целью экологического крестового похода? Нет, вовсе не представители крупного бизнеса. Быть его жертвами в первую очередь обречены члены одной специфической группы населения — молодые, амбициозные и малообеспеченные. Молодые люди, которые вынуждены совмещать работу с обучением в колледже; молодые пары, строящие планы на будущее, старательно подсчитывающие финансы и время; юноши и девушки, мечтающие о карьере; пытающиеся пробиться художники, писатели и композиторы, которые вынуждены помимо развития своих талантов заниматься добычей средств к существованию; все целеустремленные люди, то есть лучшие представители человечества. Для них *время* — бесценный ресурс, в котором они нуждаются более всего. *Они* больше других выигрывают от использования электрокофеварок, замороженных продуктов, стиральных машин и облегчающих труд устройств. Если производство, а главное, *изобретение* таких устройств будет замедлено или ограничено экологическим движением, это будет одним из мрачнейших преступлений против человечества, в частности, потому, что агония жертв не будет публичной, их голосов никто не услышит, а их отсутствия никто не заметит, пока не сменится одно или два поколения.

Но есть и другая группа молодежи, авангард и пушечное мясо экологического крестового похода, производные «прогрессивного» образования — те, кто не имеет цели в жизни. Это юнцы с ограниченным, примитивным мышлением, неспособные думать и строить планы на будущее, неспособные осознать ничего, кроме настоящего момента. Для них время — враг, которого нужно убивать, чтобы избежать столкновения с внутренней пустотой и хронической тревогой. Будучи не в состоянии создать и преследовать какую-то собственную цель, они ищут и *приветствуют* тяжелую, чисто физическую работу, которую должен обеспечить, спланировать и направлять кто-то другой. Вы могли видеть это в жизни в так называемый День Земли, когда молодые люди, не утруждающие себя личной гигиеной, выходят на улицы Нью-Йорка, чтобы убирать на них мусор.

У этих молодых людей есть аналоги среди тех, кого они считают своими противниками, — среди представителей среднего класса. Когда-то я была знакома с одной домохозяйкой, всецело погруженной в домашний труд; ее муж предложил ей купить посудомоечную машину, которая была ему вполне по средствам; она отказалась, хотя не могла назвать причины своего отказа; однако очевидно, что она страшно боялась пустоты свободного времени.

Объедините пустой взгляд такой домохозяйки с неумытым лицом и вопящим ртом хиппи, и вы увидите портрет антииндустриальной революции.

Но это лишь ее последователи. Душа ее лидеров еще страшнее. Чего хотят эти лидеры добиться на практике? Я отвечу отрывком из «Атланта». Эта книга вышла в свет в 1957 году — и я должна сказать: меня не радует, что в данном аспекте она оказалась пророческой.

Это сцена, в которой Дагни Таггерт на конференции с экономистами-плановиками начинает понимать их мотивы.

«И тут Дагни увидела ответ — за их словами тайную предпосылку. Несмотря на голословную преданность этих людей веку науки, истеричную технологическую тарабарщину, их циклотрон и звуковые волны, ими двигало видение не промышленных достижений, а той формы существования, какую промышленники уничтожили: видение толстого, неопрятного раджи, глядящего в ленивом ступоре пустыми глазами, утонувшими в дряблых складках плоти, которому нечего больше делать, как перебирать драгоценные камни да время от времени вонзать нож в тело изголодавшегося, измученного трудом и болезнями человека, чтобы забрать у него несколько зернышек риса, а потом требовать рис у сотен миллионов таких же людей и таким образом превращать зернышки в алмазы. Раньше она думала, что промышленное производство для всех несомненная ценность, что стремление этих людей присвоить чужие предприятия служит признанием ценности таких предприятий. Она, дитя промышленной революции, считала невозможным и забытым, наряду с выдумками астрологии и алхимии, то, что эти люди знали посредством не мысли, а той невыразимой мерзости, которую именовали своими инстинктами и эмоциями: пока люди будут трудиться для выживания, они будут производить достаточно, чтобы человек с дубиной мог отнять большую часть произведенного, если миллионы людей будут согласны покоряться; чем усерднее люди работают и меньше получают, тем покорнее их дух; что людьми, которые зарабатывают на жизнь, передвигая рукоятки на электрическом щите управления, править не так просто, а теми, кто роет землю голыми руками, легко; феодалам не нужны электронные предприятия для того, чтобы пить до одури из кубков с драгоценными камнями, как не нужны раджам Народной республики Индия»[1].

Январь–февраль 1971 г.

---

[1] Рэнд А. Атлант расправил плечи. — Ч. III. — С. 284.

Рэнд Айн

Возвращение примитива

Антииндустриальная революция

Руководитель проекта *Е. Гулитова*
Корректор *О. Ильинская*
Компьютерная верстка *М. Поташкин*
Дизайн обложки *DesignDepot*
Иллюстратор *В. Васильев*

Подписано в печать 06.05.2011. Формат 60×90 1/16.
Бумага офсетная № 1. Печать офсетная.
Объем 28 печ. л. Тираж 5000 экз. Заказ № 4085

ООО «Альпина»
123060, Москва, а/я 28
Тел. (495) 980-53-54
www.alpinabook.ru
e-mail: info@alpinabook.ru

Отпечатано с готовых файлов заказчика в ОАО «ИПК
«Ульяновский Дом печати». 432980, г. Ульяновск, ул. Гончарова, 14

«Альпина Паблишер» рекомендует

ИСТОЧНИК

Айн Рэнд

В 2 кн., пер. с англ.,
3-е изд., 2011

На протяжении нескольких десятилетий этот роман остается в списке бестселлеров мира и для миллионов читателей стал классикой. Главный герой романа архитектор Говард Рорк ведет борьбу с обществом за свое личное право на творчество.

Фанатичная косность окружающих вынуждает его предпринимать неординарные действия. И совсем необычна связь Рорка с влюбленной в него женщиной, которая впоследствии становится женой его злейшего врага.

Через перипетии судеб героев и увлекательный сюжет автор проводит главную идею книги — ЭГО является источником прогресса человечества.

Эти и другие книги вы можете заказать на сайте **www.alpinabook.ru** и по телефону **(495) 980-8077**

«Альпина Паблишер» рекомендует

АТЛАНТ РАСПРАВИЛ ПЛЕЧИ

Айн Рэнд

Роман в 3 частях, пер. с англ., 6-е изд., 2011

Айн Рэнд (1905–1982) — американская писательница с российскими корнями, которую читает весь мир. Ее книгами восхищаются, о них спорят, им поклоняются… Самый известный роман Айн Рэнд «Атлант расправил плечи» в Америке по продажам уступал только Библии!

Главное в книге — принцип свободы воли, рациональность и «нравственность разумного эгоизма».

Говорят, что во время вьетнамской войны тексты Айн Рэнд сбрасывали с вертолетов как пропаганду. Когда-то сам Рональд Рейган встал на колени перед Рэнд, признав ее великий талант.

В 2005 году в США вышло 35-е переиздание книги. Эта книга вне литературных категорий. Серьезная литература живет очень долго, бестселлеры недолговечны. Но «Атлант расправил плечи» — именно тот бестселлер, который останется на века!

Эти и другие книги вы можете заказать на сайте www.alpinabook.ru
и по телефону (495) 980-8077

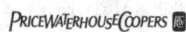

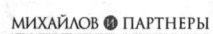

Издательство «Альпина Паблишер» основано в 1998 году. Мы издаем литературу по менеджменту, маркетингу, личной эффективности, финансам, банковскому делу, ценным бумагам и политике.

Последние несколько лет мы уверенно занимаем первые позиции в рейтингах продаж бизнес-литературы.

Миссия издательства — давать знания для личностной и профессиональной самореализации. Главное для нас, чтобы идеи подавались ясно и доходчиво, а изложение было легким для восприятия.

МЫ ОКАЗЫВАЕМ УСЛУГИ:

КОМПАНИЯМ

- издание книг российских издательств под брендом вашей компании;
- создание внутрикорпоративной:
    - библиотеки (лучшие деловые книги на русском языке — для ваших сотрудников);
    - онлайн-библиотеки (то же самое, но в электронном виде);
- подбор по вашей теме книги иностранного автора, ее издание и промо;
- издание книги вашего автора — русского и иностранного;
- создание юбилейных изданий:
    - ежедневного/еженедельного календаря, созданного на основе истории компании (каждая страница календаря может иллюстрировать определенное событие, проект или историческую веху — мы осуществим подбор, описание и иллюстрирование событий);
    - большой иллюстрированной книги-альбома об истории компании;
    - аудиоверсий этих изданий.

АВТОРАМ

- издание вашей книги в России и за границей, создание аудиоверсии;
- тиражи книг с персонализацией, тиражи Print-On-Demand;
- дистрибуция и продвижение в России и СНГ;
- создание электронной книги, интеграция с медиа (аудио, видео), организация защищенных электронных продаж.

ИЗДАТЕЛЬСТВАМ

- включение ваших плановых книг в регулярно публикуемый среди потенциальных рекламодателей дайджест деловой литературы;
- продажа рекламных возможностей ваших потенциальных новинок и допечаток;
- агрегация контента ваших книг в онлайн-библиотеку деловой литературы.

Все вопросы и предложения по данным услугам направляйте
Илье Долгопольскому:
pr@alpinabook.ru, тел.: +7 (916) 694-48-43

ОСТАВАЙТЕСЬ С НАМИ ИЛИ СТАНЬТЕ НАШИМ КЛИЕНТОМ!

СБЕРБАНК · THE WORLD BANK · СКОЛКОВО · SONY · ГАЗПРОМБАНК · MasterCard
FIBO GROUP · СОЛИД · IBS · METRO Cash & Carry · KPMG · Google
STINS COMAN CORPORATION · БАНК ЗЕНИТ · PriceWaterhouseCoopers · ММВБ MICEX · STANDARD &POOR'S
SAP · Банк Москвы · АССОЦИАЦИЯ НЕЗАВИСИМЫХ ДИРЕКТОРОВ · P&G · АТОН · RTS биржа
ИФД-КапиталЪ · HP · Pepeliaev group · SAS · GOLTSBLAT BLP
Admiral Markets Trading for everyone · МИХАЙЛОВ И ПАРТНЕРЫ УПРАВЛЕНИЕ СТРАТЕГИЧЕСКИМИ КОММУНИКАЦИЯМИ · TENZOR Consulting Group · VEGAS LEX

«Альпина Паблишер» рекомендует

Добродетель эгоизма

Айн Рэнд, с добавлением статей Натаниэля Брандена, пер. с англ., 2011, 186 с.

Айн Рэнд (1905–1982) — наша бывшая соотечественница, крупнейшая американская писательница, чьи книги оказали мощнейшее влияние на мировоззрение миллионов людей во всем мире, автор признанных бестселлеров — «Атлант расправил плечи», «Источник», «Гимн» и др.

Книга «Добродетель эгоизма» представляет собой сборник статей, написанных Айн Рэнд в разные годы и объединенных одной темой — защитой концепции «разумного эгоизма» как этической основы свободного капиталистического общества.

Автор на редкость живо и убедительно доказывает, что только в рамках системы, которая ставит во главу угла права личности и разум, люди могут свободно развиваться и обретать счастье, не оказываясь порабощенными диктаторами, государством и другими людьми. А значит — только такую систему можно признать нравственной и соответствующей человеческой природе.

Капитализм
Незнакомый идеал

Айн Рэнд, с добавлением статей Натаниэля Брандена, Алана Гринспена и Роберта Хессена, пер. с англ., 2011, 422 с.

Книга «Капитализм: Незнакомый идеал» представляет собой сборник статей, написанных Айн Рэнд в разные годы, которые и сегодня поражают своей злободневностью, остротой и убедительностью. В них автор на реальных примерах из общественной, политической и экономической жизни блестяще доказывает основной посыл своей философии: человека может сделать свободным и счастливым только система, ставящая во главу угла личность, система, основанная на рациональности, свободном обмене идеями и товарами, а именно — капитализм. А значит — только такую систему можно считать нравственной, и любые идеологические компромиссы способны нанести человечеству лишь вред.

Эти и другие книги вы можете заказать на сайте www.alpinabook.ru и по телефону **(495) 980-8077**

TRY
THE BOOK

„ Все вы слышали старое изречение о том, что глаза человека устремлены к звездам, в то время как ноги его утопают в грязи. Это обычно воспринимается в том смысле, что человеческий рассудок и его физические ощущения тянут его в грязь, а мистические, сверхъестественные эмоции возносят его к звездам.

Это одно из самых мрачных извращений смысла среди многих, имевших место в человеческой истории. Но прошедшим летом [имеются в виду два события 1969 г.: полет американских астронавтов на Луну на корабле «Аполлон-11» и фестиваль рок-музыки «Вудсток»] реальность представила вам буквальную демонстрацию истины: именно иррациональные эмоции человека тянут его в грязь, а рассудок поднимает его к звездам. "